元宇宙
技术与产业
人类数字迁徙之路

徐钢 唐玲 岳茜 —— 编著

METAVERSE
TECHNOLOGY AND INDUSTRY

清华大学出版社
北京

内 容 简 介

本书对元宇宙近年来的发展变化进行了归纳；展现了各种科技设备带入元宇宙后，人们体验到的沉浸感、现实感以及感知反馈；分析了元宇宙如何凝聚虚拟现实、游戏引擎、社交网络、云计算、大数据、人工智能、区块链、3D 打印等新技术，而成为当今的创新集合，同时让人们认识元宇宙建立的过程、技术发展、应用场景、创新机会以及未来人类文明发展等，畅想生命的未来发展趋势——人类数字迁徙之路。元宇宙涵盖范围广，突破了习惯的思维方式，能与不同传统行业结合，创造新的经济模式，将推动数字经济发展，为经济全球化开辟新途径。

本书采用时下流行的轻松、诙谐语言，易于阅读。不仅适合各行业的干部、企业家们学习，也适合愿意在科技迅猛发展中，寻找新赛道的人们。

本书封面贴有清华大学出版社防伪标签，无标签者不得销售。

版权所有，侵权必究。举报：010-62782989，beiqinquan@tup.tsinghua.edu.cn。

图书在版编目（CIP）数据

元宇宙技术与产业：人类数字迁徙之路 / 徐钢，唐玲，岳茜编著 . —北京：清华大学出版社，2022.11

（新时代・科技新物种）

ISBN 978-7-302-61682-5

Ⅰ．①元… Ⅱ．①徐… ②唐… ③岳… Ⅲ．①信息经济 Ⅳ．① F49

中国版本图书馆 CIP 数据核字 (2022) 第 144974 号

责任编辑：刘　洋
装帧设计：方加青
责任校对：王荣静
责任印制：沈　露

出版发行：清华大学出版社
网　　址：http://www.tup.com.cn, http://www.wqbook.com
地　　址：北京清华大学学研大厦 A 座　　邮　编：100084
社 总 机：010-83470000　　邮　购：010-62786544
投稿与读者服务：010-62776969, c-service@tup.tsinghua.edu.cn
质 量 反 馈：010-62772015, zhiliang@tup.tsinghua.edu.cn

印 装 者：三河市东方印刷有限公司
经　　销：全国新华书店
开　　本：170mm×240mm　　印　张：17.25　　字　数：258 千字
版　　次：2022 年 11 月第 1 版　　印　次：2022 年 11 月第 1 次印刷
定　　价：89.00 元

产品编号：096040-01

序　言

　　元宇宙这个词，最近有点儿火热。前几年关注元宇宙的人并不多，但是从去年以来，特别是Facebook更名为Meta Platforms后，关注元宇宙的人大量增加。"Metaverse"一词，有人首先把它翻译成元宇宙，与之相关的技术、应用、投资等开始涌现。关于"Metaverse"翻译为元宇宙，也有不同的声音，在这里我们不去讨论这个词的翻译是否完美，因为它就是一个名字、一个符号而已，搞清楚它是谁、能干什么、将来往哪儿去，才是最重要的事；就像我们常吃的黄瓜一样，人们只要听到黄瓜就知道它是谁，没有人去追究黄瓜的名字是否完美，为什么它是绿的而不是黄的。

　　元宇宙的概念还比较新，可以理解为与现实世界平行、虚实互相作用的数字虚拟空间，它的核心元素是虚拟世界。元宇宙本身就是一个复杂的认知体，其直接影响到人类的思维认知，但又不拘泥于思维认知的现有属性，决定其本身承载的现实世界的运行规律，提供了理解和发现物理世界复杂运行规律的全新探知方式，逐步发展为改造自然和社会的新手段。

　　人类的思维认知发展有多广，元宇宙发展就有多远。认知的形成发展演变很少由单个因素决定，往往是多种因素综合作用的结果。元宇宙源自现实世界，呈现于虚拟空间，具有贯穿现实与虚拟的多域联通特征。在这个复杂领域空间中，人的思维认知在现实世界与虚拟空间之间相互印证、不断修正，从而产生令人惊奇的认知飞跃，同时对两个世界都产生影响。元宇宙提供了一个认知互动、影响互动的虚实互构空间。在这个空间里，我们能够仿真、演示、模拟、验证这种双向互构的过程与结果。元宇宙不是简单地将物理空间数字化复制，而有着自身运行规则并可反作用于现实世界。

《元宇宙技术与产业：人类数字迁徙之路》一书，即将由清华大学出版社出版，更多的人通过本书可以更好地理解元宇宙，发现元宇宙的魅力，在数字经济转型的今天，找到适合各自发展的机会，尽早在虚拟世界中开创出属于自己的领域。

清华大学教授

中国工程院院士

郑纬民

2022 年 6 月

前　言

　　迁徙无疑是人类发展史上最壮丽的乐章。为了寻求美好家园，人类祖先不畏荆棘和野兽，从东非发源地开始，几乎踏遍世界每一个角落。今天，人类为了摆脱时空的束缚，再次勇敢地踏上数字迁徙新征程，寻找精神栖息的完美乐园，必将谱写出自由与梦想的文明发展新篇章。

　　科技驱动力最初来自人类生存的基本需求，在发展中创造出越来越广阔的文明空间。在当今社会，新材料、新能源成为科技先锋，互联网、基因工程、碳排放成为发展标志，虚拟现实、物联网、大数据、云计算、区块链以及人工智能等新概念层出不穷。人类面临的问题不断发生变化。历史上，我们曾经面临贫穷、战争和瘟疫的威胁，而今天我们面临的挑战则是让科技有益并安全地发展。我们无法设想2050年以后人们的生活方式和能源需求，我们应该推崇更加积极的、可持续的生活方式，包括遵循素食主义、减少旅行、居住在小型高密度公寓，等等。未来，在虚拟空间完成工作、社交和娱乐，可能成为融洽的生活观和科学的价值观。

　　元宇宙是基于扩展现实技术提供沉浸式体验，基于数字孪生技术生成现实世界的镜像，基于区块链技术搭建新的经济体系。它可以被理解为整合了多种新技术而产生的虚实相融的新型互联网应用和社会形态。它将虚拟空间与现实世界在经济系统、社交系统、身份系统中密切融合，从而形成其特定的构造层面，包括体验、发现、创作者经济、空间计算、去中心化、人机交互和基础设施等。

元宇宙代表着虚实两重空间的互动，是由虚拟增强的物理现实和物理持久的虚拟空间融合而成。我们可以利用手机、电脑或者 VR 眼镜等多种终端穿梭在虚实世界，用同一个账号和身份享有资源和数据。元宇宙不会让我们严重脱离现实，反而能让我们获得新的生活价值。元宇宙允许每个用户进行内容生产和文明塑造，其关键特征是身份、朋友、沉浸感、低时延、多元化、随地、经济系统和文明。随着元宇宙的发展，它将维持虚实世界收入的可兑换和连续性，也让人类在共同的规则下和谐生活，演化成一个全新的数字文明社会。

人类面向数字文明的整个迁徙过程，可分为数字孪生、数字原生和虚实相生。数字孪生产生的最大认知突破，在于物理世界中的实体与数字世界中的孪生体之间相互映射和影响。如果说元宇宙是与物理现实并存的等效现实，那么数字孪生则提供了两者之间的技术连接，开启了虚实世界的时空隧道。元宇宙整合了个人的部分基础信息、全域覆盖的监控信息、无所不在的感知信息、全领域的服务信息，将实现对每个人全程、全时、全景跟踪，甚至将现实生活中人的轨迹、表情、动作、社交关系实时同步呈现在数字孪生世界。

当下，游戏产业发展迅猛，游戏不仅带给人们娱乐，而且还带动了 5G/6G 通信、三维引擎、扩展现实、数字加密货币等多项技术的发展。未来每一个游戏，都将承载不同的用户群体和社区文化。而每一个用户都可以使用唯一的身份，在不同游戏间穿梭体验，仿佛在很多平行世界间跳跃。

云计算带来了社会计算资源利用率的提高，推动了以互联网为基础的物联网的迅速发展，更加有效地提升了人类精准地感知世界、认识世界的能力。随着社会整体算力的提升，虚拟空间的仿真和模拟功能越来越强大。气象学家可以通过孪生地球模拟大气，进行准确的天气预报；天文学家可以模拟星系的形成，或者模拟小行星撞地球的运动轨迹，或者测试月球的形成过程。作为增材制造的 3D 打印实现了虚实跳转，与大数据、物联网、区块链、人工智能等一起成为产业数字化升级的关键技术。

元宇宙让人有了数字世界的"化身":一个虚拟数字人的你,既与现实世界的你相对应,又是数字世界的另一个你;可能比现实世界的你要更丰富多彩、生动灵现、角色多元。未来数字世界,创造一个虚拟智能人既属于人类权利,也要承担相应的义务,需要形成一定的规则,避免对数字生命造成伤害。未来,虚拟人与人类共生的关系,如同我们依赖植物释放出的氧气,而数字生命则依赖人类创造的科学技术,依赖人类编写的软件代码。人工智能像一面镜子,在它不断演化的进程中,人类需要更加深刻地审视自己和生命的意义。

随着对自然法则的深入了解,人类更有激情从时间与空间的维度,开拓更为广阔的边界,勇敢探寻和积极交流永远是人类和谐发展的主题。在物理世界,由于基因和生理结构的限制,我们在不断向外探寻外星文明,同时我们也向内挖掘、新建一个数字平行世界,进行星际文明探索和融合。探索异星的先驱移民不但需要适应恶劣环境,而且得不到地球的支援。这些探险家将率先实现从有机智能向电子智能的转变,因为这种"生命"的新化身将不再需要大气层的保护,它们的活动范围也许会远远超出太阳系。对于近乎不朽的电子实体来说,星际旅行似乎没有什么令人畏惧。

元宇宙目前虽然依旧是人的社会、人的文化,但未来的主体可以由生物人、数字人、生物电子混合人、机器人、虚拟智能人等组成,繁衍的后代也将拥有不同的性格、技能、知识和经验。生命的含义也将经历从有限到无限的改写,催生后人类时代,代表人类社会的文明边界将被再次扩大,也许这正是我们穿越星际与外星文明接触前的预演。

人类可能在接近一个新开端,这就是更复杂的智慧在银河系中散播的过程。如果我们目前的人工智能升级到触发智能爆炸,最终让我们移民宇宙,那这场智能爆炸就具有了宇宙级别的意义。如果人类和超级智能体可以用信息形式传递,那星际旅行就变得容易很多。这场智能爆炸突然让生命在宇宙的舞台上爆发出一个以近光速扩张、永无停歇迹象的球形冲击波,正是这场冲击波,用生命的火花点燃了所经之路的一切希望。

面向元宇宙的数字化迁徙,让人类从历史中走来,向着未来迈进。迁徙在人类的发展历史中从未停滞,数字化迁徙也绝不是人类的最后一次。元宇宙让时间没有尽头,让空间不受阻隔,让生活更加多彩,让人生更有意义。我们曾将不朽视作进入天堂或重生的精神概念,未来人类将以虚拟不朽的形式,永远生活在现实世界。科幻小说的情节正在离我们越来越近,物理世界中的人类通过数字化获得数字孪生,成为元宇宙数字化生存的居民,同时具有多元化身份,生命也随之从有限延伸到无限。未来,我们也许会在元宇宙遇到虚拟智能人,也许会在生活中见到生化机器人,也许会穿越星际遇到更加高级的智慧生物的文明,如何与他们沟通交流、和谐相处,我们将尝试在元宇宙中找到答案。

数字经济是各国寻求可持续发展的重要机遇。作为全球经济增长最快的领域,新经济成为带动新兴产业发展、助力传统产业转型,促进就业和经济增长的主导力量,直接关系到全球经济的未来发展和格局。数字经济既是中国经济提质增效的新变量,也是中国经济转型增长的新蓝海,政府、企业、社会各界都在积极进行数字化转型,促进数字经济的健康发展,发展数字经济已经上升成为国家战略。

元宇宙丰富了数字经济的转型模式,产生新的货币市场、资本市场和商品市场。它将推动人文科学的发展,形成当前最宏大的创新科技集合,也将成为人类历史上影响深远的革新契机。元宇宙更像未来之光,让我们看到了前进的方向。随着虚拟空间和真实世界共融之门渐渐被打开,我们终于可以远眺到下一代互联网和数字文明,畅想更加完美的未来人类社会。

教育发展决定了科技未来,科技未来决定了工业未来,工业未来决定了国家未来。中华复兴之重任,就在你我的肩上承担。唯有坚持终身学习,才可以让我们开阔眼界、理性分析,增强社会生存力;唯有坚持终身学习,才可以让我们领略未来、敢于梦想,升级我们在技术进步中的战斗力;唯有坚持终身学习,更能让我们敞开心扉,迎接元宇宙这束未来之光,坚定地踏上人类数字迁徙之路。

科学技术,超越所有的国界与信念。人类的文明被创新所塑造,而创新来自科学进步以及随之而来对自然的深入理解。"人类一家"并不是一个华而不实的譬喻,整个人类总是拥有共同的需求与关注、恐惧与希望。在重重严峻的挑战之下，组成人类命运共同体而形成集体智慧显得至关重要。

历史的如椽巨笔，常在重要时空节点写下激荡人心的章节。面对当前纷繁复杂的国际形势和严峻挑战，人们对未来寄予期待又感到困惑。2013年3月23日，习近平主席在莫斯科国际关系学院的演讲，第一次在国际场合阐述"命运共同体"，无疑是洞察时代之变，体察时代之需，引领时代之先。构建人类命运共同体的理念，源于中国，属于世界，指引我们为建设一个更美好的世界而共同前行。

本书的创作团队利用一年时间，对本书进行了策划、酝酿、写作和修改，由于部分信息无法及时更新，加上经验不足，书中错漏不少，还望各位读者不吝指正。元宇宙作为技术创新的集合，开展多学科技术的跨行业应用，代表着互联网的未来，同时也被塑造为时代的标志。面对元宇宙，我们应保持开放的态度，同时也应有反思和批判，毕竟元宇宙距离产业化还有很长的路要走，目前还没有成熟的元宇宙理论体系可供参考。企事业单位应该及时跟踪元宇宙相关产品形态、商业模式和法律监管方面的信息，让其商业模式随时代发展而进化升级。个人唯有边实践、边学习、边总结，勇敢地迎接本次元宇宙风暴的激荡，扬起梦想的风帆，才能开启数字迁徙的新航程。

无论如何，一个全新的时代正在到来，我们这一代人终将是元宇宙的参与者，也是未来见证者。

第一章
元宇宙技术分析

平行宇宙间消逝的分隔线　　001

- 一、逐渐消逝的虚实分界线　　002
- 二、VR 元年的潮起潮落　　004
- 三、VR 产业的复苏　　006
- 四、元宇宙爆发元年——2021 年　　008
- 五、元宇宙技术基础和初级生态　　009
- 六、数字经济与元宇宙　　015

第二章
元宇宙技术递进

重溯历史长河　仰望宇宙苍穹　　021

- 一、科技是人类发展的新希望　　022
- 二、互联社会与未来之约　　026
- 三、VR 元年促进虚拟现实　　031
- 四、历经 VR 元年的反思　　034
- 五、从终极显示到互联梦想　　038

第三章
元宇宙技术的萌发

遨游奇妙无比的数字空间　　　　　　　　　　041

一、震撼出世的 VR 技术宣传片　　　　　　　042
二、VR 系统的构成与特征　　　　　　　　　　042
三、VR 交互技术　　　　　　　　　　　　　　047
四、三维场景的数字重建　　　　　　　　　　051
五、自由遨游在数字空间　　　　　　　　　　052
六、5G 通信网络　　　　　　　　　　　　　　055
七、物联网　　　　　　　　　　　　　　　　058

第四章
元宇宙与数字孪生

开启虚实世界的时空隧道　　　　　　　　　　065

一、神奇的 VR 主题公园　　　　　　　　　　066
二、数字孪生城市　　　　　　　　　　　　　068
三、数字孪生技术　　　　　　　　　　　　　072
四、创建数字孪生　　　　　　　　　　　　　075
五、数字孪生未来　　　　　　　　　　　　　077

第五章
元宇宙与云计算

云中漫步与精灵嬉戏　　　　　　　　　　　　083

一、《精灵宝可梦 Go》的起舞与成功　　　　　084
二、虚拟现实技术中的 VR/AR/MR/XR 概念联系　085
三、光学科技的发展推进 XR 升级　　　　　　087
四、从热点概念到信息革命　　　　　　　　　090
五、云中漫步　　　　　　　　　　　　　　　092
六、关乎生存的创新之争　　　　　　　　　　097

第六章
元宇宙与人工智能

开启未来的人机对话　　103

- 一、人机对话的科技梦想　　104
- 二、开创未来的全息窗口　　105
- 三、开创未来的人工智能　　109
- 四、开创未来的AI分支　　116
- 五、开创未来的非典型产品　　119
- 六、未来建筑师还是毁灭者　　121

第七章
元宇宙与游戏引擎

修补生活的完美工具　　125

- 一、小砖块创造大传奇　　126
- 二、突破偏见，改变世界　　128
- 三、游戏带给元宇宙的构建启迪　　132
- 四、游戏正在改变什么？　　135
- 五、最具潜力的VR游戏与教育变革　　136
- 六、从地理迁徙到数字迁徙　　142

第八章
元宇宙与虚拟人

创建不朽永生的虚拟化身　　146

- 一、虚拟世界的忠诚伙伴　　147
- 二、虚拟偶像　　149
- 三、虚拟人的技术解读　　152
- 四、元宇宙中的虚拟化身　　157
- 五、与虚拟化身的心灵感应　　160
- 六、不朽的虚拟化身　　161

第九章
元宇宙与区块链

构建活力经济和希望人生　　165

一、妙趣的第二人生与躺平现实　　166

二、区块链与数字货币　　171

三、元宇宙的经济探索　　177

四、元宇宙的先行探索　　181

五、元宇宙风潮下的变革和监管　　184

第十章
元宇宙与 3D 打印

如何抵挡自我复制的机器战将　　191

一、3D 打印与虚实转换　　192

二、3D 打印的应用领域　　196

三、3D 打印与数字化转型　　200

四、抵御自我复制的机器战将　　206

第十一章
元宇宙与数字化生存

星际穿越前的演习　　211

一、从孪生城市到复制地球　　212

二、XR 时代的虚拟社交　　215

三、元宇宙中的巨人之争　　220

四、数字经济赋能下的中国机遇　　224

五、星际穿越前的演习　　227

第十二章
元宇宙与人类未来

让生命之花绽放宇宙各方	233
一、科技的责任和使命	234
二、元宇宙与能源变革	240
三、让生命之花绽放宇宙各方	245
四、人类命运共同体	249

参考文献 252

致谢 256

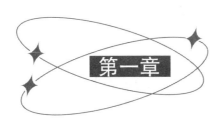

元宇宙技术分析

平行宇宙间消逝的分隔线

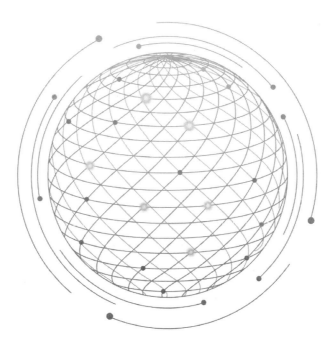

一、逐渐消逝的虚实分界线

虚拟现实（Virtual Reality，VR）现在已经逐渐走进我们的生活，逐渐变成现实的一部分，比如 VR 设备足不出户就能环游世界。我们怎么看这一现象呢？应该是接受，还是拒绝，或者是跟它保持一定的距离？这是 2016 年浙江省以"虚拟现实"为主题的高考作文题目，因涉及当下互联网科技界最火热的 VR 概念，而被誉为"史上科技含量最高的高考作文题"。VR 最初由美国 VPL 公司创建人杰伦·拉尼尔（Jaron Lanier）在 20 世纪 80 年代初提出。其具体内容是综合利用计算机图形系统和各种虚拟的环境刺激及控制等接口设备，在计算机上生成可交互的具有沉浸感觉的技术。其中，计算机生成的、可交互的三维环境即成为虚拟环境（Virtual Environment，VE）。

1992 年，在美国国家科学基金资助的交互式系统项目中，工作组在报告中对虚拟现实提出了更加系统的论述，确定和建议了未来虚拟现实环境领域的研究方向。虚拟现实技术综合了计算机图形技术、计算机仿真技术、传感器技术、显示技术等多种科学技术，在多维信息空间上创建一个虚拟信息环境，使用户具有身临其境的沉浸感，具有与环境完善的交互作用能力，有助于启发构思。虚拟技术的核心是建模与仿真。沉浸、交互、构想是 VR 环境系统的三个基本特性。

"虚拟现实之父"苏泽兰教授发现，人之所以能够对现实世界产生真实感，主要源于人在移动时，其视野中的物体也会有相应变动。因此，他希望能够借助计算机模拟这一过程，戴上头盔，将人的双眼视线与外界环境隔离，头戴显示器的设想由此诞生。

1968 年，世界上第一台 VR 头戴显示器在苏泽兰教授手中诞生了，它有一个非常酷炫的名字叫"达摩克利斯之剑"（The Sword of Damocles）。苏泽兰教授的探索实现了 VR 必备的交互性和沉浸感两个要素。"达摩克利斯之剑"发明在鼠标诞生之前的年代，实现了计算机生成图像、双目立体显示、头部位置追踪以及和虚拟环境的互动等功能。正是由于对计算机图形技术以及 VR 的贡献，苏泽兰于 1988 年获得图灵奖。随后，苏泽兰教授发表了论文《终极的显示》。出人意料的是，论文竟然没有引发预想的轰动，VR 依然被人们视为不切实际的幻想。因为 VR 头戴显示器无法产品化，关于 VR 技术的话题逐渐冷寂。

"虚拟现实"的概念最先出现在 1938 年，法国阿尔托所著《残酷戏剧——戏剧及其重影》一书中，作者将剧院描述为"虚拟现实"。美国 VPL 公司的创始人杰伦·拉尼尔是一位著名的跨界科学家，他把 VR 定义为由计算机模拟出的使人完全沉浸其中的虚拟三维世界，这是现代 VR 的概念第一次出现在人们面前。

杰伦·拉尼尔身兼计算机科学家、互联网理论家、冷门乐器爱好者、艺术家、思想家等多重身份。1986 年，杰伦·拉尼尔离开雅达利（ATARI）创建了 VPL Research 公司，发明了许多超越时代的黑科技，如第一款商业意义的 VR 头盔 EyePhone，数据手套，实时制造环绕声的音响 Audio Sphere，世界上第一个 3D 引擎 Issac，第一个为 VR 打造的操作系统 Body Electric，等等。尽管处于计算机技术还未成熟的年代，杰伦·拉尼尔的发明显然还不具备能够支撑起 VR 的技术生态，而昂贵的售价也未使 VR 头盔 EyePhone 得到普及，但科学的神奇力量让"虚拟出来的现实世界"得以逐渐浮现。

虚拟现实科技的突然引爆，是从 2014 年脸书公司（Facebook，后改名 Meta）突然宣布 20 亿美元收购与自己业务看似毫无关系的 Oculus VR 开始的，令人称奇的是，当时 Oculus VR 消费级产品的销售业绩为零。两家公司宣布期待将 VR 普及化，重新构想人们沟通的方法。

令人感到有趣的是，研发 VR 眼镜产品 Oculus Rift 的故事纯属偶然。16 岁的少年帕尔默·拉基通过修理和倒卖旧手机，以及在帆船中心打杂挣钱谋生。他低价收购了 56 款颇有特色的头戴设备，其中最大的战利品是用 80 美元购得的，曾经在 20 世纪 90 年代售价为 9.7 万美元的军用装备，在当时很少有人会买这种玩意儿。不过，帕尔默·拉基发现很难找到真正需要的装备，即使那些所谓的高端产品也不能令他满意。于是，他决定自己动手改装，把买来的二手设备拆卸和修理，搞清它们的工作原理、优点和缺陷，并且尝试着把它们改装成自己希望的模样。

少年帕尔默·拉基做的事情引起了重磅级 VR 发烧友、射击游戏之父约翰·卡马克（John Carmack）的强烈兴趣。当时卡马克也在研究自己的 VR 项目，开发了游戏《Doom 3 BFG Edition》的 VR 版本。在 2012 年 E3 游戏展会现场，他结合 Oculus Rift 亲自演示了这个版本。此时，Oculus Rift 被卡马克介绍给了世界玩家，引发现场一片好评。帕尔默·拉基将其研发的产品 Oculus Rift 启动了 Kickstarter 众筹。起初，众筹捐赠者仅有 40～50 人，但 E3 游戏展会的演示影响力让众筹捐赠者突然之间飙升至几千人，在一天之内就达到了筹款目标，最终筹到了 250 万美元，创造了 Kickstarter 众筹历史上的一个神话。

由此可见，VR 的神奇力量吸引着一批又一批先行者，在追寻苏泽兰教授论文中阐述的"终极显示"的道路上越行越远。人类从戏剧沉浸到电影沉浸，再到突然兴起的 VR 沉浸，正在一步步迈向人类的终极梦想，虚实空间的分隔线正在逐渐消失。

二、VR 元年的潮起潮落

脸书公司（后改名 Meta）认为：现实只是人类大脑产生的一种意识，从某种意义来讲，所有的现实都是虚拟的。也许在不久的将来，你我的余生都将在"现实的虚拟"或"虚拟的现实"之中。脸书公司的"现实虚拟论"颠覆了人们长久以来对于现实世界和虚拟世界的普遍认知，同时也证明了脸书公司对 VR 未来的发展前景充满信心。

三星公司与 Oculus VR 建立了技术合作，发布了适用于 Galaxy 智能手机的 Samsung Gear VR。越来越多的公司开始探索 VR 游戏设备，包括添加具有创新意义的配件，尝试创建人们全新的沟通方式，希望彻底改变教育、电影等传统行业。

2016 年，谷歌发布了低成本的纸盒 VR 眼镜 Cardboard。令人惊奇的是，这款纸盒 VR 眼镜竟然只售 9.9 元，该产品可通过智能手机播放内容，融合到 VR 眼镜中，让大众有更多机会接触到虚拟现实科技。

Cardboard 最初创意来自谷歌公司法国巴黎部门的两位工程师。他们花了六个月的时间打造出这个实验项目，意在将智能手机变成一个虚拟现实的原型设备。Cardboard 是一个纸盒形状的设备，纸盒内包括了纸板、双凸透镜、磁石、魔力贴、橡皮筋以及 NFC 贴等部件。按照说明，几分钟内就组装出一个看起来非常简陋的玩具型 VR 眼镜。凸透镜的前部留了一个放手机的空间，而半圆形的凹槽正好可以把脸和鼻子埋进去。实际上，Cardboard 只是一副具备开放 VR 系统且简单的 3D 眼镜。

基于 VR 技术未来可能为影视、游戏、旅游、通信等行业带来全新的机遇，VR 技术爆发，带动大量品牌与资本进入这一市场，各自在硬件、软件、内容运营和平台端投入，千百家 VR 初创公司也随之而生。

Magic Leap 成立于 2011 年，自诞生以来一直是 VR 行业最闪亮的一颗明星。而在 2016 年 VR 元年，这颗明星更是变得璀璨无比。Magic Leap 作为一家神秘的明星科技公司，对自己特有的数字光场技术和未来产品设计守口如瓶，但却获得了 14 亿美元的风险投资，市场估值高达 45 亿美元，投资机构包括谷歌、阿里巴巴、高通、KKR、摩根斯坦利、时代华纳以及硅谷知名风投公司安德森 - 霍洛维茨等，股东阵容非常强大。Magic Leap 公司 CEO 罗尼·阿伯维兹（Rony Abovitz）将其产品体验描述为：带来的是"一半《黑客帝国》，一半《哈利·波特》"的震撼效果。

国内大大小小的 VR 体验馆一夜之间遍布各地商场，犹如雨后春笋，蛋椅成为人们体验最新 VR 科技的直接工具，沉浸到虚幻世界中感受其神奇魅力。在当时的 VR 体验区和游戏厅，可以看到很多玩家都戴着 VR 眼镜手舞足蹈，深奥的虚拟现实科技概念瞬时变成玄妙的虚幻场景。玩家身临其境，时而步入远古的恐龙世界，时而飞跃遥远的宇宙星云，恐怖巨兽张开血盆大口，嗜血丧尸游走于前后左右。戴上 VR 眼镜之后，用户难以分清虚幻与现实，兴奋、恐惧、好奇、惊叹等各种强烈情绪代替了理性判断，梦境直接环绕于真实的眼前。

暴风科技公司在其股票经历了股市 30 多个涨停后，公布了第三代暴风魔镜最新的数据：30 多万用户，日活跃用户（Daily Active User，DAU）2 万，平均使用时长 30 分钟。暴风科技 CEO 冯鑫预言：暴风科技将在 18 月之内，出现两到三款爆品游戏，移动 VR 游戏会成主流；虚拟人生与模拟社交类游戏，是 VR 领域未来最流行的游戏，配套的输入设备如体感设备、速度传感器、定位追踪等将成为竞争热点。

然而，2016 年对于 VR 科技来说，可谓潮起潮落。"VR 元年"最终没有真正成为"VR 爆发年"。前半年，VR 概念火热，VR+ 演唱会、VR+ 影视等各种商业行为如火如荼；没想到后半年，资本急速收缩，不少 VR 视频平台停止更新，VR 创业公司濒临倒闭的消息接连传出。

就是在所谓的风口，暴风魔镜这家 VR 旗手，在 2016 年初获得 2.4 亿元融资，风光无限的科技"巨头"，曾被寄予承担起"开创中国 VR 元年"重任厚望，股价一度创造超过每股 300 元神话，在 10 个月之后，终归还是被打回到"国内视频行业三流公司"的原形。股价暴跌，剥离汽车、旅游、房产等业务板块瘦身，大幅裁员 50%，引来大众一片哗然。由此还引发了市场对整个 VR 产业的质疑。作为 A 股市场 VR 概念股的领头羊，在不少人眼中，暴风集团的股价走势在一定程度上代表了资本对 VR 行业的态度。毕竟噱头炒得火热却缺乏优质内容，无法给观众带来良好体验的行业状态，让不少刚刚诞生的 VR 产品阵亡在起跑线上。负面新闻四处传来，大量 VR 创业公司悄悄死去。Steam 作为美国电子游戏商 Valve 推出的数字发行平台，曾被认为是计算机游戏界最大的数码发行平台之一，Steam VR 月活跃用户也急剧下降。

三、VR 产业的复苏

VR 产业和沉浸技术产品真的凉了吗？

虽然大多数人对 VR 当时的发展不抱乐观的预期，但凉了几年的 VR 科技又出乎意料地开始回暖啦！在过去的几年里，虚拟现实产业的增长轨迹，证实这项新兴技术正在变得越来越主流。对比 VR 产业在 2014 年只有几十万元的收入，2017 年已经增加到了 9000 万元左右。2018 年，全球 VR 产业规模已近千亿元人民币，年均复合增长率超过 70%。全球投融资重点已从硬件终端转向内容应用。根据 GREENLIGHT INSIGHTS 的数据，2020 年全球 VR 产业规模总计 1600 亿元。

2018 年 9 月 27 日，以"携手拥抱 VR+ 共同开启新时代"为主题

2018国际虚拟现实创新大会召开，发布了《中国虚拟现实应用状况白皮书（2018）》。该白皮书指出，中国VR产业生态已初步建立规模化、融合化。中国会加速Cloud VR云化虚拟现实科技发展，将VR技术融入文化娱乐、工业生产、医疗健康、教育培训和商贸创意五个领域。

2019年，在江西省南昌市举行的世界VR产业大会规模更大、层次更高。这次大会不仅吸引了微软、联想、华为、科大讯飞等知名企业参展，同时还有VR电影节、VR电竞大赛等多个亮点项目。5G和云计算正在实现虚拟现实设备"轻量化"，使得传统的穿戴式头盔逐步摆脱笨重的机身，降低了硬件成本。借助云计算技术，能够把复杂的渲染程序通过5G网络传输放在云端服务器中实时处理。

近年来，存储介质、数据处理技术、计算机图形技术以及云计算等相关科学技术发展迅猛，催生了大数据的发展。能够对海量数据进行分析和处理，数据挖掘带来对决策的支撑，使得大数据在多领域得到欣赏和广泛应用，数据成为一种资源，成为各国争抢的目标。交互性是理解大数据的关键，几十年以来，人们一直在使用静态数据模型来了解动态数据，VR科技则为人们提供了动态处理数据的能力。

区块链的出现，离不开科学界在密码学、分布式网络以及支付、货币等领域的研究，区块链形成了一个全球性、安全、点对点网络。区块链的每一个节点都是历史见证者，不再依赖于特定公司而存在，从而逃脱了大公司的垄断。随着2008年比特币概念的白皮书发布，2013年开启了分布式计算和智能合约的时代。从金融、产品溯源、政务民生、电子存证到数字身份与供应链协同，场景的深入和多元化应用不断拓宽。据IDC最新数据，2021年第一季度，全球VR头显出货量同比增长52.4%，Oculus Quest 2及HTC Vive Focus等VR一体机占据了绝大多数的份额，高于2020年第一季度的50.5%；VR游戏和健身应用日益普及，提升了消费者对VR的认知。许多企业在培训、团队协作、设计以及机械制造等领域尝试使用VR技术，很大程度上推动了VR市场的发展。

尽管近年全球遭受新冠肺炎疫情，同时受世界经济疲软压力的影响，VR产业仍然于2020年在终端、软件、应用各方面实现了诸多突破。5G通信、云计算与人工智能的快速发展为VR行业的复苏提供了强大的技术基础，并且加速了VR科技在商用领域的落地应用。从长期来看，VR眼镜市场增长十分强劲，全球出货量预计2025年将增长至2860万台，五年复合年增长率（CAGR）为41.4%。字节跳动收购Pico入局VR的消息，成功带动了国内外资本以及整个产业对VR的再次关注。主流VR内容平台发布的数据，包括Steam VR用户活跃度、内容数量、新产品关注度等，都预示着VR的新一轮复苏已经开始。国内外相关领域的多名专家学者和企业家一致预言：VR的复兴年就要来了。

四、元宇宙爆发元年——2021年

2021年上半年，VR产业明显升温，这股热潮要归功于VR产业过去几年冷静期的沉淀，硬件导火索则是脸书公司的热点产品Quest 2。人们开始对虚拟世界心生向往，很多企业在"元宇宙"概念的助推下率先扬帆起航。

2021年10月29日，互联网巨人脸书公司令人惊奇地宣布正式更名为Meta（元宇宙），全面进军元宇宙，其创始人扎克伯格描绘了一个沉浸式的互联网，拥有虚拟身份和与之相匹配的经济系统，人们将置身于虚拟世界实现社交、工作、运动、学习和游戏。扎克伯格相信元宇宙是移动互联网的接替者，即将引领人类踏入数字新纪元。

实际上，脸书公司（Meta）并不是"Metaverse"一词的发明者。"元宇宙（Metaverse）"概念的真正提出，来自美国科幻作家尼尔·斯蒂芬森1992年出版的小说《雪崩》。小说故事主角是世界顶尖黑客，在结识了超元域的技术高手之后成为联合虚拟世界开创者之一。它所提出的元宇宙概念，即赛博朋克文化影响到后世很多的影视与游戏作品。很多科幻电影都描绘了元宇宙概念，即现实世界里有一个平行的虚拟世界，一个通过各种科技设备能够真实体验现实、感知反馈的虚拟世界。《雪崩》一书中描绘的移动计算、虚拟现实、数字货币、智能手机和增强现实等科学技术，与今日科技出奇地吻合。出版二十多年后，这部小说成了硅谷无数人心中的神作，许多工程师、企业家、未来主义者和技术极客将《雪崩》视为对当今科技领域的绝佳预言，催生了人们对元宇宙的期待。

元宇宙概念的突然爆发有三个关键因素：

（1）通信基础建设和算力需求提升，虚拟现实、人工智能、云计算、区块链、物联网等技术升级。

（2）新冠疫情推动线上社交与游戏时长增加，工作与协作的互联网配套设施升级。

（3）罗布乐思（Roblox）作为第一支元宇宙 Metaverse 概念股票上市，引爆对未来概念的期待。

2021 年 3 月，Roblox 公司在美国纽交所上市招股说明书中写进了元宇宙概念，受到资本市场热捧。首日上市估值就超过 380 亿美元，一度被称为"元宇宙第一股"。Roblox 总部位于加利福尼亚州，由 David Baszucki 和 Erik Cassel 共同创立，是一款大型多人在线游戏创建平台。Roblox 致力于链接全世界的创作者，让富有创意和想象力的人在这里创建数字化身，参与各种各样的学习、社交和探险活动。Roblox 公司打造了一个非常自由的基础平台，玩家们在其中赚钱或娱乐，形成了与元宇宙非常相似的经济系统。

元宇宙的核心，就是构筑一个完全沉浸式的虚拟空间，创造一个全新的世界：新经济、新货币、新事物，以及海量的新用户。人们将通过各种设备登录元宇宙，在那里探索、创造、协作、社交、学习、表演、工作、放松以及消费等，获取各种各样的体验。元宇宙的关键特征包括跨越物理世界和虚拟世界，包含完全成熟的经济系统，并且提供"前所未有的关联性操作"，即用户能够将他们的化身和所属数字资产从虚拟空间带到其他地方。

五、元宇宙技术基础和初级生态

元宇宙产生的大背景，在于人类社交、游戏、购物等大量活动向数字世界进行迁移，因此为这个新世界带来更高的关注度和收入，进而有更多的资金涌入，有更好的产品出现，同时也驱动着人们对线上体验和虚拟世界进一步完善的渴望。

元宇宙可以视为一个创新科技的大集合，其技术基础常常用 BIGANT 来概括。

1. 区块链技术（Blockchain）

区块链是支撑元宇宙经济体系最重要的技术基础，用户的虚拟资产必须能跨越各个子元宇宙进行流转和交易，才能形成庞大的经济体系。通过 NFT（非同质化通证）、分布式自治组织 DAO、智能合约、去中心化的金融 DeFi 等区块链技术和应用，成为激发创作者的经济时代，催生海量内容创新。基于区块链技术，将有效打造元宇宙去中心化的结算平台和价值传递机制，保障价值归属与流转，实现元宇宙经济系统运行的稳定、高效、透明和确定性。

区块链技术对于元宇宙至关重要，保障元宇宙居民拥有的数据权利，避免大公司对于数据的垄断和支配。分布式自治组织是建立在人工智能基础上，区别于当前互联网和虚拟世界的另一个重要特点。基于大数据的推荐算法出现后，机器逐渐代替了人们进行选择的过程，用户的选择权也变得越来越弱势。区块链技术是实现去分布式自治组织的最佳技术路径，基于区块链技术本身而搭建的开发者生态也将随之快速发展。基于去中心化网络的虚拟货币，使得元宇宙中的价值归属、流通、变现和虚拟身份的认证成为可能。

比特币可能会消失，但比特币利用区块链技术，在组织治理机制方面的工程实践意义，必将像明灯一样照亮人类资产数字化迁徙之路。NFT 利用区块链加密技术，弥合了数字艺术中亟待解决的溯源、确权等痛点，成为目前艺术市场冉冉升起的一颗新星，受到了人们极大的关注。中央银行利用升级版的区块链技术，基于半开放式或部分去中心化的系统发行法定数字货币，这样就能以分布式账本的特点，直接监测每笔资金和交易的流向，以此打击新型网络犯罪行为。同时，法定数字货币系统还可以结合大数据分析技术，为国家货币政策提供货币总量、货币结构以及货币流通速度等全面而又精准的数据，从而帮助国家和政府制定更为灵活有效的政策。超越货币及金融领域的区块链技术，扩展至物流、人力资源、科学、教育等各行各业，可以建设去中心化解决方案的"可编程社会"。

2. 交互技术（Interactivity）

交互技术分为输入技术和输出技术。输入技术包括微型摄像头、位置传感器、力反馈传感器、速度传感器等；输出技术包括头戴式显示器、触觉、痛觉、嗅觉甚至直接神经信息传输等，即各种电信号转换成人体感官刺激的技术。复合的交互技术如脑机接口，也是交互技术的终极发展方向。

元宇宙好像现实人生，没有重置、暂停或结束，而是无限期地持续。虚拟现实技术作为一种多源信息融合、交互式的三维动态视景和实体行为的系统仿真，不但能够使用户沉浸到该环境中，具有大量人类所拥有的听觉、视觉、触觉等感知功能，并且基于超强的仿真系统，用户在使用过程中得到环境最真实的反馈。玩家的沉浸感、对游戏角色的控制以及代入感成为影响游戏环境的重要因素。更加拟真、高频的人机交互方式，必定成为元宇宙实现的基础。

3. 游戏引擎（Game）

游戏是生活的一部分，是大自然赐予我们的学习方式。文明就是在游戏中成长和发展起来的，游戏思维能带来革新创造。"游戏化"被广泛用于教育和商业管理。所有游戏被归结为两种：有限游戏和无限游戏。有限游戏的目的，在于胜利；无限游戏的宗旨，在于让游戏进行下去。游戏引擎包括 3D 建模和实时渲染，也包括数字孪生相关的 3D 引擎和仿真技术，其关键在于通过普及物理世界虚拟化、数字化工具，极大加速真实世界数字化的进程。

游戏引擎与交互技术的协同发展，是实现元宇宙用户规模爆发性增长的两大前提，前者解决的是内容丰富，后者解决的是沉浸感觉。《堡垒之夜》开发公司 Epic Games 就设计了宏伟的"元宇宙"计划，基于"Unreal 引擎"打造元宇宙。事实上，《堡垒之夜》已经有了许多符合这一理念的元素，比如现场直播、自己的货币，等等。《堡垒之夜》举办了数场"音乐体验"活动，让艺术家们可以在游戏中与他们的音乐布景进行互动表演。

4. 人工智能（AI）

人工智能技术在元宇宙的各个层面、应用、场景下无处不在，包括区块链里的智能合约、交互识别、游戏里的虚拟人物乃至情节的自动生成、智能网络管理、物联网数据等，还包括元宇宙里虚拟人物的语音识别、社交关系建立、虚拟场景建设等。我们相信，所有人都应该是新世界的构建者。元宇宙的创意工具生态系统，更加开放、易于掌握，可以帮助创作者在元宇宙建造中获益。

人工智能以基础设施的角色，参与到元宇宙的建设与发展中。人工智能内容生产分为两大部分：一是图像侧的人工智能，包括围绕人物角色展开的骨骼动画生成、面部表情生成、动作捕捉等技术，以及围绕空间场景展开的图像识别、场景生成、资产导入等技术，还包括围绕基础建设展开的渲染、建模、粒子系统等技术；二是逻辑侧的人工智能，包括围绕语言对话展开的语义理解、语言模型、人机对话等技术，还包括围绕决策逻辑展开的通用人工智能、场景化决策模型（多智能体单一目标、多智能体多目标）等。随着算法、算力及自动建模技术的进步，也提升了内容生产的效率，为元宇宙的自发有机生长提供了必要条件。

5. 网络及运算技术（Network）

网络及运算技术，不是指传统意义上的宽带互联网和高速通信网，而是包含人工智能、边缘计算、分布式计算等，泛指的综合智能网络技术，网络已不再只是信息传输平台，而是综合能力平台。

元宇宙具有庞大的数据量，对算力的需求无限。云化的综合智能网络是元宇宙的底层基础设施，需要提供低延时、高算力、规模化接入，才能为元宇宙用户提供实时、流畅的沉浸式体验。云计算和边缘计算，让元宇宙用户拥有功能更强大、更轻量化、成本更低的终端设备。

全方位的交互机制，基于云的特点来重新考虑和实现，充分发挥云的优势，快速打造更丰富的数字内容，为满足用户需求，快速生成并迭代出个性化的内容，这些都是未来网络技术需要重点考虑和解决的问题。

6. 物联网技术（Internet of Things）

5G 网络的普及应用，为物联网的爆发提供了网络基础。只有真正实现了万物互联，元宇宙实现虚实共生才真正有了可能。物联网技术，承担了物理世界数字化的前端采集与处理，也承担了元宇宙虚实共生，以及平行空间的互动。物联网技术的发展，为数字孪生的虚拟世界，提供了实时精准的数据供给，元宇宙里的人足不出户就可以明察物理世界的秋毫。

元宇宙通过整合多种新技术而产生，形成虚实相融的新型互联网应用和社会形态。它基于扩展现实技术提供沉浸式体验，基于数字孪生技术生成现实世界的镜像，基于区块链技术搭建经济体系，将虚拟世界与现实世界在经济系统、社交系统、身份系统上密切融合，并且允许每个用户进行内容生产和环境设计。元宇宙不再是电子游戏，也不仅仅是3D技术构建的虚拟世界，而是虚实两重空间的互动交换，它具有持久性、可探索性、可调节性和商业性。元宇宙的构建与物联网技术密不可分。

元宇宙由大家熟知的互联网演变而来，其体系主要包括应用层、平台层、网络层和感知及显示层。

（1）应用层主要是元宇宙虚拟世界内的各种应用及内容。

（2）平台层包括内容平台、开发平台、分发平台以及底层操作系统。

（3）网络层包括各种算法和网络通信，包括基础通信网络层、互联网及物联网、云计算、云存储、人工智能、区块链、边缘计算，等等。

（4）感知及显示层是各种输入、输出设备，包括VR头显、智能手机、个人电脑、脑机接口、摄像头、体感设备、物联网传感器、语言识别设备等。

元宇宙的基础设施总共划分为五层，自上而下依次是物理层、软件层、数据层、规则层、应用层。物理层侧重硬件，成为产生数据、存储数据、分析数据和应用数据的载体。软件层侧重广泛应用的软件，基于物理层之上，成为加工、处理、分析数据的主体。数据层进一步抽象，形成重要的资产和新型生产要素，脱离软件层而独立存在。规则层则强调数字经济内在运行秩序，构建完善的监管体系。应用层就是构建其他层级之上的各类应用程序。元宇宙的建设不是来自于某个大公司，而是来自于用户，是每一个参与者创作、编程和设计的联合成果。元宇宙一旦建成，就会拥有自己的生命力，拥有自我调整和发展的内驱力。

《华尔街日报》曾登载了一个对"元宇宙"的概念科普，还上了推特美区的热搜。在这个互动科普页面当中，元宇宙被松散地定义为一个广泛存在的线上世界，人们通过数字替身进行交互。报道还提及，"元宇宙"包含第一人称观赛、在月球上行走、召开虚拟会议等沉浸式体验，当前的主要参与企业有 Unity、英伟达（NVIDIA）、微软、脸书（Meta）以及 Snapchat 和 Roblox。英伟达、AMD、英特尔、亚马逊、微软等企业早已探索于基础设施层；而苹果、谷歌等企业已布局于人机交互层。

Roblox 公司，作为首个将"元宇宙"写进招股说明书，并成功登录纽交所，立即引爆了科技和资本圈的游戏平台公司，提出了通向"元宇宙"的八个关键特征。

（1）**身份**。虚拟世界的身份跟物理世界一一对应，都有一个"化身"。

（2）**朋友**。在元宇宙当中拥有朋友，可以社交，无论在现实中是否认识。

（3）**沉浸感**。能够沉浸在元宇宙的体验当中，忽略其他的一切。

（4）**低时延**。元宇宙中的一切都是同步发生的，没有异步性或延迟性。

（5）**多元化**。元宇宙提供超越现实的自由和多元性。

（6）**随地**。可以使用任何设备登录元宇宙，随时随地沉浸其中。

（7）**经济系统**。包括数字创造、数字资产、数字市场、数字货币、数字消费。其特征明显区别于传统经济，表现为计划和市场的统一，生产和消费的统一，监管和自由的统一，行为和信用的统一。

（8）**文明**。元宇宙拥有共同的规则，共同的生活，演化成一个文明社会，成为一种虚拟的文明。

元宇宙实现的前提，是互通互联和身份统一。用户可以通过多种终端，比如手机、PC、VR 等设备穿梭于数字世界，用同一个账号和身份，共享数据、金融、社交、电商等应用，无缝融入这个世界。重度的互联网生活方式，不会让用户脱离现实生活而无法生存，反而让用户获得了新的生活价值，不但维持收入上的可持续性，也让人生意义得以实现。

元宇宙被认为是一个集体虚拟共享空间，由虚拟增强的物理现实和物理持久的虚拟空间融合而创造，是所有虚拟世界、增强现实和互联网的总和。目前全球的企业、组织和用户希望共同打造属于未来的元宇宙，关键在于平台底层能否足够开放，是否能让大家非常方便地创建内容，能否让业余水平的开发者参与内容开发，因此，需要建立完整而清晰的交易规则，优质、完善的交易系统，才能激发创作者的参与热情，保证创作者长期的创作意愿。根据摩根士丹利发布的简报，元宇宙市场的潜在总规模将高达 52 万亿元人民币（约 8 万亿美元）。中国科技巨头也向着"元宇宙"大举进发，腾讯、华为、网易、字节跳动和阿里巴巴等中国互联网企业或将成为该领域的领跑者。百度于 2021 年已经发布了能够实现 10 万人同屏互动的元宇宙应用"希壤"。我们相信：开放而易于获取的元宇宙创意工具，会让参与者都能成为新世界的构建者和受益者。

六、数字经济与元宇宙

当下，中国经济已处于发展模式转型，新旧动能转换的关键阶段。以人工智能、区块链、云计算、大数据等底层数字技术驱动，以数字经济为代表的新经济正在蓬勃兴起，为中国经济"变道超车"提供了重要机遇。

《中国数字经济白皮书》把数字经济定义为：以数字化的知识和信息作为关键生产要素，以数字技术为核心驱动力量，以现代信息网络为重要载体，通过数字技术与实体经济深度融合，不断提高经济社会的数字化、网络化、智能化水平，加速重构经济发展与治理模式的新型经济形态。具体包括四大部分：

一是数字产业化，即信息通信产业，具体包括电子信息制造业、电信业、软件和信息技术服务业、互联网行业等。

二是产业数字化，即传统产业应用数字技术所带来的产出增加和效率提升部分，包括但不限于工业互联网、智能制造、车联网、平台经济等融合型新产业新模式新业态。

三是数字化治理，包括但不限于多元治理，以"数字技术＋治理"为典型特征的技管结合，以及数字化公共服务等。

四是数据价值化，包括但不限于数据采集、数据标准、数据确权、数据标注、数据定价、数据交易、数据流转、数据保护等。其中数据价值化属于生产要素，数字产业化和产业数字化属于生产力，数字化治理属于生产关系。

2005 年中国数字经济规模为 2.6 万亿元，占 GDP 比重为 14.2%。2020年中国数字经济仍然保持蓬勃发展态势，规模达到 39.2 万亿元，占 GDP比重为 38.6%。相比于德国、英国、美国数字经济在国民经济中占据主导地位、占 GDP 比重超过 60%，中国数字经济与世界先进水平仍有较大差距。数字经济分为数字化、互联网（PC 互联网、移动互联网、物联网）、数字孪生 3 个阶段，当前正处于第二个阶段。

2020 年，党的十九届五中全会审议通过"十四五"规划和 2035 年远景建议。其顶层设计中，明确了数字化转型的战略地位。数字经济发展，已经成为中国落实国家重大战略的关键力量，对实施供给侧改革、创新驱动发展、构建国际国内双循环、构建新发展格局具有重要意义。

数字化转型是以数据为驱动，借助大数据、云计算等技术，打通企业生产经营各环节。优化资源，实现管理升级和模式创新，达到降本增效的目的，实现高质量发展。数字化转型可以看作是一场工具和决策的革命，是传统模式的颠覆，是信息系统的升级和优化，以实现管理精细化、产品差异化、服务精准化、决策科学化和客户体验个性化为最终目标。

元宇宙的构建，将是国家推进新基建、大力发展数字经济的大好机遇，可以引导和支持中小企业加快推进数字产业化和产业数字化进程，培育一批数字产业化专精特新中小企业，培育一批深耕专业领域包括区块链、人工智能、工业互联网、网络与数据安全、智能传感器等方面的"小巨人"企业，培育一批进军元宇宙的创新型中小企业。

2021 年，元宇宙成为年度热词，让人们总是轻易地将其与"游戏和娱乐"联系在一起。但是，元宇宙作为下一代信息革命的载体，将同移动互联网一样，在办公、城市、工业等 To B 领域被广泛应用，变革生产形态，重塑相关产业链及价值分配，对人类的生产力产生深刻影响。

元宇宙利用虚拟现实技术打破生产协作的时空限制，激发创造力，提升工作效率。云计算让元宇宙提升算力，突破仿真设计瓶颈，推动工业软件云化进程。随着 5G 通信、大数据等技术的深度应用，元宇宙的隐私计算技术也将提升，同时多维度城市管理效率和服务水平也将大大提升。区块链技术作为数字世界的信任基础，有望解决元宇宙时代数据安全及个人隐私保护等问题。

元宇宙在中国的发展，离不开政策支持。2022 年 1 月 8 日，上海经信委召开会议谋划 2022 年产业和信息化工作，强调加快布局数字经济转型，紧扣城市数字化转型，布局元宇宙新赛道，开发应用场景，培育重点企业。《上海市电子信息制造业发展"十四五"规划》中提到，上海要前瞻部署量子计算、第三代半导体、6G通信和元宇宙等领域。支持满足元宇宙要求的图像引擎、区块链等技术的攻关；鼓励元宇宙在公共服务、商务办公、社交娱乐、工业制造、安全生产、电子游戏等领域的应用。这也是元宇宙首次被写入地方"十四五"产业规划中。

北京将推动组建元宇宙新型创新联合体，启动城市超级算力中心建设，探索建设元宇宙产业聚集区。浙江也加快了元宇宙的推进步伐，浙江省数字经济发展领导小组办公室发布了《关于浙江省未来产业先导区建设的指导意见》，元宇宙与人工智能、区块链、第三代半导体并列，是浙江省最近两年重点未来产业先导区布局领域之一；浙江将在先导区重点建设任务中，明确加快在脑机协作、虚拟现实、区块链等领域搭建开放创新平台，促进产业技术赋能，集成创新。

全国各行各业，都在探索运用数字化手段升级转型，5G、人工智能、虚拟现实等数字技术与生活场景加速融合，新需求新模式不断涌现，也催生了大量数据的运算、传输、处理等需求。如果说农业依赖于水利、工业依赖于电力，那么数字经济要依赖的就是算力。新一轮科技革命和产业变革正在重塑全球经济结构。算力作为数字经济的核心生产力，成为全球战略竞争的新焦点。在西电东送、南水北调后，中国将又一次在广袤的国土上，大规模地跨区域调配资源。根据国家发改委披露，我国将在京津冀、长三角、粤港澳大湾区、成渝、内蒙古、贵州、甘肃、宁夏等8地启动建设国家算力枢纽节点，并规划了10个国家级数据中心集群。这意味着全国一体化大数据中心体系完成总体布局设计，"东数西算"工程正式全面启动。"东数西算"中，"数"指的是数据，"算"指的是算力，即对数据的处理能力。由于我国西部地区资源充裕，特别是可再生能源丰富，"东数西算"就是通过构建数据中心、云计算、大数据一体化的新型算力网络体系，将东部算力需求有序引导到西部，优化数据中心建设布局，促进东西部协同联动。简单地说，就是让西部的算力资源更充分地支撑东部数据的运算，更好地为数字化发展赋能，从而充分发挥我国体制机制优势，优化资源配置，提升资源使用效率。

"十四五"时期，数字经济将为我国经济社会发展注入更加强大的动力，互联网企业要把握机遇、乘势而上，务必注意以下三方面：

一是要更加注重创新突破，加强技术创新，深化模式创新，提升全球化发展水平。

二是要更加注重赋能实体经济高质量发展，加快推进传统产业转型升级，提供高质量产品和服务，引领新型消费、品质消费。

三是要更加注重营造公平普惠的发展环境，降低平台经济参与者经营成本，加强新就业形态劳动者权益保障，让数字经济发展惠及更多人民群众。

发展元宇宙不是"脱实向虚"，而是实现数字经济与实体经济深度融合，从而切实赋能实体经济全面升级，让各行各业都能找到"第二条增长曲线"。未来元宇宙在教育、医疗、政府服务等实体经济场景下都将有所应用，并且促进应用场景多元化，促进相关行业的发展，形成良性循环。

随着数字技术的发展，人类未来一定会完成从现实宇宙向元宇宙的数字化迁徙。整个迁徙过程分为三个阶段（见图1-1）：数字孪生—物理世界的数字映射，数字原生—平行于物理世界的数字空间，虚实相生—物理世界和数字空间的互动。

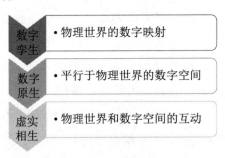

图1-1 数字化迁徙过程

2003年，迈克尔·格里夫斯（Michael Grieves）教授首次提出了"与物理产品等价的虚拟数字化表达"的概念。2011年，格里夫斯教授进一步延伸了"数字孪生"（Digital Twin）的概念。数字孪生是在虚拟空间内建立真实事物的动态孪生体，本体的运行状态及外部环境数据凭借传感器实时映射到孪生体上。该技术最初用于工业制造领域，而元宇宙需要用数字孪生来构建完全模拟仿真的环境，营造出沉浸体验。

数字孪生最大的认知突破，就在于物理世界中的实体与数字世界中的孪生体相互映射、相互影响。物理世界中的实体，主要完成数据采集，并传输给数字世界中的孪生体。数字孪生体汇集数据，做出关联分析，发出具体的动作指令。物理世界中的实体接收指令，并执行相应的动作。在这一过程中，实体进一步采集数据，并将数据传输给孪生体，数字世界中的孪生体负责分析和决策，而物理世界的实体负责接收指令并执行。不断循环，反馈操作，最终使得实体与孪生体趋向一致。

如果数字孪生是未来世界延伸过来的一根触角，那么区块链化的游戏则是通向未来的渡轮。未来每一个游戏，都将承载不同的用户群体和社区文化。而每一个人都只能使用唯一的身份，在不同游戏间穿梭体验，仿佛在很多平行世界间跳跃。元宇宙依旧是人的社会、人的世界，但它是人的虚拟社会、人的数字世界。2020年，美国加州大学伯克利分校因疫情原因无法现场举行毕业典礼，学校在游戏"我的世界"（Minecraft）中搭建了一个和真实校园一致的"虚拟校园"，学生们通过相应的设备，以"虚拟化身"的身份来到"虚拟校园"，参加了毕业典礼。

虚拟世界的建立，离不开社会系统。社会系统是由社会人与他们之间的经济关系组成的，是人类相互有机联系、互利合作形成的群体，按照一定的行为规范、经济制度和社会规范而形成有机总体。数字化迁徙之后，元宇宙里会形成一整套新的经济和社会体系，产生新的货币市场、资本市场和商品市场。随着时间的推移，硬件技术及环境条件必然会走向成熟，相比之下更难且更需要制定明确的元宇宙规则。元宇宙囊括了所有数字技术，丰富了数字经济的转型模式，将推动人文科学的发展，成就投资界最宏大的投资主题，可与大航海、工业革命、宇宙航行相提并论。

人类将成为现实与数字的两栖物种，人类社会和价值体系将无疑会被科技彻底改变，必然会出现虚实共生的能力。人类在元宇宙里面的数字分身，也许将会永生。即便现实中的肉体湮灭，数字世界的你仍然会在元宇宙中继续生活下去，保留真实世界里你的性格、行为逻辑甚至记忆。数字世界的我，究竟是不是我？是否可以继承我的财产？是否需要履行人类的权利和义务？这些问题，都需要人类思考和解答。如何穿越星际并与更加高级的智慧生物的文明沟通交流、和谐相处，人类也将尝试在元宇宙中找到答案。

元宇宙让时间没有尽头，让空间不再阻隔，让生活更加多彩，让人生更有意义。面向元宇宙的数字化迁徙，让人类从历史中走来，向着未来迈进。随着人们对虚拟现实的关注，很多人会反身更多地去关注现实世界的奇妙，比如一片叶子的纹理，一朵花的颜色。每个人都习惯了用生命去体验现实世界，而一旦你的神经系统适应了一个虚拟的世界，回看现实世界就会找到重生的奇妙感觉。在探寻人类感知现实方面，终极目标永远不会停滞。无论如何，一个全新的时代正在到来，我们这一代人终将是元宇宙的现时参与者，也是未来见证者。

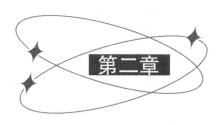

元宇宙技术递进

重溯历史长河　仰望宇宙苍穹

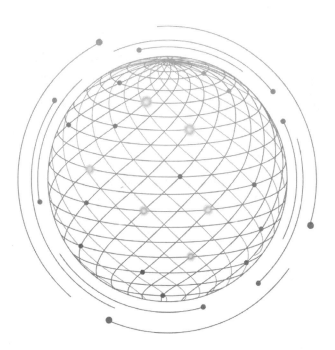

一、科技是人类发展的新希望

人类科技发展史是人类认识自然、改造自然的历史。科技在人类文明进程中起着越来越重要的推动作用。从远古时期工具制造和使用、技艺传承，到火箭发射、飞出太阳系，从智能手机成为社会必备的通信工具，到神奇的 Alpha Go 战胜围棋天才，人类的科技经历了漫长而伟大的发展历程。科技驱动力最初来自人类生存的基本需求，但却创造出越来越广阔的文明空间。科学曾是神学的敌人，但二者的关系却日益亲密，终会携手共同开拓人类的精神世界。

从农业社会的畜力时代，到工业社会的电气时代，再到原子社会的信息时代，人类改造自然的能力和效率得到了飞跃性的提升。在当今社会，新材料、新能源成为科技先锋，互联网、基因工程、碳排放成为发展的标志。虚拟现实、物联网、大数据、云计算、区块链、机器人、人工智能等新概念层出不穷，文明的边界被一次又一次拓宽。科学逐渐成为人类的希望，承载人类对未来的期待。

与其说元宇宙形成了创新科技的集合，成为迄今为止人类历史上规模最大、影响最为深远的一个革新契机，不如说元宇宙更像未来之光，让我们看到了前进的方向。在即将到来的元宇宙时代，科技不仅是下一代互联网的策划者，也将是人类数字文明的构建者。我们相信：人类终将进入物理世界数字化，虚拟世界真实化，虚实互动共生的全新时代！

20世纪是科学技术突飞猛进的100年，原子能、半导体、激光和电子计算机被称作二十世纪的四大发明。自1844年人类发出了第一份电报，实现了信息的长途传输，信息技术的历史大幕随之拉开。收音机曾经风靡一时，是许多人得到外界消息的重要工具。电视机的出现又一次改变了人类的生活、观念和信息传播方式。

IT（Information Technology，信息技术），包含计算机、网络、通信等

技术。信息技术的普遍应用，是进入信息社会的标志，其中半导体材料的发展对信息技术影响巨大。发源于半导体技术的 IT 技术，之后发展出计算机、通信、互联网科技，进而进化到虚拟现实、人工智能、云计算、大数据、物联网、区块链、量子计算等新兴细分领域。

1957 年，仙童半导体公司成立，开创了半导体工业，成为硅谷成长最快的公司。1968—1969 年，13 家半导体公司在美国北加州创立，其中 8 家由前仙童员工创办。摩托罗拉、国家半导体、德州仪器、仙童的产品垄断了大部分市场。直到张忠谋于 1987 年创建了台积电，改变了全球半导体产业的生产模式，提升了运营效率。

1936 年，科学家图灵因发明图灵机和图灵定理被认为是"计算机科学之父"。1965 年，英特尔创始人之一戈登·摩尔提出摩尔定律，准确预测了近半个世纪的集成电路发展趋势，在一定程度上揭示了信息技术进步的速度。

在 IT 行业发展早期时代，因受半导体材料科技制约，计算机体积大，造价高，大型机构进行数据传输和处理耗时较长。CPU 是 20 世纪最重要的发明之一，英特尔于 1971 年推出全球第一款微处理器 4004，这是现代计算机小型化的关键节点，开创了微型计算机新时代。

20 世纪 80 年代后，DEC、IBM 等小型计算机公司如雨后春笋般涌现。20 世纪 90 年代，IT 产业进入微处理器或个人电脑阶段，英特尔、IBM 和苹果等公司随之成为时代领军者。IT 行业也同时迎来了软件时代，微软、甲骨文等软件公司纷纷成立，丰富的软件为人们的工作生活提供了各种便利条件。硬件的微型化和低成本化使得个人电脑（PC）逐渐普及，用户和软件数量快速增长，数据量大幅提升。

移动通信技术自 20 世纪 80 年代开始飞速发展，移动信息经历了从语音、文本、图片到视频的不断升级。相比第一代模拟移动通信时代以语音通信为主，第二代移动通信就开始采用数字调制，发短信成为当时最流行的交流方式。彩信、手机报、壁纸和铃声的在线下载也成了热门增值服务。第三代移动通信的网速和用户容量大大促进了移动互联网的发展，触屏操控和支持安装各类应用软件的智能手机面世。第四代通信（4G 时代）网络下载速度可以满足视频观看，流量资费大幅度下降，移动支付随之迅速普及。移动5G时代的高带宽、低时延、广联接解决了机器之间的无线通信问题，可实现万物互联。

从20世纪90年代中期开始，大众对于信息的需求也不断增长，IT产业进入网络化阶段，以提供基础信息服务与增值服务为主。此时，全球在线的人数已经超过10亿。IT行业进入2000年之后，发展速度因互联网的加入而产生了质的飞跃。个人电脑间通过开放的互联网实现共享和协作，使得数据的获取、存储、计算开始实现"去集中化"。

我们现在所处的移动互联时代，智能移动设备的出现使得网络用户数量和上网时间大幅提升，获取和产生信息的端点数量和交互频率大幅增加，联网场景变化多样，由此衍生出丰富多样的应用程序，渗透到人们生活的方方面面，与几何级数快速增长的大数据相匹配的云计算应运而生。

统计数据显示，全球现有44亿互联网用户。在全球范围内，互联网已经从美国主导的通信专网变成渗透到世界人口一半以上的全球媒介。当我们回顾信息科技的发展历史（见表2-1），或许能为人类取得的惊人成就而自豪！

表2-1　信息科技发展的标志事件

时　间	大　事　件
1833年	英国科学家巴拉迪最先发现硫化银的电阻反常地随着温度的上升而降低，这是人类首次发现半导体现象
1904年	世界上第一只电子二极管诞生，标志人类进入电子时代
1947年	晶体三极管诞生
1957年	仙童半导体公司成立，开创了半导体工业。IBM成功开发出第一台点阵式打印机
1958年	在英特尔公司创始人罗伯特·诺伊斯（Robert Noyce）的领导下，集成电路诞生
1968年	贝尔实验室的里奇和汤普森开发了计算机史上较成功的操作系统UNIX
1971年	英特尔推出全球第一款微处理器4004，开创了微型计算机新时代
1974年	惠普生产出第一台基于4K动态随机存取器DRAMs的微型计算机
1980年	应用最普遍的局域网技术——以太网出现，第一代移动通信系统开始推广应用

续表

时间	大事件
1981 年	IBM 公司推出 IBM PC（个人计算机）
1981 年	微软公司发布 DOS 操作系统，这是最早的个人计算机操作系统，DOS 在 IBM PC 兼容机市场中占有举足轻重的地位
1985 年	微软公司发布 Windows 操作系统
1987 年	张忠谋创建台积电，改变了全球半导体产业的生产模式
1990 年	蒂姆·伯纳斯·李推出了人类历史上第一款浏览器"万维网"（World Wide Web，WWW），其后改名为 Nexus
1991 年	在 GSM 标准的基础上，推出了全球首个 2G 网络，从此手机也可以上网浏览文本信息
1993 年	美国总统克林顿宣布正式实施宏大计划"国家信息基础设施行动计划"（NII），使互联网受到全世界的热切关注
2000 年	国际电信联盟正式公布第三代移动通信标准（3G），中国的 TD-SCDMA、欧洲的 WCDMA、美国的 CDMA2000 成为 3G 时代的三大主流技术
2004 年	马克·扎克伯格和爱德华多·萨维林创立脸书（Facebook）
2005 年	国际电信联盟发布了《ITU 互联网报告 2005：物联网》，正式提出了"物联网"概念
2007 年	重新掌控苹果公司的乔布斯发布了第一代 iPhone，开启智能手机新时代
2008 年	谷歌正式对外发布第一款 Android 手机 HTC G1，标志着开源手机操作系统安卓时代的来临
2008 年	比特币概念的白皮书发布，开启了虚拟货币时代，谷歌推出 Google Chrome，将浏览器融入云计算时代
2010 年	苹果推出 iPhone 4 和第一代 iPad，智能手机、平板移动终端逐渐兴起
2011 年	腾讯公司推出微信，阿里巴巴的支付宝获得第一张"支付牌照"，阿里云开始大规模提供云计算服务；苹果公司发布 iCloud，让人们可以随时随地存储和共享内容
2013 年	第四代移动通信系统（4G）出现，显著提升通信速度，满足了视频播放、移动购物等生活需求
2013 年	以太坊白皮书发布，开启分布式计算和智能合约时代
2013 年	德国于汉诺威工业博览会上正式推出工业 4.0 概念

续表

时 间	大 事 件
2014 年	中国"互联网+"尝试线上和线下结合的商业模式
2015 年	主打兴趣引擎的今日头条出现,各类媒体纷纷推出自己的 APP
2016 年	虚拟现实技术"井喷"促成 VR 元年
2017 年	短视频和直播发展神速,抖音爆红,TikTok 出海,B 站成为"95 后"线上娱乐社区
2018 年	5G 第一个国际标准(Release-15)制定完成
2020 年	中国提出新基建经济振兴计划;工业互联网与 5G 结合,走向实践应用阶段
2021 年	元宇宙概念大爆发

二、互联社会与未来之约

如果时光倒回 1994 年,在克林顿政府刚刚宣布互联网正式商用、信息高速路开建之时,就能预见 10 年甚至 20 年之后的互联网,将全面改变人们的生活和工作方式,全球资本市场的明星将被这个行业垄断,相信每一个人或者企业都将全力拥抱互联网,跟随它飞向未来。回看历史,互联网发展阶段大致可分为萌芽建设期、PC 互联期、移动互联期、虚实互动期。

1. 互联网萌芽建设期(1969—1993 年)

互联网起源于 20 世纪 50 年代的美国。在两个超级大国竞争时期,苏联逐渐形成了在科学研发上的优势,促使美国于 1958 年成立了国防部高级研究计划局(ARPA)。该研究计划局被委托建立一个安全的网络连接中心,用于研究当一些中心被摧毁的情况下,通信如何依旧保持畅通。这一战略需求推动了分布式网络的发展。1969 年,美军在 ARPA 协定下将四所大学的计算机相连,ARPANET 由此建立,成为现代计算机网络诞生的标志。

1974 年,互联网发展史上最著名的两个科学家罗伯特·卡恩和温特·瑟夫绞尽脑汁开发设计了新的 TCP/IP 协议,定义了全世界计算机之间通信、传输数据的规则,允许互联网之间端到端的连接,他们后来被称为互联网之父。

科学家蒂姆·伯纳斯·李萌生出创造一种信息共享工具的想法,经过多年坚持不懈的努力,到1989年终于创造出所有PC之间数据联通,人人都可以参与的互联网。蒂姆因此入选"有史以来100位最伟大的英国人"榜单。

电子邮件和BBS的诞生,使互联网逐渐深入人们的日常生活。以浏览器创造历史的网景公司,发布了一款可以实现文字和图片预览的浏览器,让人们领略到互联网无穷的魅力,激发出无穷的想象。当时所有的视线都被聚焦在互联网浏览器上。

2. PC互联期(1994—2007年)

互联网技术社会化启用阶段始于1994年,美国克林顿政府允许商业资本介入互联网建设与运营,互联网技术得以走出实验室进入商用时期,开始向各行业渗透发展,这也是我国互联网发展的起步阶段。1994年4月,中关村地区教育与科研示范网络工程进入互联网,这标志着我国正式成为有互联网的国家。之后,ChinaNet等多个互联网络项目在全国范围相继启动并开始进入公众生活。越来越多的人需要上网,PC终端被大量普及。此时互联网的主要作用为连接人人并获取资讯,Web 2.0更注重用户的交互作用,用户既是网站内容的浏览者,也是网站内容的制造者。

互联网诞生之前,人们主要是从报纸、广播及电视上获取信息。由于传统媒介的先天限制,致使信息传播速度缓慢。随着经济高速发展,人们对信息的需求与日俱增,超越传统媒体的"雅虎模式"应运而生。雅虎公司的出现成为互联网发展的标志之一,雅虎的模式就是门户网站模式。1997年至2002年的互联网主要还是被人们用于获取新闻信息以及便捷地联系世界各地的朋友。在中国随之出现了几家效仿"雅虎模式"的门户网站,也就是今天人们熟知的新浪和搜狐。

谷歌模式代表着互联网进入搜索时代,搜索引擎在一定程度上解决了信息获取问题。2002年至2007年的5年里,谷歌超越雅虎成为世界上最大的互联网公司。而在搜索领域,中国对应的代表公司则是百度。百度自上线以来，凭着本地化的运营优势占领了中国近 80% 的市场份额，一举成为全球最大的中文搜索引擎。

在随后生活化的互联网时代，电子商务巨头亚马逊和阿里巴巴成为两颗耀眼的明星，而脸书、推特、YouTube、Groupon 则是近乎人人皆知的互联新生代表。生活互联网的革命性就在于，一方面彻底颠覆了信息的传统传播方式，使之更为人性化；而另一方面又为人们的生活提供各种各样的便捷。首先，脸书和推特让媒体向社会化转型，使每个人都可以成为一个媒体电台，人们在圈子里相互分享推荐有价值有意义的新闻，而不必纠结于搜索引擎庞大的信息海洋，同时电子商务带来了足不出户的便利，甚至能以更优惠的价格购买到商品，而这是门户网站和搜索引擎不能提供的功能。中国这个时期涌现的互联网服务代表有淘宝网和京东网。

3. 移动互联期（2007—2016 年）

随着通信技术的进步，网速和带宽方面的技术问题逐渐被解决。2007—2016 年，移动电话逐渐取代了固定电话，移动互联网也改变了互联网发展路径。2008 年后，移动宽带接入业务开始加速增长，2011 年智能手机销量超越 PC 销量，达 4.7 亿部。iOS 和 Android 逐渐霸占智能手机操作系统。

2007 年，重新掌控苹果公司的乔布斯发布了第一代 iPhone，标志着移动互联网时代的开启。iPhone 带来了更加友好的浏览界面、更加快速的网络体验以及多种多样的移动应用软件。应用多元化阶段到来，移动互联逐步走向繁荣。开心网、人人网等社交网络服务（Social Networking Service，SNS）网站迅速传播，SNS 成为 2008 年的热门互联网应用之一。

微博的上线终结了 PC 博客的市场主导时代，又一次改变了信息传播方式。信息的即时分享，吸引了社会名人、娱乐明星、著名企业的加入，成为 2009 年的热门互联网应用。继门户网站、搜索引擎之后，微博成为互联网新入口。

截至 2011 年底，我国 3G 用户达到 1.28 亿户，全年净增 8137 万户，3G 基站总数 81.4 万个。此外，三大电信运营商加速了宽带无线化应用技术（WLAN）的建设，截至 2011 年底，全国部署的无线接入点（无线

AP）设备已经超过 300 万台。3G 和 Wi-Fi 的普遍覆盖和应用，推动了中国移动互联网进入快速发展阶段。2011 年，微信上线；而第一代小米手机的发布，开启了手机互联网 B2C 直销时代。2013 年，第四代移动通信系统（4G）出现，以视频直播和短视频为主的移动应用陆续涌现。"互联网+"阶段悄然拉开序幕，利用互联网平台与传统行业进行融合，创造新的优势特点和发展机遇。今日头条、拼多多、喜马拉雅横空出世，伴随人们生活的方方面面。

4. 虚实互动期（2016 年至今）

互联网时代产生的数据量，远远超出所有人类历史时代的数据总和。5G、虚拟现实、物联网、区块链、大数据等技术的发展更是让人们对未来充满了期待。得益于新一代信息技术的发展，数字孪生逐渐从概念走向落地。数字孪生是物理实体的虚拟模型，现实世界的数字映射，既描述其静止状态，也描述其动态行为，还可以从大数据中预测未来发展趋势，为实体提供最优决策支持。数字孪生的应用正从制造业、工业等领域不断衍生拓展，呈现出更为广阔的前景。

"工业互联网"的概念最早于 2012 年由通用电气公司提出，随后美国五家行业龙头企业联手组建了美国工业互联网联盟（IIC），将这一概念大力推广开来。

2014 年的 Oculus Rift 无疑是当年最热门的一款虚拟现实设备，直接导致了 Oculus 被脸书（后改名 Meta）以 20 亿美元价格收购，开启了 2016 VR 元年。

大数据应用是为了实现用户信息利益最大化。微信、支付宝、今日头条、滴滴出行等 APP 已经应用大数据技术实现了精准记录用户行为，分析用户偏好。但是由于移动互联网经过十余年时间的发展，大数据已被某些行业巨头所垄断，他们从当初勇敢的创业者变身数据寡头，从而导致互联网增长态势现出疲态，呼唤新的概念来激发市场期待。

Web 1.0，代表了早期 BBS 等各种网站。Web 2.0，描述的是网络社区、网络应用程序、社交网站、博客、维基百科等社交媒体。Web 3.0，是去中心化的互联网，基于区块链和去中心化自治组织（DAO）等分布式技术而建立，而不是集中在个人或公司拥有的服务器内。Web3.0 中的应用程序运行的服务器、系统和网络，以及数据存储的地方，都将由用户自己拥有。用户可以通过投票决定网络的规则和条例。从技术上来看，元宇宙是基于 Web3.0 技术体系和运作机制支撑的可信数字化价值交互网络，是以区块链为核心的经济体系下运转的新场景、新产业和新生态，能够催生出大量的创新商业模式。

"元宇宙"被描述为一个平行于现实世界又独立存在的虚拟空间，是映射现实世界的在线虚拟世界，也是越来越真实的数字虚拟世界。元宇宙的新特征是通过虚拟增强的物理现实，呈现收敛性和物理持久性特征的，基于未来互联网的，具有连接感知和共享特征的 3D 虚拟空间。"元宇宙"概念更像一束来自未来世界的希望之光，照亮人们的初心和对自由的渴望。

元宇宙被寄予希望去突破物理的局限性，实现人类更高维度的自由。在现实世界里，我们被限制于特定的身份，被设置太多的局限，而在未来的元宇宙中，我们将摆脱束缚，去体验不同的身份和人生。换句话说，2021 年的"元宇宙"的内涵早已超越科幻小说《雪崩》中最初提到的概念，吸纳了虚拟现实技术的最新成果，5G/6G 信息革命、Web 3.0 互联网升级、人工智能进步以及区块链成就，向人类展现出构建与传统物理世界平行的全息数字空间的可能性，推动了哲学、社会学等人文科学的创新发展。

技术的发展应用与大规模普及，被视为元宇宙向前推进的关键。从需求端来看，在全球数字化升级转型浪潮之下，对生产效率和生活体验提升的需求在增长，2020 年开始的新冠疫情使得人们的工作生活场景被迫从线下转移到线上，进一步放大了相关需求，带动了线上经济、虚拟经济的发展，也让大家对于未来元宇宙的雏形有了更多的思考和关注。而在供给端，搭建元宇宙所需不同层面的技术日益成熟，随着虚拟现实、区块链、游戏引擎、人工智能、5G 网络和物联网这六大技术领域的快速发展，基础设施和技术设备等问题逐步得到解决。

虚拟现实作为提供沉浸感与交互性的核心技术，成为通往元宇宙的必经之路，也成为众多企业集中发力的关键点。

三、VR 元年促进虚拟现实

从哲学家柏拉图用洞穴、火光和影子构造出虚拟世界的那一刻起，人类便踏上了探索虚拟与现实的漫漫长路。未来虚拟现实每一项关键技术的发展，都寄托着无数人的期待与梦想。VR 的神奇力量吸引着一批又一批先行者在追寻终极显示的道路上越走越远。对比 1938 年法国著作中最先出现"剧院虚拟现实"概念，人类从戏剧沉浸到电影沉浸，再到 VR 沉浸，正在一步步迈向终极幻想——元宇宙。

如果说 2016 年是 VR 爆发元年，日本游戏公司肯定无法赞同，因为早在 20 世纪 90 年代，它们就曾经迎来了一次 VR 科技热潮。如果你可以穿越时空，比较两个相隔 20 年的不同年代，你将发现媒体对 VR 科技的描述竟然惊人地类似。

在所谓 2016 VR 元年的 20 年之前，曾经出现过一个热门产品，它就是任天堂游戏公司于 1995 年推出的第一款虚拟现实游戏机 Virtual Boy，其设计师是著名的横井军平。这是虚拟现实技术在消费领域的首次大胆尝试。受限于当时的科技水平，由红黑两色屏幕构成的立体画面分辨率仅有 384×224，开发团队没有时间完善头戴式设计，只能在主机下方用特殊支架作支撑，操作者很容易因为头部的晃动而产生失真和头晕的感觉。第三方游戏公司根本无法认同该产品，雄心勃勃的计划最后以惨败告终，全球仅有 77 万销量。玩家认为败因在于开发理念上的本末倒置，让技术参数凌驾于游戏本身的乐趣之上。然而从人类探索未知的角度来看，这无疑是 VR 科技一次值得鼓励的尝试。

各类媒体在总结 2016 VR 元年关键词时，使用最多的是盲目、疯癫、狂热、寒冬和混战，但其实 VR 产业和沉浸技术产品经历了发展速度由急到缓，从狂热回归理性的过程，因此 2016 年对 VR 科技的意义更加客观的概括应为消化、沉淀、积累、孵化和探索。元宇宙热潮的背后，是相关技术特别是 VR、AR 等感知交互技术发展到了一个规模化应用的临界点。还是让我们回溯 VR 发展历史（见表 2-2），重寻人类的终极幻想，或许可以获得答案和启迪。

表 2-2　回溯 VR 发展历史

时间	事件	图片说明
1838 年	查尔斯·惠斯通爵士率先描述了立体镜，研究表明：大脑会从不同点接收到同一物体的反射光源组合在一起，使物体看起来具有深度感	
1960 年	莫顿·海里格是发明家，兼哲学家和电影制片人，自称是所在时代最伟大而有远见的人，所建造的东西都超前于时代。莫顿·海里格获得了名为 Telesphere Mask 的发明专利。这是有史以来第一台头戴式显示设备，能显示 3D 立体图像和完整的立体声	
1961 年	两位工程师 James Bryan 和 Charles Comeau 开发了 Headsight，这是第一款具有运动跟踪技术的头戴式显示设备，每只眼睛对应一个视频屏幕	
1968 年	"计算机图形学之父"伊凡·萨瑟兰（Ivan Sutherland）创立名为"终极显示"的头戴式显示设备项目。头戴式显示设备可以连接到计算机程序的立体显示器来实现 3D 效果。这种布置使佩戴者可以看到周围世界的叠加图像，跟踪系统允许 3D 模型通过头部移动来改变视角。沉重的头戴式显示器至此从未走出实验室，但它有一个非常酷炫的名字："达摩克利斯之剑"	
1979 年	麦克唐纳·道格拉斯飞机公司率先设法将 VR 集成到其头戴式显示器中，并将其称为 VITAL 头盔。头盔显示器具有头部跟踪器，它通过跟随佩戴者的眼睛运动来工作，以匹配 CGI 计算机生成的图像。尽管 VITAL 头盔不实用、太笨重，但无疑是 VR 伟大事业的开始	

续表

时间	事件	图片说明
1985 年	美国教授 Scott Fisher 为宇航员开发的虚拟现实系统被称为虚拟环境工作站项目。目的是让宇航员从内部控制空间站外部的机器人，可以节省大量时间并降低个人风险。头戴式显示器具有 180°视野 FOV 的超广角光学元件，NASA 将这个概念称为 VIVIED 虚拟视觉环境显示器	
1986 年	杰伦·拉尼尔被视作虚拟现实的先驱，他离开雅达利（ATARI）创建了 VPL Research，发明了许多超出时代的黑科技，如第一款商业意义的 VR 头盔 EyePhone，数据手套，实时制造环绕声的音响 Audio Sphere，世界上第一个 3D 引擎 Issac，等等，并且首次定义了虚拟现实（Virtual Reality）一词	
1990 年	多人虚拟现实街机问世。乔纳森·瓦尔登（Jonathan Waldern）博士开发了第一个公共 VR 游戏系统，他的虚拟街机和 VR 开端游戏 Dactyl Nightmare 取得了巨大的成功。此时虚拟现实科技还很少成为头条新闻	
1993 年	商业机构开始尝试推出 VR 街机，这些身临其境的吊舱状装置配备了 VR 耳机和实时立体 3D 图像。世嘉在 CES 大会上推出了"环绕 VR"眼镜并宣传宏大真实的 3D 游戏体验，可惜这款设备最终只停留在设想阶段	

续表

时间	事件	图片说明
1995 年	任天堂公司推出了游戏界第一款虚拟现实游戏机 Virtual Boy，它的设计师是著名的横井军平。受限于当时的科技水平，由红黑两色屏幕构成的立体画面分辨率仅有 384×224，操作者很容易因为头部的晃动而产生失真和头晕的感觉	
1995 年	VictorMaxx 发布了一种名为 Cyber-Maxx 的消费者头戴设备 HDM。VR 头盔使用两个有源全彩色视频显示器来实现立体视觉。该装置具有 3D 运动跟踪模块，可带来沉浸式 VR 体验	
2014 年	Oculus Rift 无疑是当年最热门的一款虚拟现实设备。2014 年，Oculus 被脸书以 20 亿美元的价格收购，开启了 2016 VR 元年的序幕	

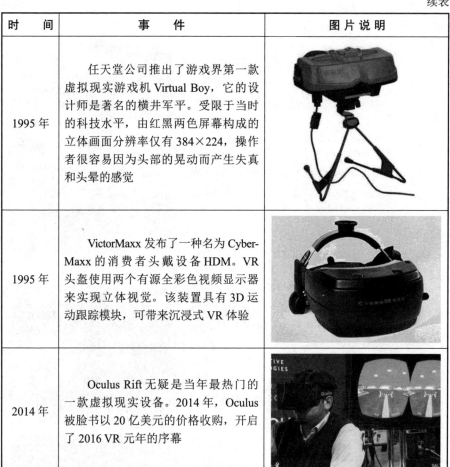

四、历经 VR 元年的反思

　　回顾 2016 年，VR 科技突然爆发主要来自移动互联的普及和手机元件价格下降所带来的科技创新需求。VR 的核心科技是计算能力和光学设计。VR 头盔的分辨率、刷新率、芯片计算能力、功耗以及元件上的瓶颈，直接限制了 VR 技术的普及发展。

　　VR 元年，VR 科技由爆发到急冻的主要原因有两个：计算力不足，光视场不好。

1. 计算力不足

沉浸体验需要屏幕高分辨率与高刷新率来支持，120Hz 的屏幕刷新率是保证 VR 画面接近现实的最低要求。刷新率的提升会对芯片的计算、功耗造成很大压力。2016 年刚刚普及的 VR 技术，除了面临内容资源少、设备标准不统一、价格高等基本问题之外，其计算力支持是相当缺乏的。首先是 CPU、GPU 的运算量并不能完全支撑"拟真"的运算量；其次要想拥有良好的用户体验就得具备实时三维计算机图形技术、广角立体显示技术、用户肢体跟踪技术、感觉反馈技术和人机语音交互等技术的支持，都对背后的计算、网络和存储能力提出了新的挑战。

眼部追踪可以成为虚拟现实（或）增强现实头盔的标准外设。追踪注视方向可以带来许多好处。例如，"中心凹形渲染"通过眼部追踪数据来优化 GPU 资源，在中央视觉区域显示高分辨率图像，周围则是较低分辨率图像。了解注视的方向可以让互动更加自然。大多数眼部追踪系统使用眼睛和红外（IR）光照相机。相机捕获的图像经过处理，确定瞳孔的位置，可以依靠检测到的眼睛估计注视的方向，组合双眼的注视读数，估计用户在实际或虚拟 3D 空间中的固定点。

未来，通过网络"云"将巨大的数据计算处理程序分解成无数个小程序，然后多部服务器组成的系统处理和分析这些小程序，得到结果并返回给用户。如果 VR 采用云计算超大规模的数据中心，在数据进入 GPU 后，由云端来进行图形处理，将不再依赖普通的基础设备，相应的处理能力会有所提升，并且云服务的核心基础设施完全可以提供最快的计算速度。即便需要服务器升级，云端的可改造能力也要完全强过普通的硬件设施。云计算利用企业能够负担得起的代价，为用户提供持续迭代、更复杂、低时延的沉浸式服务体验。

2. 光视场不好

视觉沉浸是 VR 技术的基本要求，VR 眼镜是 VR 最关键的装备。我们想要看清楚周围的物体，不仅需要有正常的眼球结构，还需要眼球有正常的调节和集合功能。只有当设备系统能模拟出人类从眼到脑视觉系统复杂的图像形成机制时，VR 眼镜才能提供自然、舒适的视觉体验。当时的 VR 眼镜，物理显示器被放置在固定的放大透镜后面，这个放大透镜的作用是产生一个虚拟图像让人眼试图适应。然而，在显示器上的立体图像会根据相对物体的深度汇聚到不同的距离。为了感知这种虚拟图像的立体深度，人眼会改变聚散度，但由于放大透镜是固定在后方的，人眼的调节距离会保持不变。这种冲突被称作调节性集合（Accommodation Convergence，AC）不匹配，这会导致眼睛疲劳和产生不自然的视觉体验，甚至导致眩晕。VR 眼镜的放大光路如图 2-1 所示。

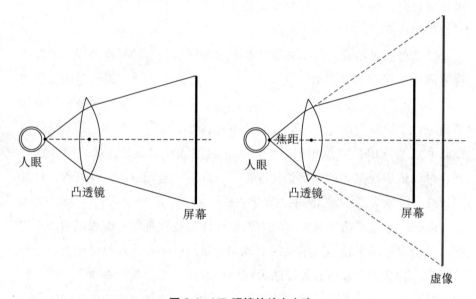

图 2-1　VR 眼镜的放大光路

出于推广目的，谷歌当年做的眼镜纸盒是一个开放的 VR 系统，希望适配所有的镜片与手机。因为考虑成本而忽略了光学处理，市场上大多数廉价 VR 产品都采用了折射式光学成像方案，即采用一片菲涅尔透镜，其焦距相对于多透镜组合的折射式成像和现今 Pancake 折叠光路成像方案要长、像距短，屏幕虚像的位置感觉更靠近人眼，虚成像在眼前 25cm～50cm 处。另外，理想的光学效果体验是在避免明显的透视变形情况下，尽量达到人眼最大视场角。通过凸透镜成像是畸形的，所以如果缺乏反畸变处理，通过透镜观看的画面就会不正常，容易感到视疲劳和造成视力问题。

沉浸感、交互性、构想性是 VR 系统的三个主要特征。沉浸感属于第一层知觉体验，良好的沉浸感体验是近期产业目标。看似声势浩大的 VR 元年开局后急速收缩，很大程度上在于体验效果并没有达到预期。为了兼容大量不适合 VR 的手机而选择了效果较差的显示方式，这本身是一种技术研发与商业模式的博弈。

目前，尽管存在明显的局限，但光场显示、体积显示以及数字全息显示正在解决眩晕问题。体积显示可以根据不同深度的物体调整显示距离，但使带宽增加 2～6 倍。数字全息显示通过发散光放大投影来增加视场，需要额外的光学元件，如光束转向装置等。

所谓光场显示，就是要显示出光学场景全部方向的光线，又被称为全息显示。光场显示中，多角度的虚拟图像可以被投射到瞳孔的不同部分，创造出真实世界的光场。说到这里，我们不得不提起一家神秘创业公司 Magic Leap，它的核心产品原理是向视网膜直接投射整个四维光场，产生所谓电影级的现实。

Magic Leap 是一家成立于 2011 年的神秘的技术公司，创始人阿伯维兹（Abovitz）是一名具有生物工程背景的科技创业者。他曾创立了一家叫作 Mako 的手术机器人公司。通过在机械臂上加装触觉反馈技术，让外科医生在用机器做手术的同时可以感受到患者身体的反馈。这家公司在 2013 年以将近 17 亿美元的价格出售。创始人阿伯维兹晚上经常到流行摇滚乐队中担任主唱，他自己描述：Magic Leap 的灵感根源正是曾经的手术机器人公司和他的乐手生涯。

当 Magic Leap 创始人阿伯维兹试遍各个公司的 VR 头盔之后，失望之余他下决心研发出了一种和以前欺骗双眼立体三维不同的技术。它的本质是用一个极小的投影仪直接在眼睛上投影，并且把这个光线和投入眼睛的自然光非常完美地融合起来。这种让虚拟物体与真实世界完美融合的混合现实技术 MR（Mixed Reality），具有颠覆计算机领域的潜力。他的商业计划获得了投资者的青睐，入选《麻省理工科技评论》2015 年度 10 大技术之一。这在一定程度上解释了为什么研究人员相信该技术的意义可以比拟互联网的诞生，以及为什么谷歌和阿里巴巴等大公司向 Magic Leap 投资数以亿计美元。安德森 - 霍洛维茨基金是 Magic Leap 的投资者。其负责人

Evans 在推文中称:"Magic Leap 是少数几家真正能够带给我惊艳的公司,他们展示的技术让我感觉长这么大从未见过。上一次有这种感觉还是在看到苹果(iPhone)时。"Magic Leap 之所以获得巨头的投资,正是因为这家公司过去宣称自己拥有史上从未出现过的先进技术,能够在现实世界的场景中产生虚拟画面。

五、从终极显示到互联梦想

人类的终极梦想驱动虚拟现实科技研发步履不停,VR 的神奇力量吸引着一批又一批先行者在追寻终极显示的道路上越走越远,既有商业关注的热潮,也有备受质疑的冷寂。无论如何,勇敢的科学家、艺术家和企业家都在 VR 这条路上坚定前行。

权威咨询机构 Gartner 总结了一条技术成熟度曲线(见图 2-2),它被广泛用来预测新技术成熟演变的模型。新技术演变一般可分为 5 个阶段,即技术萌芽期、期望膨胀期、泡沫破裂低谷期、稳步爬升复苏期、生产成熟期。经过 2000 年的互联网泡沫和大浪淘沙后,亚马逊、谷歌、奈飞、PayPal 等最终成长为科技行业巨头,直接证明了技术成熟度曲线。

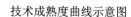

技术成熟度曲线示意图

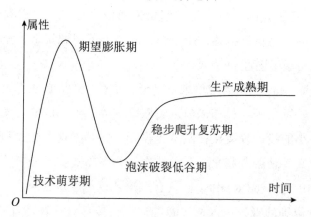

图 2-2 Gartner 技术成熟度曲线

度过了技术萌芽期的 VR 科技也在走一条类似 Gartner 成熟之路,不过目前只是走了曲线的前半程,2016 年 VR 进入期望膨胀期。仅仅国内就产生了超过 3000 家 VR 创业团队。曾经辉煌的暴风集团 2014 年切入 VR 行业，随着 VR 热潮的来临，曾上演 40 个交易日 37 个涨停板的股市神话，市值最高超过 400 亿元。然而，在短短 5 年多时间之后，暴风集团经历了从上市到退市，VR 行业也跌入低谷。

几年冰冻期之后，VR 行业出现了转机。我国相继出台产业政策支持 VR/AR 行业发展。2018 年 12 月，工信部发布《关于加快推进虚拟现实产业发展的指导意见》，从核心技术、产品供给、行业应用、平台建设、标准构建等方面提出了发展虚拟现实产业的重点任务。而"十四五"规划也指出，要将 VR/AR 产业列为未来五年数字经济重点产业之一。VR 眼镜已进一步轻薄化，光场显示硬件将逐步产品化，UGC（用户自产内容）技术门槛和成本继续下降，高质量内容不断涌现。目前随着人工智能、柔性显示等技术的出现，VR 迎来新的发展机遇，进入复苏期。

最明显的就是出现了《Beat Saber》《半条命：艾利克斯》等几款耀眼的已经盈利的 VR 游戏。Quest 平台上有超 60 款游戏收入超过 100 万美元。其中，《Beat Saber》销量超 200 万份，营收超 6000 万美元；《行尸走肉：圣徒与罪人》上线一年收入超过 2900 万美元。VR 眼镜 Quest 2 销量增长迅速。公开数据显示，脸书公司（Meta）2020 年 Q4 非广告收入达到 8.85 亿美元，同比 2019 年 Q4 的 3.46 亿美元增加了 156%。

伴随移动运营商 5G 的推出，2021 年全球 AR/VR 市场出现强劲发展势头。预计 2021—2022 年，基于智能手机的 VR 头戴设备将会有突出表现。伴随云渲染等技术发展，5G 与 VR 的联系将更加紧密，特别是在 VR 直播等对带宽要求较高的场景，5G 的优势更加突出。VR 走向多人场景、社交和游戏，对网络（稳定性、时延和容量）提出更高要求。主流内容平台发布的 VR 数据，包括 Steam VR 用户活跃度、内容数量等。从 Oculus Quest 2 的超预期表现及优质内容加速成长来看，VR 的新一轮复苏已经开始。

资本运作高手脸书公司（Meta）收购 Oculus VR 之后，凭借社交网络主导者的地位和海量用户基础，采用硬件补贴的商业模式，快速提升 VR 设备用户量。脸书公司不但让 VR 头显 Oculus Quest 2 在市场上取得骄人的成绩，而且以 Horizon 为代表的 VR 社交平台也有着巨大的想象空间。

脸书公司已经从硬件、软件和研究等多角度切入 VR 前沿，在 SIGGRAPH 2021 上就有 12 篇论文发表，远远超过其他巨头。其首席执行官马克·扎克伯格（Mark Zuckerberg）透露：脸书公司将努力构建极大、相互关联的体验集——元宇宙（Metaverse）。

2021 年 10 月 29 日，在 Facebook Connect 开发者大会上，首席执行官马克·扎克伯格高调宣布：公司名将改为"Meta"，以专注于转向以虚拟现实为主的新兴计算平台。公司股票代码"FB"将更改为"MVRS"，自 2021 年 12 月 1 日起生效。扎克伯格表示，从现在开始，他们将以元宇宙为先，而不是 Facebook。

2021 世界 VR 产业大会云峰会上发布了《虚拟现实产业发展白皮书（2021 年）》。白皮书显示，全球虚拟现实产业进入新一轮爆发期，受益于以虚拟现实技术为核心的元宇宙概念热度高涨，脸书、微软、英伟达、高通、腾讯、字节跳动、华为等国内外巨头持续发力虚拟现实产业。虚拟现实生态形成的产业链包括微纳加工、高精度地图、光学制造以及相关的软件产业，这些也将成为元宇宙的基础设施。虚拟现实的长期价值，其背后是线上经济、虚拟经济需求的增长，以及元宇宙支撑技术的发展。无论是资本还是企业，都不愿错过这波热潮。虚拟现实产业已被业内视为率先登陆下一代互联网的"入场券"，也被投资者认为是新的财富密码。

元宇宙不但是一个以数字化为基础，推动以虚拟现实为代表的前沿技术升级的未来概念，也是寄托人类美好的向往、对自由渴望的希望之光。总之，虚拟空间和真实世界共生的元宇宙大门将被打开，人类终于可以远眺下一代互联网和数字文明，畅想更加完美的未来人类社会。

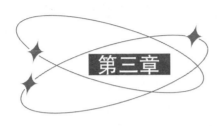

元宇宙技术的萌发

遨游奇妙无比的数字空间

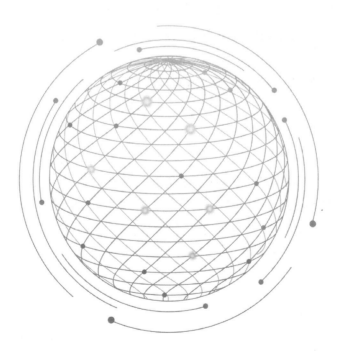

一、震撼出世的 VR 技术宣传片

2018 年，斯皮尔伯格导演的《头号玩家》上映，在世界范围内刮起了一阵科技旋风。《头号玩家》上映第十天，全球票房突破 15.7 亿元人民币，其中中国票房占据 10 亿元人民币，同名 VR 游戏在 HTC Viveport 商店上线。电影描写的是 2045 年，因现实世界衰退破败，人们沉迷于虚拟现实游戏"绿洲 OASIS"的虚幻世界里寻求慰藉。"绿洲"创始人临终前宣布，将亿万财产全部留给获胜的游戏玩家。男主角和数十亿竞争者由此踏上了奇妙而惊险的寻宝旅途。电影十分逼真地展示了 VR 眼镜在虚实两个世界之间如何联结和互动，人们如何通过 VR 技术改头换面。尤其是对于现实世界被 VR 所改变之景象，描绘之精彩令人叫绝。

二、VR 系统的构成与特征

在 VR 世界中，人们所看到的场景、人物并不是真实存在的。VR 只是借助特殊设备把人们的意识带入一个多种技术生成的集视、听、触觉为一体的逼真虚拟环境之中。从技术角度来看，VR 的实现是建立在综合利用计算机图形技术、立体显示技术、视觉跟踪与视点感应技术、语音输入输出技术，以及听觉、力觉和触觉感知技术等多种技术基础之上的。当我们戴上 VR 头戴显示器，即可进入"另一个虚拟世界"。尽管一部电影也可能会带来沉浸感，但它没有交互性，而在 VR 系统中的沉浸感带有交互性，随着身体或头部的运动，用户可以看到不同视角的场景。至于虚拟环境，既可以是你喜欢的一个故事场景，也可以是对现实世界的复制。

沉浸感（immersion）、交互性（interaction）、构想性（imagination）是 VR 系统的三个主要特征。

沉浸感，是指利用计算机产生的三维立体图像让用户置身于一种虚拟环境中，能给人一种身临其境的感觉。沉浸感可以衡量参与、融入、代入感的程度，是强烈的正负情绪交替的过程。想要更好地理解沉浸感，可以回忆一下自己做过的最真实的梦。在梦境中，你以自己的视角观察到的一切都是"真实的"。与此同理，VR 的完全沉浸也是这种梦境体验。

交互性，是指在 VR 系统中，人们不仅可以利用电脑键盘、鼠标进行交互，而且能够通过 VR 眼镜、VR 数据手套等传感设备进行交互，感觉就像是在真实的客观世界中一样。例如，当用户用手去抓取虚拟环境中的物体时，就有握东西的感觉，而且可感觉到物体的重量。计算机能根据使用者的头、手、眼、语言及身体的运动来调整系统呈现的图像及声音。使用者通过自身的语言、身体运动或动作等自然技能，就能对虚拟环境中的对象进行考察和操作。

构想性，是指由于虚拟现实系统中装有视、听、触、力觉的传感及反应装置，当用户在虚拟环境中同时获得视觉、听觉、触觉、力觉等多种感知时，可增强其对学习内容的感知程度、认知程度，触发其对概念的深化理解，从而萌发新的联想。可以说，虚拟现实可以启发人的创造性思维。因此，VR 系统的构想性在教育领域的应用意义尤为重要。

如果把这三个特征划分为三个层次，那么，沉浸感是第一层次的知觉体验，交互性是第二层次的行为体验，构想性是第三层次的精神体验。这三者相辅相成，正是沉浸感的知觉体验、自如的行为体验以及梦幻般的精神体验一起把人类体验推向全新的增强体验。不过，现有的 VR 体验离预期还有很长的路要走。沉浸感体验是近些年的产业目标，但重点仍局限于视觉体验；交互性是中期目标，是传感器集成和人工智能的合成问题；构想性是长期目标，因为涉及更为高级的脑功能和认知。人脑是大自然最复杂、最伟大的"作品"，美国惠普公司正在与瑞士洛桑联邦理工学院合作开展 Blue Brain 项目，旨在建立哺乳动物大脑的数字模型，以期发现大脑的工作原理，从而利用大量的计算方法来模拟大脑的运动、感知和管理等功能，协助脑部疾病的诊断与治疗。也许未来可以设计出真正的脑机接口，拓展出更加广阔的精神世界。

如图 3-1 所示，这是一个基于眼镜显示器的典型 VR 系统。它由计算机、眼镜显示器、数据手套、力反馈装置、话筒、耳机等设备组成。该系

图 3-1　VR 系统演示

统首先由计算机生成一个虚拟世界，眼镜显示器作为输出设备为用户形成一个立体显示的场景。用户可以通过头的转动、手的移动、语音等方式与虚拟世界进行自然交互；计算机根据输入设备感知用户输入的各种信息进行计算，并通过输出设备将信息反馈给用户；要为用户产生身临其境的沉浸感，要求输出设备实时更新各种反馈信息，即头盔式显示器实时更新相应的场景信息，耳机实时输出虚拟立体声音，力反馈装置产生实时的触觉和力觉反馈。当然，要同时实现视觉、听觉和触觉信息的实时更新是非常具有挑战性的，直接决定了研究难点和产品的体验度。

图 3-2 中，计算机是 VR 系统组成结构中的核心，主要用于接收、处理、控制及显示各种信息及其相互间的作用和状态，负责整个虚拟世界的生成、用户和虚拟世界的实时交互计算等功能。输入设备、输出设备用于感知用户输入信息，使用户与虚拟世界进行交互，是实现用户交互、沉浸感的重要设备。VR 输入设备包括游戏手柄、3D 鼠标器、3D 数据手套、位置追踪器、动作捕捉器等。VR 输出设备包括头盔显示器、3D 立体显示器、3D 立体眼镜、洞穴展示系统（Cave Automatic Virtual Environment，CAVE）等。在 VR 系统中，用户与虚拟世界之间要实现自然的交互，必须采用特殊的输入、输出设备，以识别用户输入的各种信息，并实时生成逼真的反馈信息。

VR 设计浏览软件包括专业的虚拟现实引擎软件和很多辅助软件。专业的虚拟现实引擎软件将各种媒体素材组织在一起，形成完整的具有交互功能的虚拟世界。如 Unreal、Unity 3D 等，它们主要负责完成虚拟现实系统中的模型组装、热点控制、运动模式设立、声音生成等工作。另外，它还要为虚拟世界和后台数据库、虚拟世界和交互硬件建立起必要的联系接口。成熟的虚拟现实引擎软件还会提供插件接口，允许客户针对不同的功

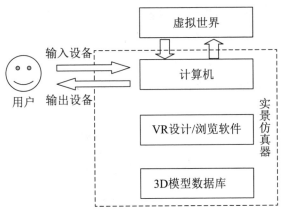

图 3-2　VR 系统组成

能需求而自主研发一些插件。辅助软件一般用于准备构建虚拟世界所需的素材，如在前期数据采集和图片整理时，需要使用 AutoCAD 和 Photoshop 等二维图像处理软件和建筑制图软件；在建模贴图时，需要使用 3ds Max、MAYA 等主流三维软件；在准备音视频素材时，需要使用 Final Cut、Premiere 等软件。三维模型数据库在 VR 系统中的作用主要是存储系统需要的各种数据，如地形数据、场景模型、制作的各种建筑模型等各方面信息。对于所有在虚拟现实系统中出现的物体，在数据库中都需要有相应的模型。

尽管目前 VR 系统中应用最多的交互设备是头盔显示器和数据手套，但是如果把使用这些设备作为虚拟显示系统的标志就显得不够准确，这是因为 VR 技术是在计算机应用和人机交互方面开创的全新领域。当前这一领域的研究应用还处于初步阶段。头盔显示器、数据手套等设备只是当前已经研制实现的交互设备。近几年，得益于半导体行业的高速发展，VR 设备所需的传感器、液晶屏等零件价格迅速降低，逐步解决了量产和成本的问题。

连接虚拟和现实的物质基础技术，就是传感器技术。在使用 VR 设备时，最关键的指标就是使用者在虚拟世界的物理信息。这主要是通过测量头部的朝向姿态及所处的物理位置来确定。据此，目前 VR 设备中的传感器主要分为以下三类：首先，最主要的是 IMU 传感器，即惯性测量单元，包括陀螺仪、加速度传感器和地磁传感器等。如图 3-3 所示，IMU 传感器

具有 X 轴、Y 轴和 Z 轴，能够测量各轴向的线性运动，以及围绕各轴的旋转运动。IMU 传感器主要用于捕捉头部动作，特别是转动。对于 VR 设备而言，产品体验主要就是动作捕捉的准确性和显示的延迟这两方面，而这很大程度上都是由设备中的 IMU 惯性传感器决定的。因此，IMU 传感器在 VR 中具有核心作用。

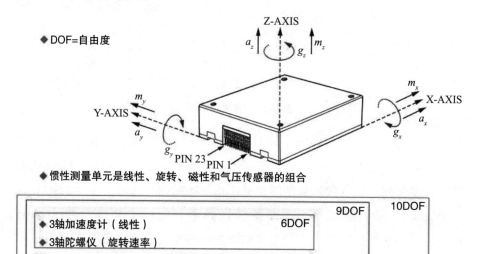

图 3-3　IMU 传感器原理

电影里 VR 眼镜看着轻便好用，实际上 VR 头盔产品重量体验与之差距甚大。微机电系统 MEMS 技术正致力于解决这个问题。

第二类是定位和动作捕捉传感器，用来实现动作捕捉，特别是使用者前后左右的移动。目前的方案有红外摄像头和红外感应传感器。接近传感器、触控板用的电容感应传感器等也已被广泛使用，眼球追踪用到的高动态捕捉摄像头、实现手势识别等可能会被应用于未来的 VR 设备之中。请看图 3-4 显示的

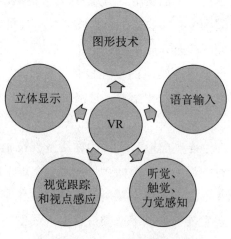

图 3-4　VR 虚拟现实技术构成

VR 虚拟现实技术的构成。

三、VR 交互技术

激光扫描定位技术，基本原理就是在空间内安装数个激光发射装置，对空间发射横竖两个方向扫射的激光，被定位的物体上放置了数个激光感应接收器。通过计算两束光线到达定位物体的角度差，从而得到物体的三维坐标。物体移动时，三维坐标也会跟着变化，便得到了动作信息，完成动作捕捉。

HTC Vive 的 Lighthouse 定位技术就是靠激光和光敏传感器来确定运动物体的位置的。在空间对角线上安装两个高度大约 2 米的"灯塔"，灯塔每秒能发出 6 次激光束，内有两个扫描模块，分别在水平和垂直方向轮流对空间发射激光，扫描定位空间。

红外光学定位技术，基本原理是在空间内安装多个红外发射摄像头，对整个空间进行覆盖拍摄，被定位的物体表面则安装了红外反光点，摄像头发出的红外光再经反光点反射，随后捕捉到这些经反射的红外光，配合多个摄像头工作，通过后续程序计算后便能得到被定位物体的空间坐标。Oculus Rift 采用的是主动式红外光学定位技术，其头显和手柄上放置的并非红外反光点，而是可以发出红外光的"红外灯"。利用两台摄像机进行拍摄，这两台摄像机加装了红外光滤波片，能捕捉到的仅有头显/手柄上发出的红外光，随后再利用程序计算得到头显/手柄的空间坐标。另外，Oculus Rift 还内置了九轴传感器，其作用是当红外光学定位发生遮挡或者模糊时，能利用九轴传感器来计算设备的空间位置信息，从而获得更高精度的定位。

不论 Oculus Rift 还是 HTC Vive，其定位计算过程都十分复杂，对于图像处理设备的要求很高。但横向比较的话，激光扫描定位效果要优于红外追踪定位。

可见光定位技术的原理和红外光学定位技术有点相似，同样采用摄像头捕捉被追踪物体的位置信息，只是其不再利用红外光，而是直接利用可见光，在不同的被追踪物体上安装能发出不同颜色光的发光灯，摄像头捕捉到这些颜色光点，从而区分不同的被追踪物体以及其位置信息。

代表应用是索尼PS VR。索尼PS VR头显上发出的蓝光实际被用于摄像头获取，计算位置信息。而两个体感手柄则分别带有可发出天蓝色和粉红色光的灯，之后利用双目摄像头获取到这些灯光信息后，便能计算出光球的空间坐标。可见光定位技术的造价成本最低，而且无须后续复杂的算法，技术实现难度不大。但不足的是这种技术定位精度相对较差。假如周围光线太强，灯光被削弱，可能无法定位；如果空间有相同色光，则可能导致定位错乱；由于摄像头视角原因，可移动范围小，灯光数量有限，可追踪目标不多。

数据手套是指在手套里内置传感器，采集手部运动数据的硬件设备。通常用于模拟仿真、虚拟现实VR交互、动画制作等领域。现在市面上主流的数据手套从传感器技术角度主要分为惯性、光纤、光学三大类。

纯光学的数据手套一般在手套关节上布置红外反光小球，通过外置的多个红外摄像头拍摄捕捉进行定位，该类数据手套常与光学全身动捕系统配套使用，但是由于手部动作容易被遮挡，且手指上红外定位点过小更容易丢失，成本也较高。

光纤数据手套采用光纤传感器，精度较高，稳定性和数据可重复性也不错，但售价高昂，一般用于科研少量采购。

惯性数据手套的优点是成本低，没有遮挡问题，使用前不需要搭建室内定位场地，基本可以做到开箱即用。惯性传感器的缺点是其漂移问题，必须远离磁性干扰。人手部关节虽然多，但都是满足一定的人体运动动力学规律的，关节之间有一定约束，所以根据这些约束条件对传感器数据进行优化，会得到更准确的数据。

区别于传统的控制手柄，数据手套通过与VR设备相连接，运用手套上的弯曲感应传感器实时记录并模拟手部动作，让佩戴者通过手部活动实现与虚拟物品的真实互动。而力反馈设备的加入，使得数据手套能够让佩戴者充分感受到虚拟物品的材质以及触感，这帮助虚拟现实技术在交互方面实现了重大突破。

虚拟现实的力触觉再现技术已经成为目前虚拟现实技术中的一个研究热点。力触觉和视觉、听觉一样，是人类感知外界的重要模态之一，并且是唯一既可接受环境输入，又可对环境输出的感知通道。力触觉交互（Haptic Interaction）指的是在真实世界中，人类通过触觉系统感知物体的形状、质量、硬度、粗糙度和温度等。在虚拟世界中，人们使用力触觉设备手套来触摸、感知和操纵计算机产生的虚拟物体。力触觉交互研究包括虚拟物体的力触觉建模、力触觉再现的人机交互感知设备、人的力触觉心理和生理特性研究三部分。其中，虚拟物体的力觉建模研究是力触觉再现技术中最为重要的环节。

虚拟物体的力触觉建模本质上是建立一种基于物理约束的物体受力变形模型，其所计算的作用力和受力变形应当尽可能接近真实世界中物体之间相互作用所产生的作用力和受力变形，即虚拟物体的力触觉渲染（Haptic Rendering）。力触觉渲染往往和视觉渲染结合在一起，构成一个视觉力触觉（Visaul Haptic）计算机交互平台。在这个平台上，键盘、屏幕、鼠标、系统和力触觉设备分别为操作者的视觉和触觉提供物理通道，以进行与虚拟物体的多通道实时交互。相对于传统的视觉交互，触觉的引入提供了更深层次的信息感知，消除了使用二维平面图像表达三维物体的歧义，提供了从三维物理空间到三维虚拟空间的直观映射，从而使得与虚拟空间中物体的交互更加准确和有效。

如图 3-5 所示，这是一个典型的视觉力触觉交互平台。其中，主计算机和力触觉设备是整个交互系统的硬件平台。主计算机完成模型仿真计算以及图形渲染等任务。模型仿真计算包括进行虚拟物体的几何模型、物理

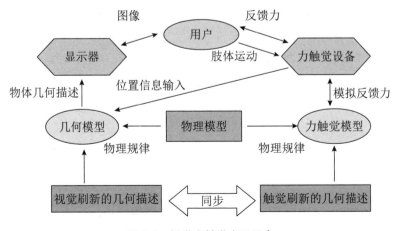

图 3-5　视觉力触觉交互平台

模型、计算模型建模以及碰撞检测、变形及反作用力计算等；图形渲染包括物体受力前后真实感、图形绘制及虚拟场景描述等。力反馈设备（VR手套）主要完成操作者与力触觉模型之间的交互。一方面，它利用传感器准确跟踪人手的运动和位置，将操作者VR手套的空间位置、运动方向等信息输入系统；另一方面，它将虚拟环境中力触觉模型受力后生成的力触觉信息反馈给用户。

为了得到稳定、连续、真实的力触感，要求通过力触觉设备施加在力触觉模型上的力反馈输出以几百甚至上千赫兹的频率进行刷新，并且要求用于视觉刷新的几何描述，与用于触觉刷新的几何描述尽可能同步，即在操作者感受到力触觉模型对人的反作用力的同时，图形工作站应将虚拟场景中的形变模型显示在图形设备终端。相比于视觉动画25Hz～100Hz的刷新频率，这对计算效率无疑是个巨大挑战，对力触觉模型的准确建立以及实时的力触觉渲染控制算法提出了较高要求。在过去几十年里，人们已经研发了大量的力触觉渲染算法，并在刚体的力触觉渲染方面取得很大成功。

但是，对于柔性体力触觉渲染的研究却进展缓慢。其难点在于柔性体的形变和力的关系非常复杂。如何在形变、力的准确描述和计算效率之间取得平衡是个难以解决的问题。例如，在虚拟手术仿真训练中，随着交互的进行，操作者通过力触觉设备操纵虚拟手指按压虚拟患者的腹部，操作者感受到的力反馈会随着被按压部位的形变而不断变化。而人类触觉对力的变化非常敏感，为了获得真实的力触感，通过力触觉设备感受到的力反馈的计算要求以500Hz～1000Hz的频率进行刷新。同时，在这几毫秒的计算周期内，力触觉渲染过程必须完成柔性体的受力形变及力反馈生成计算。为了提高计算效率，人们往往对现实中的物理现象和过程进行简化，这又会导致出现模型表达误差。

因此，国内外很多研究者不断研究与探索虚拟柔性体的力触觉渲染方法，包括柔性体物理模型的建立、碰撞检测、物体形变及力反馈实时计算等。建立实时、准确的柔性体形变模型，开发实时有效的柔性体力触觉渲染算法成为其发展的必然。柔性体力触觉研究无疑可以提升虚拟世界的真实感，能够增强可视化表达或提供视觉无法提供的信息。柔性体力触觉研究与建立人体健康信息系统，被列为人类在21世纪面临的十四大科技挑战之一。如果攻克这些技术难关,则力触觉交互技术将在医学训练、手术模拟、虚拟诊断、远程机器人辅助手术等多个医疗领域获得广泛应用。

四、三维场景的数字重建

在 VR 系统中,利用各种三维重建技术实现真实环境与物体的虚拟仿真并用于后期人机交互,称为 VR 三维场景重建。它是 VR 与三维重建技术的结合,高精度的三维重建技术可以使虚拟物体的仿真度更高,从而达到以假乱真的效果。其中,三维重建是在计算机环境下根据单视图或多视图的图像重建三维信息的过程,是在计算机中建立表达客观世界的虚拟现实的关键技术。

虚拟现实系统的主要工作流程(如图 3-6 所示)是将现实世界中的事物转换至虚拟场景中,进而呈现给用户,捕捉用户的交互行为并做出反应。主要包括虚物实化、实物虚化两个环节。

现实世界 →(实物虚化 叠加)→ 虚拟场景 →(虚物实化 互动)→ 用户

图 3-6 VR 技术结构

1. 实物虚化

实物虚化是在虚拟世界中描绘现实世界中的事物的过程。在虚拟现实技术中,必不可少的实物虚化技术有几何造型建模、物理行为建模等,它们将从外观和物理特性等方面来对现实世界的物体建模,将其呈现于虚拟场景中。

通常几何造型建模可通过人工几何建模和数字化自动化建模这两种方式实现。物理行为建模包括物理建模和行为建模两部分,其主要作用是使虚拟世界中的物体具备和现实世界类似的物理特征(物理建模),并且使其运动方式遵循客观的物理规律(行为建模)。

2. 虚物实化

虚物实化则是将建好模的虚拟场景呈现给用户的过程。这一过程需要某些特定技术和工具的支持。例如，要使用户看到三维的立体影像，需要依靠视觉绘制技术；要使用户看到的虚拟物体逼真，需要真实感绘制技术的帮助；要使用户听到三维虚拟的声音，需要三维声音渲染技术；要使用户体验真实的触感，需要力触觉渲染技术。

此外，虚拟现实技术还包括用户与虚拟场景进行交互过程中所需的人机交互等相关技术。这些虚拟现实的基本技术也是增强现实 AR、混合现实 MR 等应用的基础。

在计算机中生成物体三维模型的方法主要有两类：一类是使用几何建模软件，通过人机交互生成人为控制下的物体三维几何模型；另一类是通过一定的手段获取真实物体的几何形状，如以断层扫描序列图像为基础的医学器官或植入体的三维重建、以深度信息为基础的物体立体空间三维模型绘制。通过几何建模软件生成三维几何模型的技术已经十分成熟，现有若干软件支持，如 3ds Max、Maya、AutoCAD、Unity3D 等，它们一般使用具有数学表达式的曲线曲面表示几何形状。基于真实物体的三维建模一般称为三维重建过程，是利用二维投影恢复物体三维形状信息的数学过程，包括数据获取、预处理、点云拼接和特征分析等步骤。

五、自由遨游在数字空间

梦萦百年，斯夜成真。2008 年 8 月 8 日晚 8 时，流光溢彩的国家体育场"鸟巢"向全世界奉献了一场恢宏浪漫的奥运会开幕式，五千年的文明瑰宝从历史深处款款走来，向世界展示中华民族的风骨与智慧。北京奥运开幕式用现代艺术手段，向全世界彰显古今中国的蓬勃与进取。

如果说辉煌 2008 年的影像仅仅停留在屏幕上，是一种数据的传达，缺乏沉浸感受，那么随着现在 VR 技术的发展与普及，VR 旅游《凤还巢》的策划设计可以为游客提供身临其境的独特体验。"鸟巢"体育场作为北京奥运会主会场承担了开闭幕式，成为首都的标志性建筑，具有独特的历史、文化、体育和科技形象及巨大影响力。"鸟巢"全名为国家体育场，建筑面积 25.8 万平方米，容纳观众座席 9 万个。国家体育场工程为特级体育建筑，主体建筑为南北长 333 米、东西宽 296 米的椭圆形，最高处高 69

米，其屋顶为钢结构上覆盖双层膜结构，是目前世界上跨度最大的体育建筑之一。

而今，由云计算提供的计算处理、先进的感知输入和环境感知技术的进步，让虚拟现实科技发展迅速，我们终于可以有机会借着虚拟现实技术翅膀，再一次亲临 2008 年北京奥运会开幕式现场，观看奥运圣火点燃"鸟巢"主火炬，身临其境地体验东西方文明乃至整个世界的伟大拥抱，让世界各地的观众见证迄今为止奥运史上规模最大的一次聚会。

图 3-7 展示了《凤还巢·鸟巢三维虚拟漫游》开发流程，该项目的创意与策划正是为了迎合利用鸟巢自身战略定位和赛后运营方针，实现社会性、公益性的社会效益目标，同时实现可持续发展。不但用虚拟现实科技将 2008 年北京奥运开幕式的宏大辉煌场面展现在观众眼前，并带来身临其境的现场体验，而且充分体现了"绿色、科技、人文"的新北京理念，最终持续实现社会效益和经济效益的双盈，成为大型公建项目建设运营中市场化探索的创新之举。

图 3-7 《凤还巢·鸟巢三维虚拟漫游》开发流程

图 3-8 展示了《凤还巢》的美学模式，总结为"实景定制、虚拟圆梦"。定制的 VR 装置"冰影凤凰"辅助以基于轻便纸壳 VR 导游机可以延伸传统实景演出，为赛后场馆利用提供一种新思路。

图 3-8 《凤还巢·冰影凤凰》产品概念

三维场景重建必须具备沉浸感、交互性和构想性，具体应用案例如图 3-9 所示国家体育场鸟巢漫游系统图。该系统通过数据采集与处理后，用 3ds Max 进行虚拟园区环境的三维建模，再通过对模型实景外观贴图以及仿真材质渲染等，尽可能地还原真实场景，提供全方位、多角度移动视角的参观方式。系统开发主要采用 3ds Max 与 Unity 3D 两个工具。3D Studio Max 简称 3ds Max，是 Discreet 公司开发后被 Autodesk 公司合并的基于 PC 系统的三维动画渲染和制作软件。Unity 3D 是由 Unity Technologies 公司开发的一个全面整合的专业游戏引擎，是能让用户轻松便捷地创建 3D 仿真游戏、可视化三维动态效果的跨平台综合开发工具。Unity 3D 具有 7 个特点：

（1）通过可视化编程界面完成各种开发工作，高效脚本编辑，方便开发。

（2）自动瞬时导入，Unity 支持大部分 3D 模型，骨骼和动画直接导入，贴图材质自动转换为 U3D 格式。

（3）只需一键即可完成作品的多平台开发和部署。

（4）底层支持 OpenGL 和 Direct11，具有简单实用的物理引擎和高质量粒子系统，轻松上手，效果逼真。

（5）支持 Java Script、C#、Boo 脚本语言。

（6）Unity 性能卓越，开发效率出类拔萃，极具性价比。

（7）支持从单机应用到大型多人联网游戏开发。

图 3-9 三维鸟巢漫游系统

首先采用 3ds Max 建模，制作三维数字模型；用 Photoshop 等图像处理软件处理贴图，得到效果逼真的三维模型；将模型导入 Unity 3D 引擎中，添加组件，进行 UI（User Interface，用户界面）设计，并添加 C 语言编写的交互式脚本，最后利用 Unity 软件发布系统。具体要求如下：

（1）建模。建筑物三维模型生动形象，与实体建筑几乎保持完全一致。

（2）环境。有植物、地面、天空等生态环境，场景自然真实。

（3）渲染。利用 Photoshop 等图像处理软件将贴图附在模型表面，使三维模型更加真实生动。

（4）界面。UI 设计良好，文字简介清晰明了，交互性强。

（5）程序。编写脚本代码，实现介绍功能，使整个系统运行流畅。

（6）系统。能够用平台发布，具有三维场景漫游的功能。

鸟巢的 VR 导游机作为"主题 VR 眼镜"实际是一种周边衍生品，由纸和镜片合成印刷制成，导入 VR 内容配合 H5 或 APP 可观看 VR 内容，可以作为礼品、纪念品等周边产品出售。人文旅游往往更适合运用 VR 技术呈现历史还原并提供身临其境的体验，考虑到内容开发与后续技术升级、建造和运营成本方面，VR 虚拟旅游往往具备很大的发展潜力。

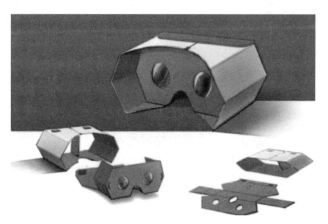

图 3-10　主题 VR 眼镜概念设计

六、5G 通信网络

始于 20 世纪 70 年代的移动通信技术，经过多年的蓬勃发展早已渗透到社会的各个行业，深刻影响着人类的工作、生活方式以及行业趋势。在发展历程中，移动通信系统经历了从第一代（1G）到第五代（5G）的飞跃。基于模拟技术的第一代（1G）无线通信系统仅支持模拟语音业务，第二代（2G）GSM 数字通信系统开始支持数字语音和短消息等低速率数据业务，第三代（3G）宽带通信系统则将业务范围扩展到图像传输、视频流传输以及互联网浏览等移动互联网业务。虽然 3G 时代的传输速率相对较低，但移动互联网经过 3G 时代培育了用户使用习惯，人们对信息的巨大需求为 4G 移动通信系统的推出提供了可靠市场保证。基于蜂窝架构的移动通信技术的发展经历了从单工（对讲机）到双工，从模拟调制到数字调制，从电路交换到分组交换，从纯语音业务到数据及多媒体业务，从低速数据业务到高速数据业务的快速发展，不但实现了人们对移动通信的最初梦想——任何人，在任何时间和任何地点，同任何人通话，而且实现了在高速移动过程中发起视频通话、接入互联网、收发电子邮件、电子商务、实时上传下载文件或分享照片视频等。未来不仅要实现人与人、人与物之间的互连通信，而且还要走入万物互连的物联网时代。

2009 年 12 月，全世界第一张 LTE 网络商用由 TeliaSonera 在挪威奥斯陆和瑞典斯德哥尔摩建成，为终端用户真正带来了每秒近百兆比特的数据业务传输速率。4G 通信经过多年普及，移动通信网络的发展演进路径出现三大分支：

（1）大流量、高速率、宽带需求。

（2）高速移动的宽带需求。

（3）小数据、广覆盖、大容量的物联网需求。

因此，第五代即 5G 移动通信技术从三个方面演进：提升频谱效率，扩展工作频段，增加网络密度。5G 移动通信在满足超高速数据传输的同时，必须匹配巨大的物联网业务需求和未来移动通信用户的高速、高可靠性以及低时延需求。移动通信的频谱利用效率也在不断演进和提高，无线频段也随之越来越向高频段扩展，直至毫米波段（＞20GHz）。

5G 网络被要求具有强大的自治力、自适应力和创造力，并能从无线环境中学习，各网元、各基站之间能相互协同工作、自适应优化、自适应配置，从而实现任何时间、任何地点的高可靠高速率通信，以及对异构网络环境下有限的无线频谱资源进行高效利用。只有这样才能实现网络功能的虚拟化（Network Function Virtual，NFV）、协作化、云化（Cloud）和软件化（Soft Defined Network，SDN），实现网络的维护成本足够低。

北京时间2018年6月14日，3GPP在美国举行全体会议，正式批准第五代移动通信技术标准（5G NR）独立组网（SA）的第一个版本。此次发布的5G SA标准是国际统一的5G标准，是采用崭新设计思路的端到端的5G标准，在引入全新网元与接口的同时，还将大规模采用网络虚拟化、软件定义网络等新技术。

5G通常包含下面三大应用场景：

（1）任务关键控制（MCC）：任务关键性物联网主要应用于无人驾驶、自动工厂、智能电网等领域，要求超高安全性，超低时延与超高可靠性，也称为URLLC（Ultra-Reliable Low latency Communication）。虚拟现实VR（Virtual Reality）远程控制和游戏等业务数据需要传送到云端进行分析处理，并实时传回处理后的数据或指令，这一来回的过程时延一定要足够低，低到用户无法觉察。另外，机器对时延比人类更敏感，对时延要求更高，尤其是5G的车联网、自动工厂和远程医疗机器人手术等应用。

（2）增强的移动宽带（eMBB）：超高传输速率（＞10Gb/s），5G时代将面向虚拟现实、4K/8K超高清视频、全息技术等应用，满足更高的数据传输速率。

（3）大规模物联网（Massive IoT/MTC/M2M）：海量连接设备（超高密度），超低功耗，深度覆盖，超低复杂度，如远程抄表和物流跟踪管理。

5G采用的核心技术包括高频段毫米波、大规模天线阵列、新型调制编码和多载波聚合、网络切片、设备到设备直接通信、超密集异构网络、新型网络架构。

5G网络将一个物理网络分成多个虚拟的逻辑网络，利用网络功能虚拟化（Network Function Virtualization，NFV）的先决条件，根据应用场景灵活定制虚拟网络，采取行业标准的服务器、存储和网络设备，达到快速开发和部署的目的。云端虚拟化技术日趋成熟，为移动运营商提供了资源灵活调度和服务创新的可能。随着5G的发展，未来所有VR应用均可运行在云端，利用其强大的计算能力和渲染能力实现VR应用运行结果的处理，并把云端处理过的画面和声音再经过高带宽、超低时延的5G网络发送到

VR 设备上,未来人们将使用更具沉浸感的交互设备。

元宇宙将物理世界的对象变成模型,放到虚拟空间进行仿真、预测,最终反馈到物理空间,来强化我们的物理世界。元宇宙的通信基础是 5G/6G,其高速率、低时延、广联接,能够支持元宇宙所需要的大量应用创新。在通往元宇宙的道路上,运营商需要在 5G/6G 网络内部署广泛分布的边缘计算节点,构建计算与网络融合的基础设施。元宇宙以其丰富的内容与强大的社交属性激发 5G/6G 的用户需求,助力提升 5G/6G 网络的覆盖率。

七、物联网

物联网的起源可追溯到 1991 年。剑桥大学特洛伊计算机实验室的科学家们常常要下楼查看咖啡是否煮好,为了解决这个干扰工作的困扰,他们编写了一套程序,利用咖啡壶旁边安装的便携式摄像头和图像捕捉技术,以 3 帧 / 秒的速率传递到实验室的计算机上,以便工作人员随时查看咖啡煮好没有,这算是物联网的雏形。

1993 年,作为首个 X-Windows 系统案例,"特洛伊咖啡壶服务器"事件还被上传到网上,获得了近 240 万点击量。但真正意义上的物联网术语出现在 1994 年,麻省理工学院的 Auto-ID 中心的创始人之一凯文·阿什顿第一个使用"Internet of Things",他对于物联网的想法集中在使用射频识别(Radio Frequency Identifier,RFID)技术与设备,类似于今天的物联网。与依赖于 IP 网络让设备交换的广泛信息显著不同,RFID 标签提供的功能比较有限。在当时情况下,很难想象物联网中所有的设备都有独一无二的 IP 地址。另外,在 IPv4 的情况下,如果所有的设备都加入网络,将没有足够的 IP 地址进行分配。RFID 也不会要求每个设备都将 IP 地址直接连接互联网,但它似乎是一个便宜可行的解决方案。

2005 年,物联网不再局限于 RFID,已经扩展到任何物与物之间的信息互联,其覆盖范围有了更大的拓展。物联网的大规模运用成为现实,它已经不再局限于少数高端互联家电。

如今,连接到物联网的各种类型的设备都很常见,从电视机到温控器，以及连接到互联网的汽车，这当中云计算技术发挥了至关重要的作用，使现代物联网成为可能。这是因为云计算用于存储信息，为处理分析数据提供了一个低成本、永远在线的方式。价格便宜和高度可用的云计算基础设施，可以很容易地运行物联网设备的存储和计算任务。反过来，物联网设备可以更便宜、精简和灵活。总体来说，物联网是一次技术的革命，它的发展依赖于一些重要领域的动态技术革新，包括射频识别（RFID）技术、无线传感器技术、智能嵌入技术、网络通信技术、云计算技术和纳米技术等。

物联网是通过智能传感器、射频识别（RFID）设备、卫星定位系统等信息传感设备，按照约定的协议，把各种物品与互联网连接起来，进行信息交换和通信，以实现对物品的智能化识别、定位、跟踪、监控和管理的一种网络。显而易见，物联网所要实现的是物与物之间的互联互通，因此又被称为"物物相连的互联网"，英文名称是 Internet of Things（IoT）。物联网被业内认为是继计算机和互联网之后的第三次信息技术革命。当前物联网已被应用在仓储物流、城市管理、交通管理、能源电力、军事、医疗等领域，涉及国民经济和社会生活的方方面面。

物联网和新能源是美国奥巴马政府认同的全球经济新引擎。IBM 公司提出了"智慧的地球"这一概念，如今"智慧的地球"已经上升为美国的国家战略。IBM 公司设定建设智慧的地球需要三个步骤：

（1）感应科技开始被嵌入各种物体和设施中，从而使得物质世界极大程度地实现数据化，提供海量数据来源；

（2）随着网络的高度发达，人、数据和各种事物都将以不同方式接入网络；

（3）先进的技术和超级计算机可以对这些大数据进行整理、加工和分析，将生硬的数据转化成实实在在的洞察，并帮助人们做出正确的行动决策。

同时，IBM 提出将在六大领域建立智慧行动方案，分别是智慧电力、智慧医疗、智慧城市、智慧交通、智慧供应链、智慧银行。物联网就是这些所谓智慧型基础设施中的一个基本概念。

2016 年 3 月 5 日，国务院总理李克强在政府工作报告中强调，要"促

进大数据、云计算、物联网广泛应用"。同年10月31日,李克强总理为世界物联网无锡峰会发去贺信,对世界物联网博览会的召开表示热烈祝贺,希望利用博览会平台,交流创新思想,深化相互合作,带动创业创新,造福人类社会。

2017年4月,工业和信息化部召开NB-IoT工作推进会,共同培育NB-IoT产业链,并要求年底建设基于标准NB-IoT的规模外场。展望未来,物联网技术将融合成熟为无处不在的移动蜂窝物联网覆盖,物联网的良好前景无限拓展了信息通信的商用领域。

现代物联网分为感知层、网络层、管理与应用层三个层级。

(1)感知层:感知层通过传感器和终端物联网芯片负责采集大量信息。

(2)网络层:网络层提供安全可靠的连接、交互与共享,负责将感知层采集到的大量信息数据传输到应用层或第三方云端进行分析处理,并向终端回传指令等相关信息。

(3)管理与应用层:管理与应用层对大数据进行分析,提供开放的云服务平台,供第三方进行商业决策与服务。

物联网具有数据海量化、连接设备种类多样化、应用终端智能化等特点,其发展依赖于感知和标识技术、信息传输技术、信息处理技术、信息安全技术等。感知和标识技术是物联网的基础,用于采集物理世界中发生的事件和数据,实现外部世界信息的感知和识别,主要包括传感器技术和识别技术。

1. 传感器技术

传感器是物联网系统的关键组成部分,传感器的可靠性、实时性、抗干扰性等特性对物联网应用系统的性能有很大的影响。物联网领域常见的传感器有距离传感器、光照度传感器、温度传感器、烟雾传感器、心率传感器、角速度传感器、气压传感器、加速度传感器、湿度传感器、指纹传感器等。

2. 识别技术

对物理世界的识别是实现物联网全面感知的基础。常用的识别技术有二维码、RFID、条形码等，涵盖物品识别、位置识别和地理识别。RFID 是通过无线电信号识别特定目标并读写相关数据的无线通信技术，该技术无须在识别系统与特定目标之间建立机械或光学接触，能在多种恶劣环境下进行信息传输，因此在物联网应用中有着重要的意义。

通信技术处于物联网产业的核心环节，具有不可替代性。它起到了承上启下的作用，向上可以对接传感器等产品，向下可以对接终端产品和行业应用。5G 作为最新一代蜂窝移动通信技术，其性能目标是高速率数据传输、低时延、节省能源、降低成本、提高系统容量和大规模设备连接。

目前的物联网主要分为三大类：

（1）低时延、高可靠性业务，对吞吐率、时延或可靠性要求较高，其典型应用包含车联网、远程医疗等。

（2）中等需求类业务，对吞吐率要求中等或偏低，部分应用有移动性及语音方面的要求，对覆盖与成本也有一定的限制，其典型业务主要有智能家防、可穿戴设备等。

（3）低功耗广域覆盖业务（Low Power Wide Area，LPWA）。LPWA 业务的主要特征包括低功耗、低成本、低吞吐率、要求广（深）覆盖及大容量，其典型应用包含远程抄表、环境监控、物流与资产追踪等。

随着 5G 通信的普及，物联网得到蓬勃发展。由于可利用 5G 的频谱和带宽增加，联接大量的物联网设备，5G 技术允许传感器数量的高密度和数据传输的超高吞吐量，尤其无须复杂的布线，可以实现应用场景的快速数字化。5G 还能够通过多接入边缘计算实现超低时延，这可将终端的处理负载转移到边缘端。

5G 是 4G LTE 的升级版，融入了实现近乎零的数据包丢失的新技术，包括波束形成、网络快速故障切换、无线数据包重传和软件定义网络。汽车和无人机在收集需要快速处理的大量数据，以便使无人驾驶更加切实可行，5G 和边缘计算全面提供快速度和低时延，加上网络切片为数据提供了各自的通道。尽管 Wi-Fi 的可靠性往往受到其传输距离的制约，随着更多的数据包共享信道，干扰的可能性会变得更大，但是作为家庭物联网，5G 的成本似乎没有优势。5G 的未来版本将适用于多种多样的物联网使用场景，与商业适用性相匹配。

物联网设备也为消费者带来了在线隐私保护的问题，尤其在某些数据泄露事件进行披露之后，消费者对在公共或私有云上放置过多的个人数据持有更加谨慎态度。物联网的网络安全问题也会影响元宇宙的发展，物联网虽然被称为继计算机、Internet之后，世界信息产业的第三次浪潮，但其安全危机也日渐显现。物联网主要采用无线通信，大量使用电子标签和无人值守设备，但受制于成本、性能，其所使用的大部分终端属于弱终端，很容易被非法入侵甚至破坏，这就意味着使用者隐私信息很有可能被攻击者获取，例如，攻击者通过获得使用者的身份信息、兴趣爱好，甚至是商业机密等信息，给使用者带来安全隐患。更简单的入侵甚至是由于某些物联网的管理密码设置过于简单。

随着5G的不断发展，云和分布式网络让网络管理和运营变得自动化，并能够支持大量和多种类型的设备。网络安全格局也会随着5G支持自动驾驶、远程手术和无人工厂等而发生有意义的变化。在完全连接的世界中，网络攻击可能不仅仅意味着掉线，还可能意味着诸如运输、制造和公共安全之类的基础系统停止运转。今天面临的5G网络的攻击风险，也可能是未来元宇宙所面临的困境。打造一个元宇宙的世界，不仅要建造一个互联互通的平台，还要克服这些网络安全的攻击。防范网络安全攻击是建立元宇宙亟待解决的首要问题。

最近，物联网领域开始流行一个新词——数字孪生，这一词语被美国知名咨询分析机构Gartner添加到十大战略性技术趋势中。数字孪生起源于复杂产品研制的工业化，正在向城市化和全球化迈进。数字孪生技术的成熟度和国际标准化工作进展迅速，它为元宇宙中的各种虚拟对象提供了丰富的数字孪生体模型，并通过从传感器和其他连接设备收集的实时数据与现实世界中的数字孪生物理对象相关联，使得元宇宙环境中的虚拟对象能够镜像、分析和预测其数字孪生化对象的行为。从物联网平台到元宇宙大环境的升级，将极大丰富数字孪生技术的应用场景，数字孪生系统的复杂程度也将急剧提升。

元宇宙时代，万物皆有虚拟化身，实现虚实映射、实时连接、动态交互的梦幻萦绕。数字世界与现实世界的连接依靠数字孪生，数字孪生技术把我们的物理世界1∶1地复制到数字世界，让生活在虚拟世界的数字人有真实体感，并且能够与真实世界进行交互。5G/6G技术打造网络环境，虚拟现实技术提供虚拟沉浸和虚实互动，云计算技术提供算力保证，它们共同构成了元宇宙的技术基础（见图3-11）。今天，互联网是数字世界的门户；而未来，元宇宙将是虚幻空间与现实世界连通融合、工作协同与享受娱乐的无限空间。类似电影《头号玩家》中的普通人既可以通过VR设备自如进入一个虚拟的城市享受乐趣、培养情感，也可以随时退回到真实社区延续虚拟世界的情感。真实中的虚拟、虚拟中的真实将让我们随意切换、自由穿梭。

图3-11 元宇宙技术构成设想

2016年VR元年的爆发与急冻，显示出VR生态圈的不完善。光学设计、计算力、网络等相关技术乏力，难以满足用户体验。虽然目前5G网络正在飞速建设中，但是距离能够为每个人提供充分的网络连接能力还有不小的差距，而且移动互联网红利似乎已经见顶，大数据也被少数寡头所垄断。在此情景下，元宇宙作为虚拟空间和现实世界的融合载体，蕴含着社交、内容、游戏、办公等场景变革的巨大机遇，演变为传统企业和新兴企业的机遇和赛道。投资机会不但包括支撑元宇宙发展的5G/6G网络、云计算、虚拟现实感知单元等基础设施，还包括计算机视觉、机器学习、自然语言处理、游戏引擎、区块链技术等诸多细分领域。

数字经济作为全球增长最快的经济领域，成为带动新兴产业发展、传统产业转型、促进就业和经济增长的主导力量，直接关系到全球经济的未来走向和格局。数字经济既是中国经济提质增效的新变量，也是中国经济转型增长的新蓝海。政府、企业、社会各界都在积极谋求数字化转型。目前，元宇宙发展面临的瓶颈在于移动通信、大数据等底层架构亟须提升，我国正在加大基础信息技术研发投入，以增强技术创新能力，从技术、标准、应用、法律等层面支持元宇宙生态建设。

无论如何，元宇宙概念为人类提供了一个无限广阔的想象空间，表现了人类对于新兴技术（如虚拟现实、5G网络、智能云等）的无限向往。互联网的搜索引擎，让人们得以更轻松地发现和了解知识，搜索将伴随无人机、自动驾驶、传感器而升级，变得更加复杂，可以搜索气味、味道、纹理等物理参数，甚至可以在数字空间和现实世界中搜索所有的事物。未来，我们每个人都将建造自己的数字孪生体。通过各种新型医疗检测、扫描仪器及可穿戴设备，我们可以追踪这个数字化身体每一部分的机能和变化，从而更好地进行自我健康监测和管理。

元宇宙对当下科技最大的贡献在于系统性地整合前沿科技成果，在人类发展的道路上实现社会整体需求分析，发掘更有价值的研发方向。人们可以有目的地将以往所有科学技术进行系统理论性梳理与融合，以响应未来社会的应用场景和发展变化。

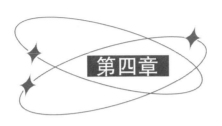

元宇宙与数字孪生

开启虚实世界的时空隧道

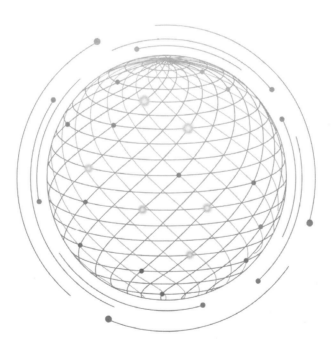

一、神奇的 VR 主题公园

2016年1月,英国索普公园(Thorpe Park)与奥尔顿塔(Alton Towers)先后宣布推出虚拟现实VR过山车和VR幽灵列车体验。位于阿布扎比的世界第一座法拉利主题公园(Ferrari World Abu Dhabi)也带给玩家独特的VR过山车体验。同年3月,三星宣布将联手世界上最大的主题公园Six Flags,用三星Gear VR设备为消费者搭建虚拟现实过山车,人们坐在真实的过山车上佩戴Gear VR设备,设备中会播放预先定制好的VR视频,内置的是外星人入侵主题。这些视频是根据头盔设备上陀螺仪、加速计和各种传感器上的数据实景制作的。用户不是在云端飞行,就是在星际穿越,获得了完全不同的惊险刺激体验。

美国The Void创始人Ken Bretschneider希望利用VR科技直接打造出完整的虚拟现实主题公园,于是全球首个VR主题公园(The Void)在美国犹他州问世。The Void占地约32374平方米,公园门票34美元,游客参观时长20分钟。The Void将虚拟幻境和现实世界中的墙壁、风、溅起的水等相结合,人们能在The Void中四处走动,触摸与虚拟世界中的景象相匹配的实物,从而营造沉浸感。

类似好莱坞大片中的特种部队装备室,游客以4人为一组穿好装有高配置计算设备的马甲,戴上具有180°视角可调节瞳距的头盔和定制手套。如此的VR套装让玩家完全摆脱了线材束缚,可以自由活动。玩家们可以在60m×60m的房间里探险,你可以看到你的同伴并和他们组队行动。由于该房间中的道具实物都是经过精心设计的,所以在"探险"过程中玩家可以很真切地感受到和现实中的触感一样的门把手、墙壁、石头等。玩家可以参与不同剧情的主题冒险娱乐活动,如反恐枪战、沙漠探险、大战外星人等。你走得越远,场面就会变得越奇幻。

The Void最值得称道的玩法叫作重定向行走:玩家们眼中笔直的走廊,

在现实的台上其实是围成的一个圆，实际很短的路程却感觉像是没有尽头。The Void 超现实体验是一种全新的深度体验，通过定制化的 VR 技术和现实道具，特制的头戴式显示器、背包电脑和触觉背心，将虚拟和现实世界交融，给予玩家真实的视觉、听觉、触觉甚至嗅觉体验，让体验者能够在虚拟世界中冒险与探索。

2018 年，The Void 正式对外开放其位于马来西亚云顶的完全沉浸式体验中心，通过 VR 技术、舞台表演以及包含触觉和嗅觉在内的多感官效果，为用户带来好莱坞角色和故事沉浸式游戏体验。《星球大战》影迷可以手持枪械，置身硝烟弥漫的《帝国秘密》激战，奔跑在火焰与峭壁之间，经历爆破所带来的真实冲击。《无敌破坏王》的忠实粉丝，将以网络公民身份与 Ralph 及 Vanellope 联手射击外太空飞船，打击像素虫，阻止兔群和猫群入侵 Pancake Milkshake 餐馆。

The Void 一直以来努力的事情都和其他 VR 科技公司有所区别。他们不仅仅专注在 Rapture 头显、网络、处理器和 GPU 等硬件设备的研发上，包括画面延迟与清晰度、头戴设备的平衡体验，效果实现得都很好，而且更重要的是，他们在尝试创作具有传播性的内容，与迪士尼、ILMxLAB、索尼等众多内容生产者一同，通过技术和内容的融合，极力打造一种不同于以往、更接近幻想的虚拟现实体验。

20 世纪 80 年代，迪士尼就开始了对沉浸技术的尝试，园区里有很多项目都使用了沉浸技术，给游客创造了奇妙体验。日本迪士尼于 2020 年 12 月 19 日至 2021 年 1 月 10 日期间，限时在 VR 空间开启为期 23 天的全球活动"虚拟市场 5"，让世界各地的消费者使用 VR 眼镜访问该商店，进行一场迪士尼主题的购物体验。

2017 年 7 月，迪士尼公司旗下全资子公司卢卡斯影业，宣布投资 The Void 主题项目，希望通过迪士尼主题乐园流量帮助 The Void 获得更多的客户。另一方面，The Void 可帮助迪士尼乐园丰富和升级现有的娱乐体验。VR 虚拟主题公园尽管从内容开发与公园建设，到用户佩戴的眼镜、背心和手套等装备面临各种挑战，但是在建造和运营成本方面依然有很大优势。因为搭建传统实体主题乐园耗资巨大，开发商和运营方都会面临资金压力，承担设计、建造、人力、财力等风险，而打造虚拟主题公园的风险则要小得多，并且可以实现定期更换娱乐主题，推出越来越多的场景，做到风格百变。首份"Omnico 主题公园晴雨表"主要针对美国、英国和中国 2000 多名游客互动情况做了调查。调查发现，有接近 65% 的消费者希望 VR 能够在 3 年之内成为他们主题公园体验的一部分。所以，那些维持传统特色的主题公园，也将不得不面对游客对 VR 科技体验日益增长的需求。各种 VR 主题公园，将以前所未有的方式展现其神奇魔力，带给游客虚幻仙境般的趣味体验！

二、数字孪生城市

虚拟现实技术让复制梦境的主题公园展现出前所未有的神奇魔力。The Void 主题公园的核心技术包括自然交互和空间定位，他们专门开发了一套无线射频系统用来做定位和身体追踪。首先是头部、双手和脚部的追踪非常重要，下蹲、跳起等动作都是体验空间中最起码的自然交互。交互形式有很多种类，例如：基于 Leap Motion 来做虚拟的触摸屏，基于计算机视觉的识别手段来完成玩家面部或者运动趋势的识别，基于 RFID 来做接近物体的识别（例如握住门把手，拾起桌上的武器等），这些交互设备与 VR 主题结合，焕发出无穷魅力。其次，为了确保场景宏大而且统一，能够适应空间的不规则形状，需要足够精确的空间定位技术，能够支持足够多的体验人数。

The Void 主题公园虚实结合的场景，需要通过传感器对真实场景中的用户交互信号进行采集。这类传感器设备主要包括位移传感器、角度传感器、加速度传感器、压力传感器、流量传感器、声音传感器、温度传感器、磁传感器、亮度传感器、色彩传感器等。首先把多个传感器的数值进行融合，相互填补空白数据和响应区间，然后计算得到更为精确的关联数值，方能获得比较精确的数据。在现在的技术条件下，The Void 主题公园的沉浸营业面积毕竟有限，充其量算是室内小规模沉浸乐园。但是，随着物联网、5G/6G 等多项技术的飞速发展，科技艺术的先锋不再满足于仅在主题公园中施展科技魔力，他们还在积极探索建造数字孪生城市，让我们真正体验到生活在未来世界的感觉。

随着虚拟现实、5G/6G 网络、大数据、云计算、区块链等新技术不断完善，建造与物理城市相对应的数字孪生城市成为可能，全域立体感知、数字化标识、万物可信互连、数据驱动决策，构成了数字孪生城市强大的技术模型，仿真与分析城市中发生的一切成为可能，以"端、网、云"为技术总体架构的数字孪生城市逐渐清晰呈现。

1. 端侧

数字孪生城市形成群智感知能力。感知设施将从单一的 RFID、传感器节点向具有更强的感知、通信、计算能力的智能硬件（包括智能杆柱、智能汽车、无人机等）迅速发展。同时，个人持有的智能终端将集成越来越多的精密传感能力，拥有日益强大的感知、计算、存储和通信能力，成为感知城市周边环境及居民的强大节点，形成大范围、大规模、协同化的群智感知。通过建立智能路网实现路网、桥梁等设施智能化的监测；多功能信息杆柱等新型智能设施全域部署，实现智能照明、无线服务、机动车充电、紧急呼叫、环境监测等智能化能力；通过建立基于智能标志和监测的城市综合管廊，实现管廊规划协同化、建设运行可视化、过程数据全留存，从而全面提升城市基础设施的智能化水平。

2. 网侧

全面提供高速、多网协同的接入服务，推进 5G/WLAN/NB-IoT/eMTC 等多网协同部署，实现基于虚拟化、云化技术的立体无缝覆盖。提供无线感知、移动宽带和万物互联的接入服务，支撑新一代移动通信网络在垂直行业的融合应用。综合利用新型信息网络技术，实现多维信息的有效获取、协同、传输和汇聚，以及资源的统筹处理、任务的分发、动作的组织和管理，实现网络的一体化综合处理和最大限度有效利用，为各类不同用户提供实时可靠、按需服务的泛在、机动、高效、智能、协作的信息基础设施和决策支持系统。

3. 云侧

云侧由边缘计算提供高速信息处理能力，在城市的工厂、道路、交接箱等地，构建具备周边环境感应、按需分配和智能反馈回应的边缘计算节点，实现超大规模的数据检索，为城市精准的天气预报、计算优化的交通指挥等海量信息处理提供支撑。人工智能及区块链设施为智能合约执行构建支持知识推理、概率统计、深度学习等人工智能统一计算平台和设施，以及知识计算、认知推理、运动执行、人机交互能力的智能支撑能力；建立定制化强、个性化部署的区块链服务设施，支撑各类应用的身份验证、电子证据保全、供应链管理、产品追溯等商业智能合约的自动化执行。部署云计算及大数据设施，建立虚拟一体化的云计算服务平台和大数据分析中心，满足智慧政务办公、公共服务、综合治理、产业发展等各类业务存储和计算需求。

  对于基础设施建设而言，通过部署"端侧"标志与各类传感器、监控设备，利用二维码、RFID、5G等通信技术和标识技术，让城市地下管网、多功能信息杆柱、充电桩、智能井盖、智能垃圾桶、无人机、摄像头等城市设施实现全域感知、全网共享、全时建模、全程可控，提升城市水利、能源、交通、气象、生态、环境等关键全要素监测水平和维护控制能力。城市交通调度、社会管理、应急指挥等重点场景，均可通过基于数字孪生系统的大数据模型仿真，进行精细化数据挖掘和科学决策。对于重大公共安全事件、火灾、洪涝等紧急事件，依托数字孪生系统，能迅速完成问题发现和指挥决策下达。

  通过构建基于数字孪生技术的可感知、可判断、可快速反应的智慧赋能系统，实现对城市土地勘探、空间规划、项目建设、运营维护等全生命周期的协同创新。数字孪生城市的基本建设过程包括以下阶段。

1. 勘察阶段

基于数值模拟、空间分析和可视化表达，构建工程勘察信息数据库，实现工程勘察信息的有效传递和共享。

2. 规划阶段

对接城市时空信息智慧服务平台，通过对相关方案、结果进行模拟分析及可视化展示，全面实现"多规合一"。

3. 设计阶段

应用建筑信息模型等技术，对设计方案进行性能和功能模拟、优化、审查，以及数字化成果交付，开展集成协同设计，提升质量和效率。

4. 建设阶段

基于信息模型，对进度管理、投资管理、劳务管理等关键过程进行有效监管，实现动态、集成、可视化的施工管理。

5. 维护阶段

依托标识体系、感知体系和各类智能设施，实现城市总体运行的实时监测、统一呈现、快速响应和预测维护，提升运行维护水平。

数字孪生城市的特点包括：

（1）**精准映射**。数字孪生城市通过各个层面的传感器布设，实现对城市道路、桥梁、建筑等基础设施的全面数字化建模，以及对城市运行状态的充分感知、动态监测，形成虚拟城市对实体城市的精准信息表达和映射。

（2）**虚实交互**。在城市实体空间可观察各类痕迹，在城市虚拟空间可搜索各类信息，虚实融合、虚实协同，定义城市未来发展新模式。

（3）**软件定义**。针对物理城市建立相对应的虚拟模型，通过云端和边缘计算，模拟城市人、事、物在真实环境下的行为，软性指引和操控城市的交通信号、电热能源调度、重大项目周期管理、基础设施选址建设。

（4）**智能干预**。通过规划设计与模拟仿真，对城市潜在危险进行智能预警，并提供合理可行的对策建议，以未来视角智能干预城市原有发展轨迹和运行，真正赋予城市以"智慧"。

未来元宇宙中，每个人都将拥有一个与自己的身体状态、运动轨迹、行为特征等信息完全一致的、伴随其从出生到死亡的全生命周期的数字化身。智慧城市在整合个人的基础信息、全域覆盖的监控信息、无所不在的感知信息、全渠道及全领域的服务信息之后，实现对每个人全程、全时、全景跟踪，将现实生活中人的轨迹、表情、动作、社交关系实时同步呈现在数字孪生城市。

基于数字孪生城市体系及可视化系统，以定量与定性方式，建模分析城市交通路况、人流聚集分布、空气质量、水质指标等各维度城市数据，决策者和评估者可快速直观地了解智慧化对城市环境、城市运行状态的提升效果，评判智慧项目建设效益，实现城市数据挖掘分析，最终制定科学决策。

法国达索系统的 3D EXPERIENCE City，正为新加坡建立一个完整的数字孪生城市。城市规划师可以利用数字影像更好地解决城市能耗、交通等问题；商店可以根据实际人流情况调整营业时间；红绿灯也不再是以固定时间间隔显示，突发事件的人群疏散都有紧急的实时预算模型；企业之间的采购、分销关系甚至都可以加进去，形成"虚拟社交企业"。在英国推动的"数字英国"战略项目中，信息管理框架也成为英国国家级数字孪生体的核心技术载体。

数字孪生城市的构建，将引发城市智能化管理和服务的颠覆性创新。与物理城市平行对应着一个数字孪生城市，包含物理城市所有的人、物、事件、建筑、道路、设施等虚拟投射，真正实现了虚实同步运转，不但能够做到信息可见、轨迹可循、状态可查，而且可以实现历史可追溯。用一句话概括，就是一切尽在掌握。

三、数字孪生技术

数字孪生城市是数字孪生技术在城市层面的广泛应用，通过构建与城市物理世界、网络虚拟空间的一一对应、相互映射、协同交互的复杂系统，在网络空间再造一个与之匹配、对应的孪生城市，实现城市全要素的数字化和虚拟化、城市全状态的实时化和可视化、城市管理决策的协同化和智能化。

数字孪生是指针对物理世界中的物体，在数字世界构建一个一模一样的数字化实体，借此来实现对物理实体的了解、分析和优化。数字孪生可以用在物理世界中某一生产流程的模型，及其在数字世界中的数字化镜像过程和方法。数字孪生有五大驱动要素——物理世界的传感器、数据、集成、分析和促动器,以及不断升级软件映射程序。

数字孪生技术目前已集成了人工智能(AI)和机器学习(ML)等技术,将数据、算法和决策分析结合在一起,建立模拟物理对象的虚拟映射,提前发现问题,监控物理对象在虚拟模型中的变化,通过诊断基于人工智能的多维数据复杂处理与异常分析来预测潜在风险,合理规划对相关设备的维护。

"工业4.0"(即第四次工业革命)对数字孪生的定义是:利用先进的建模和仿真工具构建的,覆盖产品全生命周期与价值链,从基础材料、设计、工艺、制造及使用维护全部环节,集成并驱动以统一的模型为核心的产品设计、制造和保障的数字化数据流。

孪生体可追溯到美国国家航空航天局(NASA)的阿波罗项目。在该项目中,NASA需要制造两个完全一样的空间飞行器,留在地球上的飞行器被称为"孪生体",用来精确镜像和预测正在执行任务的空间飞行器的状态,从而辅助太空轨道上的航天员在紧急情况下做出最正确的决策。

2011年,迈克尔·格里夫斯教授在其著作《几乎完美:通过产品全生命周期管理驱动创新和精益产品》中,引用了其合作者约翰·维克斯描述该概念模型的名词——数字孪生体,一直沿用至今。其概念模型包括物理空间的实体产品、虚拟空间的虚拟产品、物理空间和虚拟空间之间的数据和信息交互接口(见图4-1)。

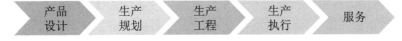

图4-1 产品全生命周期

数字孪生概念起源于航空航天领域,其先进性正逐渐被其他行业借鉴吸收。通用电气为每个引擎、每个涡轮、每台核磁共振制造一个数字孪生体,通过拟真的数字化模型在虚拟空间进行调试、试验,即可知道如何让机器效率达到最高,从而将最优化的方案应用于实体模型。

NASA与AFRL合作构建了F-15战斗机机体数字孪生体,目的是对在役飞机机体结构开展健康评估与损伤预测,提供预警并给出维修及更换指导。

达索公司计划通过 3D Experience 体验平台实现与产品的数字孪生。针对大型设备运行过程中出现的各种故障特征，数字孪生将传感器的历史数据通过机器学习训练出针对不同故障现象的数字化特征模型，并结合专家处理记录，使其形成未来对设备故障状态进行精准判决的依据，并可针对不同的新故障进行特征库的丰富和更新，最终形成自治化智能诊断和决策。

自数字孪生的概念被提出以来，其技术在不断地快速演化。无论是对产品的设计、制造还是服务，都产生了巨大的推动作用。未来所有的企业都将数字化，这不只是要求企业开发出具备数字化特征的产品，更是指通过数字化手段改变整个产品全生命周期流程，并通过数字化手段连接企业内部和外部环境。产品全生命周期的缩短、产品定制化程度的加强，以及企业必须同上下游建立起协同的生态环境，都迫使企业不得不采取数字化手段来加速产品的开发速度，提高生产、服务的有效性，提高企业内外部环境的开放性。利用数字孪生，任何制造商都可以在数据驱动的虚拟环境中创建、生成、测试和验证，这种能力将成为未来的核心竞争力。

（1）数字孪生更便捷、更适合创新。数字孪生通过设计工具、仿真工具、物联网、虚拟现实等各种数字化手段，将物理设备的各种属性映射到虚拟空间，形成可拆解、可复制、可转移、可修改、可删除、可重复操作的数字镜像，极大地加速了操作人员对物理实体的了解，可以让很多原来受到物理条件限制、必须依赖于真实的物理实体而无法完成的操作方式（如模拟仿真、批量复制、虚拟装配等）成为触手可及的工具，更能激发人们去探索新的途径来优化设计、制造和服务。

（2）数字孪生提供更全面的测量。只要能测量，就能改善，这是工业领域不变的真理。无论是设计、制造还是服务，都需要精确测量物理实体的各种属性、参数和运行状态，以实现精准分析和优化。

（3）数字孪生具有更全面的分析和预测能力。数字孪生可以结合物联网的数据采集、大数据处理和人工智能建模分析，实现对当前状态的评估、对过去问题的诊断，并给予分析结果，模拟各种可能性，实现对未来趋势的预测，进而实现更全面的决策支持。

四、创建数字孪生

数字孪生基于高保真的 CAD 三维模型,被赋予各种属性和功能定义(包括材料、感知系统、机器运动机理等)。数字孪生对物理产品的全程(包括损耗和报废)进行的数字化呈现,使产品的"全生命周期"透明化、自动化的管理概念变为现实。数字孪生不但能为企业降低成本,带来实际利益,而且帮助企业进行战略决策,开拓新的收入来源。创建数字孪生系统需要经过以下六个步骤。

(1)创建。包括为物理过程配备大量传感器,以检测获取物理过程及其环境的关键数据。传感器检测到的数据经编码器转换为受保护的数字信息,并传输至数字孪生系统。传感器的信号可利用制造执行系统、企业资源规划系统、CAD 模型及供应链系统的流程导向型信息进行增强,为数字孪生系统提供大量的持续更新的数据,用以分析。

(2)传输。网络传输有助于现实流程和数字平台之间进行无缝、实时的双向整合/互联。传输包含边缘处理、传输接口和边缘安全。边缘接口连接传感器和历史流程数据库,在近源处处理其发出的信号和数据,并将数据传输至平台;传输接口将传感器获取的信息转移至数据聚合处理;边缘安全措施包括采用防火墙、应用程序密钥、加密及设备证书等。

(3)聚合。支持将获得的数据存入数据库,进行处理,以备用于分析。数据聚合及处理均可在现场或云端完成。

(4)分析。将数据进行分析并作可视化处理。数据工程师可利用先进的数据分析平台和技术开发迭代模型发掘洞见、提出建议,并引导决策过程。

(5)洞见。通过分析工具发掘的洞见将通过仪表板中的可视化图表列示,用一个或更多的维度突出显示数字孪生模型和物理世界类比物性能中不可接受的差异,标明可能需要调查或更换的区域。

(6)行动。将前面几个步骤形成的可执行洞见反馈至物理资产和数字流程,实现数字孪生的作用。洞见经过解码后,进入物理资产流程上负责移动或控制机制的促动器,或在管控供应链和订单行为的后端系统中更新,这些均可进行人工干预,从而完成物理世界与数字孪生之间闭环连接的最后一环。

在创建数字孪生流程的过程中，一个最大的挑战在于确定数字孪生模型的最优方案。过于简单的模型无法实现数字孪生的预期价值，但是如果覆盖面过于广泛，则必将迷失在海量传感器、传感信号及构建模型必需的各种技术之中。能否在数字孪生创建之初收获成功，取决于决策者是否有能力制订并推进数字孪生计划，是否将数字化技术与数字孪生渗透至整个组织结构，改变其业务模式及决策过程。

产品数字孪生体是指产品物理实体的工作状态和工作进展在信息空间的全要素重建及数字化映射，是一个集成的多物理、多尺度、超写实、动态概率仿真模型，可用来模拟、监控、诊断、预测、控制产品物理实体在现实环境中的形成过程、状态和行为。产品数字孪生体基于产品设计阶段生成的产品模型，并在随后的产品制造和产品服务阶段，通过与产品物理实体之间的数据和信息交互，不断提高自身的完整性和精确度，最终完成对产品物理实体的完全和精确的数字化描述。

产品数字孪生体是物理产品在虚拟空间的真实反映，其在工业领域应用的成功程度取决于其逼真程度，即拟实化程度。产品的每个物理特性都有其特定的模型，包括计算流体动力学模型、结构动力学模型、热力学模型、应力分析模型、疲劳损伤模型及材料状态演化模型（如材料的刚度、强度、疲劳强度演化等）。如何将这些基于不同物理属性的模型关联在一起，是建立产品数字孪生体继而充分发挥其模拟、诊断、预测和控制作用的关键。产品数字孪生体在产品制造阶段的研究与应用始终是一个热点。

工业互联网激活了数字孪生的生命，使数字孪生真正成为一个有生命力的模型。数字纽带为产品数字孪生体提供访问、整合和转换能力，其目标是贯通产品全生命周期和价值链，实现全面追溯、双向共享/交互信息、价值链协同。数字纽带技术用于实现产品数字孪生体全生命周期各阶段模型和关键数据的双向交互，是实现单一产品数据源和产品全生命周期各阶段高效协同的基础。美国国防部将数字纽带技术作为数字制造最重要的基础技术，工业互联网联盟也将数字纽带作为其自身需要着重解决的关键性技术。

五、数字孪生未来

智能制造的发展让数字孪生一词的曝光率大为增加，数字孪生被广泛应用于制造业领域，国际数据公司（IDC）表示，现今有 40% 的大型软件制造商都会应用虚拟仿真技术为生产过程建模，数字孪生已成为制造企业迈向工业 4.0（Industry 4.0）的解决方案。

2016 年，西门子收购了全球工程仿真软件供应商 CD-adapco。软件解决方案涵盖计算流体动力学（Computational Fluid Dynamics，CFD）、兼容支持模块（Compatibility Support Module，CSM）、热传递、颗粒动力学、进料流、电化学、声学及流变学等广泛的工程学科。因此，西门子对数字孪生概念有独到的理解：制造业变革归根结底要回归基础，即保证速度、灵活性、效率、质量和安全，而实现这一切的关键驱动力是通过数字孪生实现虚拟世界与物理世界的融合。西门子引用数字孪生来描述贯穿于产品全生命周期各环节间的数据模型，从产品设计到生产线设计、OEM 的机械设计、工厂的规划排产，再到制造执行，以及最后的产品大数据对产品、工厂、工厂云、产品云的监控。完整的仿真软件和测试解决方案组合，不仅能为西门子的数字化战略和系统驱动的产品开发提供支持，还能推进产品开发各阶段的创新，为其实现数字孪生战略打下坚实基础。

工业 4.0 就是第四次工业革命，指利用物联信息系统（Cyber Physical System，CPS）将生产中的供应、制造、销售信息数据化、智慧化，最后达到快速、有效提供个性化产品供应，包括智能工厂、智能生产和智能物流。

1. 工业机械化：第一次工业革命

18 世纪 60 年代中期，瓦特制成了改良型蒸汽机并投入使用，为人类提供了更加便利的动力，推动了机器的普及和发展，由此引发了一场技术革命，开创了以机器代替手工工具的时代。从此，人类的生产活动逐步开始"机械化"。这就是第一次工业革命，即工业 1.0 时代。

2. 工业电气化：第二次工业革命

从 19 世纪最后 30 年到 20 世纪初，随着科学技术的进步和工业生产的发展,特别是19世纪70年代以后随着发电机、电动机的相继发明,远距离输电技术的出现,电气工业迅速发展起来。电力在生产和生活中得到广泛应用。人类的社会生产活动也逐步由"机械化"进入"电气化"。这就是第二次工业革命,即工业2.0时代。

3. 工业自动化:第三次工业革命

20世纪四五十年代,人类迎来物理学黄金时代。原子能、电子计算机、微电子技术、航天技术、分子生物学和遗传工程等领域的科学研究突飞猛进,引发了基于信息技术、新能源技术、新材料技术、生物技术、空间技术和海洋技术等诸多技术领域的工业革命,工业3.0时代到来了。

在第三次工业革命阶段,工业中心逐渐由英国转移到美国和德国。美国以微软、IBM、英特尔领衔的产业体系逐渐转向软件、互联网、计算机方向的IT产业革命,而德国以西门子等工业巨头领衔了自动化技术、机电一体化、机器人、数控系统方向的自动化革命。

工业4.0概念最早出现在德国,在2013年的德国汉诺威工业博览会上正式推出。德国希望通过利用信息化、互联网、大数据管理与分析等技术,来提高制造业的智能化水平,建立具有适应性、资源效率及基因工程学的智慧工厂,在商业流程及价值流程中整合客户及商业伙伴,将生产中的供应、制造、销售信息数据化、智慧化,最后达到快速而有效地满足个性化产品供应的目标。其核心目的是提高德国工业竞争力,在新一轮工业革命中占领先机。德国政府将其列为《德国2020高技术战略》提出的十大未来项目之一。随后,中国、日本、美国、法国等世界主要工业国家,也先后发表了自己的第四次工业革命(即智能制造)国家发展战略。智能制造不仅仅是一场技术革命,更是一场社会、组织、人类活动方式大转变。

面对第四次工业革命,在计算机、软件、互联网、大数据、人工智能、机器学习等IT领域长期积累的美国提出了工业互联网的概念,而以工业控制技术见长的德国则提出了工业4.0战略。由此我们可以看出两种技术路线的不同。

(1)美国工业互联网期望IT从业者把商业互联网理念应用到工业环境,从上而下逐级联网,实现智能制造的目标。

（2）德国智能制造则希望自动化工业技术人员自下而上逐步联网，实现最终智能制造目标。

2014年10月，李克强总理访问德国时签订了《中德合作行动纲要》，重点提及希望在工业4.0方面和德国加强合作。正面临经济结构转型的中国，积极融入和布局第四次工业革命是大势所趋。德国工业4.0的提出建立在德国工业发展基础之上，最终目的是要成为新一代工业生产技术的供应国和主导市场，即将德国的机器人、制造成套装备、IT技术、控制技术、信息技术等核心产业整合到工业4.0体系内，确保德国制造业的未来竞争优势。

李克强总理的德国之行，进一步推动了中国对工业4.0的认知。2015年3月全国"两会"期间，工业和信息化部部长苗圩首次公开披露了《中国制造2025》制定情况，表示中国大约需要三个十年，完成从制造业大国向制造业强国的转变。尤其重要的内容是，中国工业大而不强，根本原因就是一些关键材料、关键元器件和关键功能部件受制于人。《中国制造2025》要在国家支持下全面突破制约中国制造升级转型的瓶颈。

德国工业多年发展经验表明，工业文明的进步必须是自动化水平高度发达，这也是倡导工业4.0的核心。德国工业4.0是基于自动化水平及信息技术、消费者及市场成熟度、人才储备及完善的法律保障这四个基本条件而提出来的。

德国工业的优势在于具备高质量、高效益、高生产能力的自动化工程，以及高水平的工作人员。因此，德国工业4.0的第一个前提条件是自动化水平的高度发达。除了拥有历史基础外，和政策的支持也密不可分。德国政府历来都十分重视科技创新和科技成果的价值转化，建立了集科研开发、成果转化、知识传播、人力培训于一体的科研创新体系。有意思的例子是，早在19世纪开始修建铁路时，法国政府的政策是买机床，而德国政府的政策是自己造机床。因此直到如今，德国机床业在全球都是首屈一指的。数据显示，德国企业对研发投入毫不吝啬，除了企业自己的研发机构之外，德国的研究机构与大学院校、企业之间的合作历史悠久，其研发经费约占国民生产总值3%，位居世界前列。在拥有8080万人的德国，就有36万在企业从事研发的全职人员。

工业4.0的另一个重要前提条件是早在2006年，"从虚拟网络到实体物理系统"就被德国定义为发展方向。也就是说，虚拟网络应用在生产中的各个层面以及和物理成分的结合。在工业4.0里，信息技术与工业技术高度融合，网络、计算机、信息、软件与自动化技术深度交织，由此实现人、信息、资源和物品的最大化相互关联。

人才储备是德国赢取未来的关键。德国工业4.0不是一句空洞的口号，而是有强大信息技术基础、有实践能力及创新能力的人才储备作支撑的。德国社会提供的职业双重教育体系、工作中的培训、继续教育，以及培养实践能力非常强的大学生等，都为企业优秀人才提供了发展平台。德国对人才及其创新能力的重视，可以追溯到儿童时期的培养。不管是集体的幼儿教育到入学之后的学习体系，还是个体家庭的价值观念，都尽量提供给孩子想象和自我发挥的空间，造就了未来有创新能力的人才，为实现工业4.0提供了良好的土壤。

在工业4.0的智能工厂里，生产链条中横向的一体化和纵向的虚拟网络结合起来的生产体系，以及在整个产品生命周期的工程通体化，要求企业之间最佳的配合与合作。合作伙伴之间的双赢思维，以及与之相配的社会法律体系和遵纪守法的个人价值观是实施工业4.0的保障。德国高度严密的法律体系，以及深入人心的遵守法律的企业游戏规则，为工业4.0实现奠定了良好基础。

反观中国的现状，中国信息化技术革新集中在消费和娱乐方向，围绕用户最熟悉的今日头条、微信、京东、天猫、美团、拼多多、抖音等互联网应用都分布在社交娱乐领域，长期以来工业方面的信息化进展被忽视。我们的生产厂家多处于制造业产业链低端，工业装备、生产体系及工程方法和工具相比发达国家差距较大。如何快速缩短这个差距，对我们的企业是一个不小的挑战。从国家层面，我们的国家机构如何制定适于企业创新和研发的政策，真正建立培养创新的体系是最关键的一步。《中国制造2025》对于推动中国制造业由大变强具有非凡意义。2015年3月25日，国务院总理李克强在主持召开国务院常务会议时指出，中国正处于加快推进工业化的进程之中，制造业是国民经济的重要支柱和坚实基础。"互联网+工业"将会促进中国制造业转型升级，实现《中国制造2025》的宏伟目标。

中国学生在学习书本知识方面能力强，但实践能力和创新能力较差。中国的教育体系侧重应考能力，学生很难按照自己的兴趣发展，导致在离开学校后大部分人疏于学习。如何持续培养适合工业 4.0 需求的有实践能力及创新能力的人才，是对我们的社会教育体系的一大挑战，同时也对企业自身的人才培养体系的建立和完善提出了更高要求。

带有未来主义色彩的"元宇宙"概念，在 Roblox 和 Fortnite 游戏创作平台取得突破性成功后，成为新闻界和投资圈的热点，褒扬和责骂之声不绝于耳。各界都在以自己擅长的理论知识评论、质疑甚至否定元宇宙的存在意义，但是真正去研究元宇宙历史渊源、技术体系和文明促进的有志之士却少之又少。我们也许首先关注的是元宇宙在娱乐、社交领域的体验升级，却忽视了元宇宙在制造业数字化、信息化方面的推动作用。尽管游戏和社交是游戏玩家们最容易设想的元宇宙应用场景，但在研究元宇宙之前，还是建议各位读者先行阅读有关"数字孪生"的各类书籍，领会智能制造的体系要领，也许可以获得真正的知识启迪。

数字孪生技术为元宇宙中的虚拟对象提供了丰富的数字孪生体模型，并通过传感器，把收集到的实时数据与现实世界中的物理对象相关联，使得元宇宙环境中的虚拟对象能够镜像、分析和预测其孪生物理对象的行为。从物联网平台到元宇宙环境，也极大丰富了数字孪生技术的应用场景和复杂程度。

数字孪生起源于复杂产品研制的工业化，正在向城市化和全球化领域迈进；而元宇宙脱胎于构建人与人关系的游戏娱乐产业，继承了数字孪生的技术框架和经验，正向社会深层次发展。数字孪生城市是最容易想象的元宇宙应用场景，数字孪生地球正在成为仿真引擎的产品目标。数字孪生技术体系经历了技术准备期、概念产生期和探索期后，已经进入应用期，理论体系有了很大的完善；而元宇宙还处于技术融合和概念产生的早期阶段，还需要很长的时间进行技术更新、标准体系制定及道德法律监管。因此，从工业生产和智能制造角度来学习元宇宙是必不可少的步骤，"工业 4.0"和"元宇宙"都代表着人类更高级数字文明的不同角度写照，寄托着人类对未来的期待和希望。

如果说元宇宙是与物理现实并存的等效现实，那么数字孪生提供了两者之间的技术连接，开启了通往虚实世界的时空隧道。孪生体与从传感器和其他连接设备收集的实时数据流相连，从而能够镜像、分析和预测其真实世界等价物的行为。数字孪生体是三维模型的进阶，也是物理原型的超级新替身。"元宇宙"与"工业4.0"的共同点是以数字技术为基础，再造高仿真的数字对象和事件，以实施可视化感知、交互和运行，其底层支撑技术完全通用。如果"工业4.0"的主角就是产品和它的数字化替身，那么"元宇宙"的主角就是人和虚拟化身，他们都处于万物互联的复杂生态系统之中，他们的虚拟替身都是一个动态而有生命力的三维模型。两者的本质区别在于它们的出发点完全不同，工业4.0是面向物的技术系统，元宇宙是面向人的社会体系。工业4.0铸就了国家制造业坚实的基座，元宇宙虽然出身于游戏娱乐产业，但无疑将大大促进第四次工业革命的来临。

  元宇宙不是一个游戏，而是由仿真引擎产生类似我们现实世界运行的虚拟世界，让数十亿人沉浸其中的超级数字场景，人们可以自由挑选工作和娱乐的地点，随心选择创造价值的方式，方便携带和自由兑换所属的数字资产；元宇宙不是一门玄学，而是一个前沿知识的融合体系，继早期互联网、物联网、数字孪生技术之后，它改变了我们与时空互动的方式，描绘了未来互联网的蓝图，带来一场技术大变革；元宇宙不是一个神话，它寄托着我们对未来的期待，更像是电影《星球大战》中银河系公民被唤起对自由的渴望，脱离时空的束缚和数据垄断的羁绊，施展科技赋予我们的超级力量，勇敢地飞向充满希望的未来。

  数字经济是继农业经济、工业经济之后，随着信息技术革命发展而产生的一种新的经济形态，代表着新经济的生命力，并已成为经济增长的主要动力源泉和转型升级的重要驱动力量，也是全球新一轮产业竞争的制高点。教育发展决定了科技未来，科技未来决定了工业未来，工业未来决定了国家未来。未来我们不但需要精通数理化的工程师，更需要通晓历史、艺术、哲学的全能型人才。中华复兴之重任，就在你我的肩上承担。唯有坚持终身学习，才可以让我们开阔眼界、理性分析，增强在当今社会的生存力；唯有坚持终身学习，才可以让我们领略未来、敢于梦想，升级我们在技术进步中的战斗力；唯有坚持终身学习，才能让我们更加敞开心扉，迎接元宇宙这束未来之光，坚定地踏上人类数字迁徙之路。

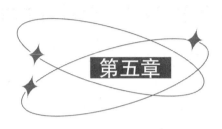

第五章

元宇宙与云计算

云中漫步与精灵嬉戏

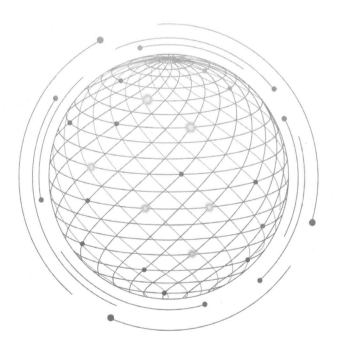

一、《精灵宝可梦 Go》的起舞与成功

当你看到近在咫尺的精灵起舞，这不是神话传奇，也不是科学幻想，而是增强现实（AR）科技创造的视觉奇迹。增强现实技术 AR（Augmented Reality）是指视野中仍然有现实世界的影像，在影像之上额外叠加上虚拟的物体，叠加的物体需要跟现实场景"互动"，比如能贴合到墙壁上，能放置在桌子上等，所以是对现实的增强，故而叫作增强现实。《精灵宝可梦 Go》是一款以《精灵宝可梦》系列为背景，由任天堂（Nintendo）、口袋妖怪公司（The Pokemon Company）和谷歌 Niantic Labs 公司联合制作开发的现实增强 AR 宠物养成与对战类 RPG 手游，该游戏的发布大大拓宽了游戏开发者的视野，并将 AR 技术推广到更多应用中。

《精灵宝可梦 Go》最大的特点是通过 AR 技术结合，把小精灵放在了现实世界中，玩家可以在手机屏幕上看到叠加在现实世界画面之上的小精灵，在游戏中寻找、捕获、进化和训练自己的小精灵，并和其他玩家进行对战及交换。玩家可以通过智能手机在现实世界里发现精灵，进行抓捕或与之战斗。游戏允许玩家在世界范围内进行探索，可收集超百只不同种类的宝可梦，宝可梦会分布在许多有趣的地方，例如世界各地名胜古迹、著名景点、艺术馆等。《精灵宝可梦 Go》满足了人们的收集、探索、升级甚至社交的各方面需求，同时游戏的操作简捷方便，把虚拟和现实结合在一起，乐趣无穷。手机相机实现了 AR 功能，让捕捉精灵的过程充满惊喜。

《精灵宝可梦 Go》自发行以来赚得盆满钵满，总收入达到了令人瞠目的 50 亿美元。这款游戏也深受任天堂设计师宫本茂的喜爱，实现了他本人与家人共同游戏的梦想。

《精灵宝可梦 Go》开发商 Niantic 已宣布开放自家的 AR 应用平台 Lightship，同时提供相应的软件开发工具包，内含《精灵宝可梦 Go》AR 应用的技术要领。开发者可利用这些工具展现 AR 应用，例如实时绘图、理解交互、多人共享，通过物理与虚拟世界的融合来改变人类与技术的关系。Niantic 还筹备了 2000 万美元作为启动资金，并在相关声明中提到其愿景是构建一个"现实世界版的元宇宙"。

二、虚拟现实技术中的 VR/AR/MR/XR 概念联系

如果虚拟现实的核心概念是一个连续体，类似爱因斯坦提出的由时间和空间共同组成的时空连续体（Space-Time Continuum），真实的物理世界和虚拟数字世界也共同组成了虚拟现实连续体（Continuum）。在这个连续体中，我们可以清楚地理解虚拟现实、增强现实和混合现实的区别和联系，详见表 5-1。

表 5-1　虚拟现实连续体（Continuum）

概念或产品	图　　示	说　　明
原生感知现实	R_0	这个点叫原生感知现实，即人类的感觉系统所感知的世界
增强现实	R_0 ——— Amount of Augmentation	原点向右延伸，数轴上的标度代表了我们往裸眼画面上投放数字信息的多少（Amount of Augmentation），呈现在我们眼中的画面就是增强现实
VR 是 AR 的一个真子集	VR ⊂ AR	当数轴上的标度不断增加，我们会离 R_0 越来越远。最终，我们会得到一个极端情形，即虚拟现实 VR。在这个离 R_0 无穷远的点上，裸眼画面完全被数字内容覆盖。VR 是 AR 轴上的一个点，是 AR 的一个极端情形，即 VR 是 AR 的一个真子集
数字化的视觉感知 MR	MR / AR / VR (R_0, Amount of Augmentation)	R_0 开始另一个维度的延伸，即显示对现实本身的感知能力上我们还有另一条线，这条数轴从 R_0 往竖直方向延伸，标度代表视觉感知能力的大小。这条线和原先的 AR 轴相交构成一个平面。MR 比 VR 和 AR 多了一个维度，不仅包含 VR 和 AR，还需要更前沿的光学技术和更强力的算法

混合现实 MR 与虚拟现实 VR、增强现实 AR 完全不同。它结合多种技术，不断扫描采集我们的周边环境，再将这些采集到的信息与我们的数字信息进行交互。与虚拟现实 VR 相比，混合现实 MR 不会让我们进入一个完全虚拟的世界，相反，它会把数字世界带进我们的真实世界之中，创造出独特的混合体验。与增强现实 AR 相比，混合现实 MR 提供了更深层次的沉浸感，但又不像虚拟现实 VR 那样完全隔离。

混合现实融合了物理世界和数字世界，定义了称作"虚拟连续体"的范围的两个极端，一端是人类所在的物理现实，另一端是相对应的纯粹数字空间。我们将这之间的现实称作"混合现实范围"。混合现实合并数字现实和模拟世界，产生新的可视化沉浸式交互环境，将是 VR 技术的终极目标。

表 5-2 显示了虚拟现实（VR）增强现实（AR）、混和现实（MR）与扩展现实（XR）概念的比较。

表 5-2　VR/AR/MR/XR 概念比较表

虚拟现实（Virtual Reality, VR）	虚拟现实（VR）是沉浸于计算机生成的三维模拟环境所创造的体验。通过 VR 头盔、控制器在虚拟环境中进行交互。真正的 VR 环境会调动我们的所有感官，包括视觉、听觉、触觉、嗅觉和味觉等	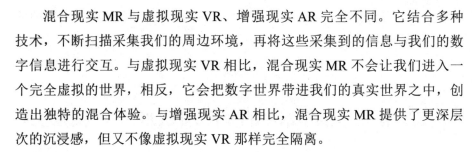
增强现实（Augmented Reality, AR）	增强现实（AR）是一种实时、直接或间接地对现实世界、物理环境的观察。它将我们在真实环境中看到的内容与计算机生成的数字内容相融合，以某种方式增强我们所处真实环境。AR 的不足之处在于，它只进行了粗略的数字覆盖，不能直接与之交互。与 VR 相比，增强现实 AR 提供的沉浸式体验较为有限	
混合现实（Mixed Reality, MR）	混合现实（MR）是指合并现实和虚拟世界而产生新的可视化环境，物理和数字对象共存并实时互动。MR 主要特征是合成的内容会与真实内容进行实时交互，同时提供实时数字信息。这意味着如果在现实空间放置一个虚拟物体（影像），它会与我们现实环境中的真实物体某些进行某些互动	

续表

扩展现实（Extended Reality, XR）	扩展现实总括虚拟现实（VR）、增强现实（AR）和混合现实（MR）三种新兴技术	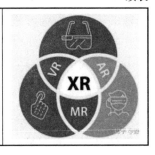

从表 5-2 中的例子不难看出 VR 和 AR 的融合趋势：一方面，轻量级 AR 开始在视角扩大的进程中向着中量级 AR 靠拢；另一方面，像 The Void 一样的 VR 体验馆，将现实环境的物理结构融入 VR 体验中，使得 VR 向重量级 AR 转变。

混合现实的企业级应用场景正蓬勃发展，因为它可以把虚拟化的效果呈现给多人并实现多人交互。培训老师和学员可以在不同的地方一起戴上 MR 设备，眼前呈现相同的三维成像，老师在虚拟的三维世界里操作后，学生模仿即可。电器维修时，消费者只要戴上 MR 设备，售后人员就能看到非常真实的现场，判断出问题所在并给出修理建议。在装修设计领域，任何工程实施后的重新调整都要付出不小的代价。如果客户有了 MR，就可以看到装修效果并且与一起设计师讨论交流。

目前，可以把 XR 理解为人类进入元宇宙的最佳入口，我们可以借此跨界于真实世界和虚拟世界之间。如果把元宇宙比喻为美洲新大陆，那么 XR 就是搭载第一批新移民的五月花号航船，开启了人类的新征程。如果把元宇宙认定是与物理世界平行运转的虚拟空间，那么 XR 就像时空穿梭机，可以承载我们到达电影《头号玩家》中的绿洲 OASIS，让我们对未来充满无限遐想。随着"元宇宙"成为近期关注的焦点，XR 产业作为打造元宇宙的"必备"硬件通道，引发了各大资本的角逐，互联网巨头纷纷下场厮杀。

三、光学科技的发展推进 XR 升级

短焦光学已经发展了 4 年，主要有自由曲面和基于反射偏振的折叠光路（Pancake）两种方案。

基于折叠光路 Pancake 的 VR 眼镜方案，其核心在于加入了半反半透功能的镜片，图像源进入半反半透功能的镜片之后，光线在镜片、相位延迟片以及反射式偏振片之间多次折返，最终从反射式偏振片射出。此种光学方案能有效缩小产品体积。偏振膜（起偏器）用来消除折返的过程会造成重影的负面影响。Pancake 可以细分为两片式和多片式两种折返方案，目前市面上常见的两片式居多，其对生产工艺要求简单，成本可控且成像效果有保障，是目前大多数 VR 眼镜所采用的短焦光学方案。若按照可量产程度来分，反射偏振的折叠光路比较普遍。多片式（一般指 5 片到 6 片）的折返方案，利用比常规微显示屏更小的硅基微显示屏，以及更多的镜片堆叠来设计光路，因此相比两片折返方案在结构上更加紧凑，VR 眼镜的体积会缩小更多。脸书公司（Meta）已展示了将要发布的 VR 新品 Cambria，从产品来看，采用了 Pancake 折叠光路方案，能够实现全彩 See Through 透视功能。

VR 眼镜一般通过一组凸透镜实现成像，通常需要保持屏幕与人眼 3 厘米左右的间隔，从而增加了设备厚度。自由曲面技术用到 VR 设备中难度非常高，因为在加工时引入了不可控畸变。和规则镜片的筒状畸变不同，自由曲面畸变不可以用标准算法来校准，只能单台校准。目前，离轴自由曲面被更多地用在 MR 头显的设计方案之中。离轴自由曲面的方案在像质的表现上不亚于堆叠 Pancake 方案，但是需要更多的调教手段。虽然离轴自由曲面方案受到工艺难度影响，通常视场角 FOV 较小，但是 MR 头显主打的是高端路线，其价格能够支撑光学升级方案的实施。

科幻电影里经常出现 MR 技术，如今市面上最成熟的 MR 设备当属微软的 HoloLens 2，它是由微软开发和制造的混合现实智能眼镜。HoloLens 2 相比于第一代，具有更沉浸的感受、更舒适的佩戴体验，利用大幅拓宽的视野可以浏览更多全息图，更轻松、舒适地阅读文本并查看 3D 影像上的复杂细节。

两个微型摄像头的加入让 HoloLens 2 能直接测得用户的瞳距，而且还可以扫描虹膜解锁设备、登录账户，或者通过追踪眼球的运动让用户对设备进行控制。为了减少电量消耗，HoloLens 2 上有两个传感器来识别手势。一个负责初级判断、时刻运行；只有通过了初步检验，才会打开第二个传感器来精确识别。

HoloLens 2 鼻梁部位有两个相机，负责虹膜识别和眼球追踪。有了眼球追踪，便能够自动测量瞳孔间距。瞳孔间距对双目式显示设备十分重要，错误的瞳距会导致画面错位或扭曲，迫使用户不停地在脑海里纠正，导致用户的强烈不适。

HoloLens 2 前方上端的 3 个小孔是收集环境音的麦克风，麦克风隐藏在护目镜底端，正好在用户嘴唇上方。这一设计使得在高达 90 分贝的环境里，HoloLens 2 用户依然能使用语音操作。

由于 HoloLens 2 上诸多传感器需要联合作业，各种电子元器件会发热，机身热胀冷缩之下导致各种距离偏差。微软工程师尝试了大量材料，最终确定碳纤维才是最佳选择。碳纤维坚固、重量轻、强度大，但由于加工塑模难度大而成为最大的挑战。碳纤维的热胀系数，取决于生产工艺、编排和测量方向，可正可负。通过设计和正确的编织，终于可以达到零热膨胀。

HoloLens 2 的手势识别也追加了新的功能，可以跟踪单手 25 个点，双手的手指都能很好地被识别，所对应的手势也有所增加，比如摘、抓、捏之间细微的差别都能被识别，对应移动物体、旋转物体、更改物体尺寸等。

混合现实在医疗和军事领域被采纳的速度非常快。医生可以通过 MR 设备来做手术指导，未来高水平的医疗服务将因此而可以被推广到世界各地。即使病患身处偏远地区或医疗资源匮乏地区，依旧可以让一线城市的医生通过 MR 眼镜来实时远程指导手术。微软已签下美国军工版 HoloLens 合同，它的重点是提高士兵对周围环境的感知，提高鉴别敌军的能力，避免误伤平民百姓。

元宇宙热点概念促使微软进一步加大 MR 硬件和底层技术的研发投入，在未来几年会推出更加轻量化的新一代 MR 硬件。对微软而言，下一步最大的挑战是规模化生产。微软正在花大力气扩大生态系统，提高整合能力。技术的成熟使得各项元件成本大幅降低，经过技术应用的几年铺垫期之后，产品将进入规模化快速发展阶段。

云计算、人机互动和环境感知组合为混合现实 MR 奠定了基础，不但将我们从屏幕束缚中解放出来,将用户体验提升到新的水平,而且成为计算领域的下一波浪潮。智能云赋能的全息计算的一个关键优势是,可以与各种支持混合现实功能的设备(包括 MR 头显、手机、平板电脑和笔记本电脑)绘制出的环境信息实时整合并共享在云端。微软不但有 MR 头显 HoloLens,还拥有一系列传感器套件;在底层框架上有微软智能云 Azure 作背后支撑,在数据、信息收集等多个领域拥有自己的产品。除此之外,微软及其关联公司,在全球 126 个国家/地区,共有超过 1600 件与 AR/VR 相关的专利。其中,有效专利 690 余件,授权发明专利 710 余件,说明微软一直在积极进行技术积累,准备"接轨"元宇宙。

四、从热点概念到信息革命

遥想当年,云计算处于概念的创始阶段,与今天元宇宙的概念横空出世颇有几分类似。云计算一度成为 IT 界、媒体传播乃至所有涉及政府宏观规划、各大行业信息化关注的焦点。云计算也随之成为街头巷尾热议的时髦话题,各种关于云计算的商业梦想和解决方案应运而生。有人将云计算视为自冯·诺依曼之后第三次里程碑式的变革,是对传统计算架构、模式的颠覆与创新。也有人认为,云计算无非是一种商业理念上的包装,只是各个 IT 厂商用来"促销"自己产品的"营销活动"。

无论赞美、质疑还是否定,云计算的脚步始终没有停息。多年的实践证明:云计算确实是一种商业计算模型,通过网络按需提供可动态伸缩的廉价计算服务。它将计算机任务分布在大量计算机构成的资源池上,使各种应用系统能够根据需要获取计算能力、存储空间和信息服务。可以简单地理解为,把计算机资源和应用程序都集中起来形成资源池,然后放到网上就形成了"云计算",无数的大型机房和大数据中心就成了"云端"。云计算技术的发展,彻底改变了传统软件企业,也成为我们生活中不可或缺的一部分,如同自来水和电力一样供应方便。在云化部署模式下,供应商为企业搭建信息化所需要的所有网络基础设施及软硬件运作平台,并负责所有前期实施、后期维护等一系列服务,而企业只需按照实际使用量付费。

云计算经历了三个发展阶段（见图5-1），已从概念发源地的互联网领域，渗透到电信运营商网络领域。互联网商业和技术模式的成功，启发电信运营商通过引入云计算实现对现有电信网络和网元的重构，打破传统意义上电信厂家所采用的电信软件与电信硬件紧密绑定的销售模式，同样享受到云计算带来的红利，诸如绿色节能、业务创新和部署效率的提升。多年经验证明，从电信运营商到服务提供商，通过云架构部署各种移动设备和个性化服务，无疑是非常经济、便捷的途径。

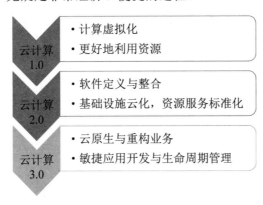

图5-1　云计算经历的三个发展阶段

在城镇化进程中，利用云计算结合物联网与大数据解决方案，可推动智能交通、平安城市、智慧医疗、环境监控等项目建设，带来更好的城市运行管理和公共服务。在信息革命的时代背景下，政府与公共事业都将走向更深度的信息化与互联网化，信息化平台也将成为其运营核心。数字孪生不但成就了智能制造，而且让城市成为智慧城市。基于数字孪生城市体系及可视化系统，以定量与定性方式，建模分析城市交通路况、人流聚集分布、空气质量、水质指标等各维度城市数据，决策者和评估者可快速直观地了解智慧化对城市环境、城市运行等状态的提升效果，评判智慧项目的建设效益，实现城市数据挖掘分析，最终制定科学决策。

就在人们还在争论元宇宙到底是什么的时候，2021年10月29日，互联网巨头脸书公司正式更名为Meta（元宇宙），宣布全面进军元宇宙。其创始人扎克伯格描绘了一个沉浸式的互联网，拥有虚拟身份和虚拟经济系统，置身社交、工作、运动、学习、游戏的虚拟世界。扎克伯格相信，元宇宙是移动互联网的接替者，即将引领人类踏入数字新纪元。Meta公司将投入 100 亿美元到实验室 Facebook Reality Labs 中，专注于 XR 产品开发。此外，Meta 公司还宣布将投资 150 亿美元培育元宇宙内容创造人才。据不完全统计，Meta 公司从 2014 年开始，共投资 23 家与元宇宙相关的公司，涉及智能硬件、软件工具、计算机视觉、游戏等多个领域。它希望通过硬件的渗透率提升，带动更多的内容创作者向虚拟世界"迁移"，带来更多新生创造力。势不可挡的元宇宙爆发，必然导致算力需求激增，云计算当无疑被认为是元宇宙的基础设施，让我们跃上云端、漫步云中，迎接未来世界投射的第一缕光芒。

五、云中漫步

1. 云计算概念

美国国家标准与技术协会（NIST）有一个权威和经典的定义：所谓云计算，就是这样一种模式，该模式允许用户通过无所不在的、便捷的、按需获得的网络接入到一个可动态配置的共享计算资源池（其中包括网络设备、服务器、存储、应用以及业务），并且以最小的管理代价或业务交互复杂度，实现这些可配置计算资源的快速发放与发布。

个人电脑（PC）作为一个单机，包括 CPU、内存、硬盘、显卡等硬件。安装操作系统和应用软件之后，可以执行自己的任务。自从有了网络，单机与单机之间，可以交换信息并协同工作。随着单机性能越来越强，就有了服务器。人们发现，可以把一些服务器集中起来放在机房里，然后让用户通过网络去访问和使用机房里的计算机资源，于是小型网络变成了大型网络，就有了互联网（Internet）。小型机房变成大型机房，就有了 IDC（Internet Data Center，IDC，互联网数据中心）。当越来越多的计算机资源和应用服务（Application，例如浏览网页、观看电影）被集中起来，就变成了"云计算"（Cloud Computing）。作为"云端"的无数大型机房，被设计成一个超大容量、超高并发（同时访问）、超快速度、超强安全的云计算系统。

云计算可以用五大基本特征、三种服务模式、四类部署模式来概括。

其中，五大基本特征是：按需获得的自助服务，广泛的网络接入，资源池化，快捷的弹性伸缩，可计量的服务；三种服务模式为：云基础设施即服务（IaaS），云平台即服务（PaaS），云软件即服务（SaaS）；四类部署模式为：专有云（私有云），行业云，公有云，混合云。公有云一般面向公众、企业提供公共服务；私有云是指由企业自身构建的、内部使用的云服务；当企业既有私有云，又采用公有云计算服务时，这两种云之间就形成了一种内外数据相互流动的形态，便是混合云的模式。云计算的重要构成框架是虚拟化，而虚拟化由应用虚拟和资源虚拟两个部分组成，用户可以随时随地使用，因此云计算拥有"一云多端"特性，打破了时间和空间的限制。

2. 云计算核心

云计算的核心是通过专门的软件实现和管理资源池。用户可以动态申请资源以支持各种应用程序运转，无须为烦琐的细节所烦恼，从而更加专注于自己的业务，有利于提高效率、降低成本和实现技术创新。计算和存储资源虚拟成一个可以任意组合分配的集合。资源池的规模可以动态扩展，分配用户的处理能力可以动态回收利用，能大大提高资源利用率和服务质量。

3. 云计算的服务类型

通过部署模式将资源整合起来放到"云"端，对外提供服务，以满足用户的多样化需求。其服务类型分成软件即服务（SaaS）、平台即服务（PaaS）和基础设施即服务（IaaS）。

（1）IaaS：Infrastructure-as-a-Service（基础设施即服务），最底层的硬件资源包括CPU（计算资源）、硬盘（存储资源）、网卡（网络资源）等，作为一项服务提供给用户使用。用户可以通过WEB网页方式注册账号，申请CPU、内存、磁盘、存储、路由器、防火墙、负载均衡和数据中心空间等基础资源。申请成功后就能够部署和运行任意软件，包括操作系统、数据库、中间件和应用程序。用户不需要管理或控制任何硬件基础设施，但能控制CPU核数、内存大小和磁盘大小，还能选择操作系统、部署应用，也能获得有限制的路由器、防火墙、负载均衡器等网络组件的控制。

（2）PaaS：Platform-as-a-Service（平台即服务），实际上是将软件研发的平台作为一种服务，提供超过基础设施的服务，用于在集成环境中开发、部署、运行和维护应用程序，帮助用户快速实现更多应用功能。也就是说，PaaS是将软件或开发环境封装为一项服务，软件开发者可以直接在PaaS上自由构建自己的应用程序，这些应用程序部署在服务商的基础设施上，而不需要购买和部署服务器、操作系统、数据库和Web中间件等。微软Azure、谷歌APP Engine等都是PaaS服务类型的典型代表。PaaS将现有的各种业务能力进行整合，具体可以归类为应用服务器、业务能力接入、业务引擎、业务开放平台等。向下根据业务能力的需要测算基础服务能力，通过IaaS提供的API调用硬件资源；向上提供业务调度中心服务，实时监控平台的各种资源，并将这些资源通过API开放给SaaS用户。

（3）SaaS：Software-as-a-Service（软件即服务），为用户提供了一个完整的软件功能服务。用户通过订阅方式随时随地在云上使用这些现成的软件，无须下载和安装，也不需要关心软件的授权、升级和维护等问题。对于用户来说，他们不需要购买硬件设备和软件许可证，也不需要管理和维护网络设备、服务器、操作系统和存储等基础设施，只需要通过网络在各种设备上访问客户端界面，从而减轻了软件搭建和维护的负担。对于服务商来说，由于只需要托管和维护单个应用程序，所以降低了成本。典型代表有微软Office365、Google APPS、NetSuite等。SaaS采用灵活租赁的收费方式，一方面企业可以按需增减使用账号，另一方面企业按实际使用账户和使用时间付费。由于降低了成本，SaaS的租赁费用较传统软件许可模式更加低廉。

目前主流的云计算服务提供商，例如亚马逊AWS、阿里云、华为云，都可以提供以上三个层次的云资源。

4. 云计算的基本特点

由于云计算平台整合了软硬件资源，通过网络对客户提供服务，所以这种服务不受地点和客户端限制，具备以下特点：

（1）**超大规模**。云计算具有相当大的规模，谷歌云计算平台拥有上百万台服务器，亚马逊、IBM、微软、华为、阿里、腾讯等云服务也拥有几十万台服务器。因此，云计算可以赋予用户前所未有的计算能力。

（2）**虚拟化**。如图5-2，虚拟化是云计算的基础，是云计算得以快速发展的催化剂，让"购买资源""按需付费"得以实施。用户并不需要关注具体的硬件实体，只需要选择一家云服务商，注册一个账号，登录它们的云控制台，去购买和配置需要的服务，再为应用做一些简单配置，就可以让应用对外服务，比一套应用部署在传统企业的数据中心要简单方便许多，而且可以随时随地通过PC或移动设备来控制自己的资源，这就好像是云服务商为每一个用户都提供了一个互联网数据中心（IDC）。

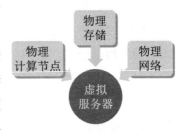

图 5-2 虚拟化是云计算的基础

（3）**按需分配服务**。云计算是一个庞大的资源池，用户按需购买，就如同自来水、煤气和电一样精确计费。用户可以根据需要，通过自助式Web界面购买和配置CPU、内存、磁盘、带宽、防火墙等计算资源，无须与每个服务商进行人工交互，需要多少购买多少，不需要可以随时取消。

（4）**广泛网络访问**。用户可以使用网络通过API、VPN和HTTPS等标准机制访问各种资源，在任意位置使用各种终端获取和使用服务。所请求的资源来自云，而不是固定有形的实体。应用在云中运行，用户无须了解应用运行的具体位置，只需要一台计算机、平板或手机就可以通过网络获取云技术带来的超强计算能力服务。

（5）**高可靠性**。使用云计算比使用本地计算机更加可靠。因为云端使用数据多副本容错机制、计算节点同构可互换措施、镜像和灾备方案、分布式集群技术等措施来保障服务的高可靠性，以最大限度地减少发生灾难时的停机时间。

（6）**多租户资源池**。在云计算服务商汇集计算资源形成资源池，通过多租户模式为多个消费者提供服务。根据消费者需求动态分配、重新分配、自动回收释放不同的物理和虚拟资源。

（7）**服务可以度量**。所有云服务和资源都可以被度量，云计算系统能够自动控制、监控、优化、报告和取消资源的使用，为服务商和消费者提供透明的使用情况统计、实时结算等服务。

（8）可动态伸缩。通过虚拟化技术将一台服务器虚拟成多台服务器，虚拟化技术可以用来对计算资源进行虚拟化和管理，可以实现服务器虚拟化、存储虚拟化、网络虚拟化和桌面虚拟化。对于云服务商来说，资源能够灵活配置、弹性扩容、等量伸缩和快速下发；对于消费者来说，服务商可以提供的资源通常看起来像是无限的，可以随时以任意数量购买的资源。

（9）极低成本。采用云计算的特殊容错措施，可以使用极其廉价的计算机节点来构成云；自动化管理使数据中心管理成本大幅降低，公用性和通用性使资源的利用率大幅提升，设施可以建在电力资源丰富的地区，从而大幅降低资源成本。因此，云计算具有前所未有的性价比。

5. 云计算的优势

（1）提升效率。云计算能提升开发效率、运行效率、维护效率、测试效率。

（2）降低成本。使用云技术服务，可以节省建设成本、投入成本、试错成本和安全成本。云用户自己不需要考虑设备投入及维护成本，不需专门的IT资产也不用关注IT技术问题，可以将更多的精力投入到企业运营上，提升了工作效率，降低了管理成本。

（3）扩展性强。由于应用程序在云中运行，不需要考虑传统桌面软件所需的处理能力或硬盘空间。使用基于网络的应用程序时，终端可以更便宜。云计算技术优化了IT基础设施，快速投资、部署和回报，灵活实施定制化创新。

（4）免费软件和升级。可以使用大部分免费软件，而无须购买昂贵的软件应用程序。可以直接使用各种应用软件，而不需要安装维护和升级成本。当应用程序基于Web时，下次登录到云时会自动更新，降低管理成本。

（5）服务迅捷。云计算服务商会提供给客户一些方便功能，对应用进行自动化和动态管理。高效率是云计算的核心，当用户创建一个服务时，可保证用最短的时间和最少的操作来满足用户需求。云计算平台会根据用户应用的业务需求，动态完成自动资源配置、自动资源释放、自动冗余备份，以及宕机的自动恢复等。

随着数据和信息越来越成为企业最核心的资产，作为数据信息持久化载体的存储逐步从服务器计算中剥离，成为一个庞大的独立产业，与必不可少的 CPU 计算能力一样，在数据中心发挥着至关重要的作用。数据的完整生命周期可分为五个阶段，如图 5-3 所示。通过对杂乱无章的数据整理得到信息，对信息提炼而成为知识，知识升华后成为（人类）可传承的智慧，人类又把智慧、知识与信息演变为可以赋予机器的智能。

数据 ▶ 信息 ▶ 知识 ▶ 智慧 ▶ 智能

图 5-3　数据的完整生命周期

构建面向海量信息的大数据管理平台，其本质是实现一套可软件定义的数据中心，对下层基础架构进行有效管理（存储、网络、计算、分配、虚拟化、容器化等），以满足上层业务与应用需求，并通过软件的灵活性与敏捷性来实现高投入产出比。当大数据达到一定量时，想在需要时随时能够利用它，传统的计算架构已经不适用。云计算能够提供与大数据相适应的能力，是洞察万物之间关系的有效方式，给我们提供一种预见性，对经济建设、产业发展以及科学决策非常有意义。

人工智能的广泛应用导致元宇宙对于算力的消耗呈指数级爆炸式增长，算力还支撑着元宇宙虚拟内容的创作与体验，更加真实的建模与交互同样需要更强的算力作为前提，大规模用户的持续在线和创作需要近乎无尽的算力作为支撑，导致全球算力远远落后于数据和算法增速。

云计算的技术前景非常广阔，从早期通过互联网为用户提供廉价的计算资源，到现在通过强大的资源整合和技术整合来吸引更多用户，而为用户构建起更大的价值空间。从当前的技术发展趋势来看，云计算正在向全栈云和智能云方向发展，早期的 IaaS、PaaS 和 SaaS 也在不断丰富自身内容，虽然云计算整体的技术体系已经趋于成熟，但是基于云计算在行业领域的创新空间依然非常大。

六、关乎生存的创新之争

每一次工业和商业革命，都有大批的传统企业被淘汰。蒸汽机带来的工业革命让大量的手工作坊消失，电力革命带来流水线作业模式的大工厂模式，形成行业垄断巨头，同样淘汰了无数的小型工厂。

20世纪60年代起的第一波计算机革命，让第一代IT企业成为股市明星与首富的诞生地，没有紧跟这一轮信息化浪潮的传统企业逐渐黯然失色。20世纪90年代起的第二波互联网革命，一大批一夜暴富的互联网新秀应运而生，传统企业再次受到沉重打击，在互联网大潮下尽显疲态，而且跟风建立的互联网站，几乎让它们没有从中受益。还没等到痛定思痛，2010年前后掀起的第三波移动互联网革命又开始了，渠道商被取代，百货商场开始凋零，中小企业则出于便利与补贴的诱惑，别无选择地被纳入互联网运营平台，成为互联网寡头主导控制下的生态一员，最终逐渐丧失交易权、定价权乃至经营权。

在传统企业懵懂之中，大数据寡头出现了。互联网企业不再是朝气蓬勃的新秀，而成为一个个超级数字霸权，它们所从事的业务范畴早已不再局限于互联网站或者某个手机APP，而是向各行各业快速渗透、影响乃至控制。在看似简单的Web网站下面搭建了一个庞大的数据处理与分析平台。更加令人瞠目的是，谷歌推出了手机操作系统和智能眼镜，并致力于开发与完善无人驾驶汽车；亚马逊开发无人飞机用于物流投递；微软和脸书公司在虚拟现实领域进行了长期投入和积累，准备掀起一场元宇宙风暴。

传统垄断性行业，通过非市场化的行业壁垒来阻隔互联网巨头于行业主营业务之外，以求固守待援。移动互联网带起的革新浪潮甚至波及互联网行业的老东家，金融行业也开始受到威胁。他们不得不使出浑身解数，依仗制度优势抵挡互联网金融带来的冲击。

在大数据时代，一些传统行业已经彻底陷入迷失，无法认识到哪些业务才是未来关键业务，曾经开放给互联网行业去做的"非关键业务"竟然成为今天的核心业务，"边缘"的终端用户数据，收集和分析成为对未来最有价值的用户大数据和经营的核心方向。互联网公司卡住用户数据的入口，等同于卡住了企业未来发展的要道，而对于非垄断性的传统行业，在大数据潮水的冲击下基本丧失招架之力，无法逃脱要么"被杀"（企业倒闭），要么"被俘"（迁移到互联网平台）的悲惨命运。

互联网企业之所以从龟兔赛跑中的小笨乌龟，进化成为身背翅膀、武装到牙齿的铁血怪兽,是由于在创立之初就遭受了外部恶劣环境所带来的生存压力。2000年前后的互联网泡沫破裂,导致大量互联网公司倒闭或被兼并,迫使侥幸生存的互联网企业不得不建构了拼死抗争的生存基因,表现出强劲战斗力,最终造就他们让人畏惧的颠覆力。恶劣的环境催生了互联网行业的冒险精神,他们敢于尝试新技术,乐于提供新服务,以至于为企业获得更多的获利空间。与传统企业相比,互联网公司在创新模式和速度、创新组织和生态架构、创新成本与风险控制等方面均取得了大幅领先。

每一波次信息化浪潮都延伸到各行各业的每个角落,而主导下一代次互联网浪潮的元宇宙已经风起云涌。错过了移动互联网信息革命的传统企业,该如何面对元宇宙的风暴来临?

1. 勇往直前

首先,传统企业应该勇敢承认落后,不能武断地认为元宇宙只是虚拟社交或者游戏平台,而应该深入学习元宇宙作为新兴技术集合的知识体系,将未来互联网模式定位为业务运营核心去建设和经营,敢于承担风险,提前布局。云计算不仅是企业进入工业互联网大门的钥匙,同时也为大数据、人工智能等新技术的落地应用奠定了基础,而且基于云计算技术还将构建起一个庞大的技术生态和价值空间。

我们从曾经的流行词汇"互联网模式"中可以总结出若干互联网企业成功的秘诀:复杂的盈利模式让其用户数量呈现爆炸性增长,形成碾压式优势,构建全产业链的商业生态;极力压低经营成本,采用X86硬件和开源软件构成云平台,同时以自动化流程降低了人力需求、能耗需求和场地需求;风险投资的互联网企业依靠优胜劣汰的竞争法则,以极度敏捷的服务模式接受市场检验,快速上线、不断升级和无休加班紧密结合,以传统企业无法想象的速度冲锋陷阵。一旦进步停滞,其市场地位迅速会被友商超越并替代。

传统企业可以从创新成本、创新范围和投资与组织模式几个方面来实现模式创新,并行投入大量的创新项目,即使单一项目的失败风险很高,但当创新项目数量足够多时,总会有获得成功的项目并最终通过创新获得收益。创新项目所使用的资源最大化共享,比如办公场所、技术人员、IT

基础设施。对比传统部署方式，IT基础设施的云化部署模式更加灵活、高效且易于扩展，大大节约了开支。云计算平台为创新项目实现资源共享降低了整体创新成本。云计算平台允许采用微创新模式，创新团队只需要几个人，且无须太高的IT专业水平即可开始，这样降低了单项目人力成本和时间成本。

2. 数字铠甲

面对在线应用、服务和数据的高速增长，数据中心规模急剧膨胀，需要对数据中心IT基础设施的主要组成部分——服务器、存储和网络设备进行以软件定义为导向的创新，实现自动供给的IT资源池。传统企业通过构建云计算平台，不但大幅降低IT信息化成本，而且可以通过应用的重构，实现业务流程自动化，降低业务处理时间成本与人力成本。云对于传统企业而言，组织的重构比IT系统的重构更加关键。计算与传统行业融合，将带来跨界创新，催生前所未有的商业模式与产业生态。云计算从一种降低成本与提高效率的方式，逐渐演变成向企业和消费者提供新服务的途径。

从数据量来看，传统企业无法与互联网公司相比拟，但很多传统企业具备大量的行业特性数据，比如电力数据、气象数据、农业数据、医疗数据、石化行业的勘探和化工数据等。因为受到传统企业信息化发展限制，这些数据还没有实现独有的价值。传统企业需要用长期发展的眼光看待数据的价值和意义，在不丧失数据经营主导权前提下开放自身数据，通过数据分析、数据交换与数据经营形成新的服务形式，这也是大中型企业更为积极的开放生态模式。

德国的成功经验告诉我们，对于传统中小型制造企业而言，工业4.0对于应对元宇宙风暴更具指导意义。在工业4.0场景下，一个制造企业，从提出产品需求，到产品设计、原型生产、小批量试制、中等规模试制、测试验证，到大规模生产、物流仓储，再到市场销售的环节与流程，全部通过数字孪生技术与互联网体系主导完成。拥抱数字技术和发挥自己特长的中小企业，从客户下达订单到定制化产品交付，将展现惊人的敏捷能力。

元宇宙作为数十亿人沉浸其中的超级数字场景，人们可以自由挑选工作和娱乐的地点，随心选择创造价值的方式，自由兑换所属的数字资产，绝非依靠几个数字寡头能够完成建设，需要动用全社会的力量合力创意和构造。每一家具备特有才智和技能的公司，都将具备进入元宇宙产业生态的可能。传统企业必须以开放的心态、坚定的信心去创造自己在未来的独特价值。

3. 商研兼用

经过多年在深度和广度上的显著延展，云计算不仅对企业经营有重大推动作用，对教育领域也将有深远的启迪。云计算最初是企业提出的概念，并一直由企业主导云计算和大数据方面的研发、推广与应用。其原因来自三个方面：

（1）企业拥有雄厚的资金。

（2）与企业应用及市场需求呈现出密切匹配。

（3）互联网企业拥有足量的数据资源和计算资源。

企业主导全新概念的发展，意味着先有应用、后有理论，传统竞争模式即大学科研机构负责学术创新，企业负责应用创新已经不再适用。元宇宙的概念推广，同样需要企业和大学教育科研机构来调整自身角色，以顺应新的发展趋势。

云计算作为一种技术和服务模式，使得计算资源成为向大众提供服务的社会基础设施，它对信息技术及其应用产生了深刻影响。软件工程方法、网络和端设备的资源配置、获取信息和知识的方式，无不因云计算而产生重大变化。它改变了信息产业现有业态，催生了新型的产业和服务。云计算带来了社会计算资源利用率的提高和计算资源获得的便利性，推动了以互联网为基础的传感网和物联网的迅速发展，并将更加有效地提升人类精准感知世界、认识世界的能力，从而影响经济发展和社会进步。

日本小松集团利用被命名为"KomConnect"的数字化转型案例值得大家学习。它通过一系列流程相关的信息都输入云系统之中，将建筑现场的一切设备都通过物联网技术连接起来。小松集团通过无人机对现场进行3D扫描，制作出现场3D图，将最终的完成图3D模型化，通过数字孪生制订施工计划，对土质与地下埋设物等的风险进行调查和分析，通过搭载云服务的工程机械使施工进程可视化，利用施工后的数据为建筑与土木现场的施工作业提供支持，能够大幅提高生产效率。

自2018年开始，世界经济论坛与麦肯锡咨询公司在全球发起评选"灯塔工厂"项目，寻找制造业数字化转型的典范。目前已有来自全球22个行业的90家工厂入选，其中，位于中国的"灯塔工厂"有31家。这些"灯塔工厂"积极探索适合自身的数字化路径，展现了传统产业数字化转型的巨大潜力，被视为第四次工业革命的领路者、数字化制造的示范者。

中国的制造业体系完善且集群丰富，自"十三五"以来，数字化、网络化、智能化水平已经得到显著提升。工信部、发改委等4部委公告了2021年度智能制造示范工厂揭榜单位和优秀场景名单，110家智能制造示范工厂和241个智能制造优秀场景上榜。值得注意的是，这份名单中，除了制造业龙头企业，还有诸多中小企业的身影。大量具有"专业化、精细化、特色化、创新化"特征的中小企业，立足独门绝技，正在向产业链高端进军。

昨日的云计算曾经像灵丹妙药，似乎可以给各个行业提供解决方案。今天的元宇宙更像一次技术大风暴，将会波及世界每一个角落。元宇宙是一个创新科技集合，一个前沿知识的融合体系，继早期互联网、物联网、数字孪生技术之后，改变我们与时空互动的方式，描绘了未来互联网的蓝图，带来一场技术大变革。元宇宙构建了一个与现实世界等比存在的虚拟世界，除了容易理解的游戏和娱乐领域外，建筑、施工，制造，超级计算等多种行业都已经开始加入其中。目前没有成熟理论体系可供参考，唯有边实践、边学习、边总结，让商业模式和社会需求一起进化升级。传统企业更应勇敢迎接这次技术风暴，扬起数字风帆，开启数字迁徙的航程。

最后让我们再来欣赏一下俄国作家高尔基的散文诗《海燕》中的名句，或许能够得到鼓舞和启迪：在苍茫的大海上，狂风卷集着乌云。在乌云和大海之间，海燕像黑色的闪电，在高傲地飞翔。一会儿翅膀碰着波浪，一会儿箭一般地直冲向乌云，它叫喊着。就在这鸟儿勇敢的叫喊声里，乌云听出了欢乐。在这叫喊声里，充满着对暴风雨的渴望！在这叫喊声里，乌云听出了愤怒的力量、热情的火焰和胜利的信心。

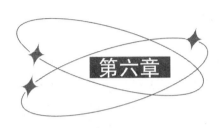

第六章

元宇宙与人工智能

开启未来的人机对话

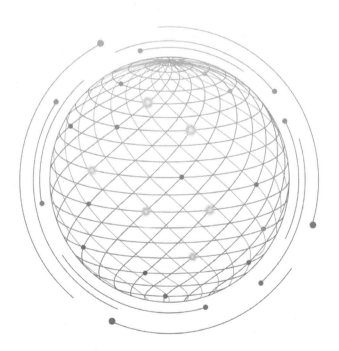

一、人机对话的科技梦想

白雪公主的童话故事早已家喻户晓,故事中邪恶王后面对魔镜的问答,映射出由来已久的人机对话科技梦想,即计算机面对人类完成准确感知、实时渲染,形成完美的虚实互动。当然,魔镜还必须具有最神秘的智能思考。由此,我们不得不提起一个古老的问题:"机器会思考吗?"

1950年,英国数学家、密码学家和计算机先驱艾伦·图灵(Alan Turing)在他的传奇文章《计算机器与智能》(*Computing Machinery and Intelligence*)中提出了这个问题。在第二次世界大战期间,图灵已经展示出非凡的才能,促成了计算机科学领域的第一次伟大贡献。图灵率领科学团队,使用巨像计算机系统(Colossus Computer System),破解了德国的Enigma加密系统,让盟军终于能够理解纳粹德军的无线电信息,由此获得了战争的先机。

图灵想用一个测试实验来证实关于"机器是否能思考"这一抽象问题,其方法是:让一台计算机通过电子设备与远端的人交谈,如果远端的人无法分辨与之交谈的对象是人还是机器,那么这台计算机就应该被认为是智能的,这就是著名的"图灵测试"。图灵测试揭示了构建智能机器的两个重要元素:一是需要强大的逻辑规则,二是需要实现这些逻辑规则的物理设备。

人工智能学科的起源,普遍被认为是1956年在美国达特茅斯学院召开的一次会议,马文·明斯基、约翰·麦卡锡等科技先驱在那次会议上首次提出人工智能的概念。此后,这个概念一直备受争议。即使今天,科学家们仍然没有就"人类智能"的构成达成共识。用数学家诺伯特·维纳(Norbert Wiener)的话说,计算机就像童话里的巫师,可以给你想要的东西,却不告诉你应该期望什么。概念的争论并不妨碍此次会议成为人工智能大爆发的原点。"AI"这个缩写很简洁,很受新闻记者的欢迎。在接下来的几十年里,当涉及为AI筹集研究资金或投资计划时,它总是充当着极好的营销标签。

二、开创未来的全息窗口

智能魔镜在技术发达的今天有了新名称——"虚拟助手",它必须具备的技术条件包括:准确传神的三维面孔表达,精良的骨骼动力系统,精确的动作传感数据,细腻的纹理贴图,充满人文细节的界面设计和自然语言处理等,都需要强大的运算能力作基础支撑,而这一切几乎要被谷歌公司2021最火爆的项目Starline的视频会议系统所实现。

在过去几年里,谷歌公司一直在努力打造视频会议的临场体验。对于具备丰富虚拟现实工作经验的谷歌人来说,他们更希望在不需要VR眼镜的情况下,实现三维立体化的视频会议体验,让用户感觉与会人员就像坐在他的桌子对面。

在Starline项目中,谷歌实践了积累已久的计算机视觉CV(Computer Vision)、机器学习、空间音频和实时压缩方面的研究,采用高清晰度相机和定制的深度传感器,从多个角度捕捉用户的形状和外观,然后通过软件将所有功能融合起来,创建一个极其真实的实时三维模型。为了处理好海量数据,谷歌还开发了新颖的压缩和流媒体算法,使其能够双向同步传输三维视频,未来视频压缩程度还将进一步提升。值得一提的是,谷歌还开发了一个光场显示器,展示了坐在对面交流对象的三维逼真表现。

Starline可以调整用户在光场显示器中看到的图像,以配合用户的视角,创造一种不需佩戴VR眼镜就能形成的立体感觉。目前Starline只是一个概念产品,在近年内很难推向市场。实现人魔对话的场景绝非易事,在实施Starline项目背后的技术探索中,谷歌曾经尝试过多种显示技术方案,最后应用的是未来型技术"光场显示"。

光场(Light Field)是空间中光线集合的完备表示,采集并显示光场就能在视觉上重现真实世界。全光函数(Plenoptic Function)包含7个维度,表示光场的数学模型。人眼位于三维世界中不同的位置时,所观察到的图像是不同的,用(x, y, z)表示人眼在三维空间中的位置坐标。光线可以从不同的角度进入人眼,用(θ, Φ)表示进入人眼光线的水平夹角和垂直夹角，每条光线具有不同的颜色和亮度，可以用光线的波长（λ）来统一表示。进入人眼的光线随着时间（t）的推移会发生变化，当光场显示的角度分辨率和视点图像分辨率足够高时，可以等效为动态数字彩色全息，因此研究光场显示将有助于人类看到更多维度的视觉信息。

如图 6-1 所示，这是一个四维光场成像的示意图。光场是以人眼为中心对光线集合进行描述，由于信息来源是 7 个维度，所以在信息处理上负担加重，包括信息采集、处理、传输的负担。美国斯坦福大学的 Marc Levoy 将全光函数简化降维，提出（u,v,s,t）

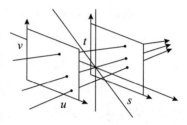

图 6-1　4D 光场模型

4D 光场模型。Levoy 假设了两个不共面的平面（u,v）和（s,t），如果一条光线与这两个平面各有一个交点，则该光线可以用这两个交点唯一表示。Levoy 提出的 4D 模型既降低了表示光场所需的维度，同时又能完整表示人眼成像所需要的全部光线。光场 4D 模型得到了学术界的广泛认可，关于光场的大量研究都是在此基础上展开的。

光场技术的研究主要分为两方面，包括光场采集和光场显示，如图 6-2 所示。光场采集技术相对更加成熟，都是由专业团队来完成，在企业间合作，已经达到落地程度。光场采集主要是提供 3D 数字内容，一次采集可以推广使用，因此，对于光场采集系统的硬件成本、体积、功耗等用户接受度更高。

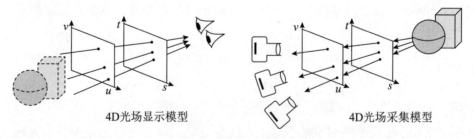

4D光场显示模型　　　　　　　　　　　4D光场采集模型

图 6-2　4D 光场采集与显示模型

光场显示可以提供所有的心理和生理的视觉感知信息。相比之下，光场显示偏向于消费类产品。目前光场显示有多种技术方案，其特点如表 6-1 所示。

表 6-1 光场显示方案对比

显示方案	优点	缺点
体三维显示	360度可视范围	存在机械运动，占地面积大
多视投影阵列	分辨率大，可视角度大	成本高昂，占地面积大
集成成像	成本低廉	视点图像分辨率损失严重
数字全息	三维显示效果极佳	技术尚不成熟
多层液晶张量显示	成本低，分辨率不损失	算法复杂，运算量大，亮度有损失

体三维显示技术，主要通过空间中在不同深度平面显示不同图像来实现。如图 6-3 所示，屏幕沿着 Z 轴方向快速往返运动，当屏幕移动到不同位置时，投影仪投射出不同的图像；当屏幕移动足够快时，由于人眼的视觉暂留特性，从而在眼前显示出三维立体图像。

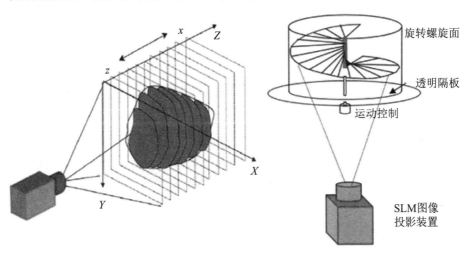

图 6-3　平移式/旋转式三维显示原理

多视投影阵列三维显示技术，通过多个投影仪组成的阵列，在空间中一定角度范围内，不同方向投射不同图像。相比于体三维显示技术，多视投影三维显示技术保留了裸眼、多视等优点，并且显示屏幕更接近传统的平面显示器，符合人眼观看显示器的习惯。多视投影三维显示技术，去掉了系统中机械运动部件和螺旋显示屏幕，可以显示复杂纹理和彩色三维内容。明显的缺点是成本高昂、占用空间大。美国南加州大学 Graphic Lab 实验室，于 2016 年提出了与真人 1∶1 的多视投影光场显示系统，并实现了实时对话，该系统包括 216 个投影仪、6 台 PC 主机。

随着技术的发展，光场的角分辨率和视点分辨率不断提高，光场的显示效果也将不断逼近全息显示。全息显示是终极的光场显示效果，但目前动态彩色大尺度的全息显示技术尚不成熟，有待于材料学、微机电、光学等多学科的共同进步。

当前的 VR/AR 设备，虽然可以产生双目视差和移动视差，从而产生一定的沉浸感，但是展示的"远处"和"近处"都是从离人眼相同距离的屏幕上发出的光线，人眼始终聚焦在固定的虚拟屏幕上，无法自适应多重聚焦，人眼的睫状肌无法产生不同的曲张状态，这与真实世界的"远""近"所产生的睫状肌反应是冲突的。双目视差和聚焦模糊所呈现的远近距离的差异，导致大脑产生深度感知冲突，因此长时间佩戴 VR/AR 设备易引起视觉疲劳和眩晕。

光场作为未来呈像技术，受到越来越多的关注。光场显示屏生成的图像能够准确表达我们对现实世界的感官认知，支持人类视觉系统的渐变及调节聚焦机能。目前最大的挑战是将光场显示屏小型化，使其能够与 AR 眼镜相匹配，兼具宽视场角等实用特性。

Magic Leap 公司成立于 2011 年，一直低调工作，在 2017 年 12 月终于揭开了第一款黑科技产品的面纱，命名为 Magic Leap One Creator Edition，主要针对消费者市场，应用场景包括购物、娱乐、效率三类。Magic Leap One 包含三部分：AR 眼镜 Lightwear，手柄与处理器 Lightpack。Magic Leap One 将视网膜作为数字光场信号的投射屏幕，Lightwear 和 Lightpack 则为继续开发环境识别、背景感知的人工智能 AI 技术提供平台。总的来说，它实现的是一个数字光场、传感和仿生系统的完整组合。

由于 Magic Leap One 是向视网膜直接投射整个四维光场，所以理论上人们通过 Magic Leap One 看到的虚拟物体与真实物体相比并没有信息损失。可以简单理解为，用户使用 Magic Leap One 设备，是无法区分虚拟物体和现实物体的。Magic Leap 公司曾经承诺其产品在社会影响力方面将与电视、电话相媲美。大胆的承诺，让 Magic Leap One 成为引发人们强烈兴趣的话题，也成为怀疑者的批评目标。

遗憾的是，Magic Leap 发售的第一款增强现实头戴式设备——Magic Leap One 发售 6 个月仅售出 6000 套，这家初创公司的一些高层管理者宣布离职，随后又解雇了数十名员工。Magic Leap 也进行了一场"自救运动"，在消费端产品销售无力的情况下开始面向企业。2020 年 5 月末，Rony Abovitz 宣布将卸任 CEO 一职，前微软资深技术执行官兼业务开发执行副总裁 Peggy Johnson 前来执掌公司，Magic Leap 开始向企业合作 B 端 MR 软硬件过渡。

从谷歌的 Starline 到 Magic Leap One，我们多次看到了未来型技术的身影。影响消费者决策的因素很多，广告、性能、价格、性价比等，仅仅依靠酷炫的技术概念来形成强大的产品魅力，难以吸引大量的消费者。产品体验仍然是核心因素，普通消费者真正需要的还是体验优秀、价格适中、功能定位明确的产品。乔布斯的产品观念经常被作为教材学习，苹果公司的 AR 产品更是值得消费者期待。

三、开创未来的人工智能

人工智能（Artificial Intelligence，AI），研究、开发用于模拟、延伸和扩展人的智能的理论、方法、技术，包含应用系统的一门新的技术科学，研究目标是让机器模拟人的视、听、触、感觉及思维方式。

著名科学家图灵于 1936 年提出，只要是通过算法能解决的问题，就难不倒计算机。他的理论模型后来被称为"图灵机器"（Turing Machine）。1941 年，德国工程师克兰德·楚泽（Konrad Zuse）创造了世界上第一台可编程的全自动电子计算机 Z3，并使用 1 和 0 的二进制代码，可惜这个宝贵发明毁于 1943 年的空袭。随着数字技术在美国的迅速发展，1946 年，世界上第二台现代电子计算机 ENIAC 面世，主要用于计算炮弹轨迹，性能可靠。随着计算机性能的显著提高，人工智能 AI 概念的提出为达特茅斯大学的首次面世奠定了基础。

1956 年的达特茅斯学院会议，为人工智能带来了难以估量的发展动力。在这次会上，众多致力于 AI 的科技才俊涌现出来，他们会后回到各个大学开设了人工智能学院。这些人也会经常吹嘘 AI 的能力，承诺计算机很快就能翻译文本，为顾客提供咨询服务并负责大规模的管理工作，还能建造出智能机器人和计算机驱动的汽车；人们可以向计算机提出任何问题，而计算机会像科幻小说中描述的那样，快速地给出正确答案。大笔的投资也随之而来，欧洲和日本闻风而动，这和 2016 VR 元年的爆发情形极其类似。

1961 年，Unimate 机器人已经开始在通用汽车装配线上工作。不久之后，第一个能够用传感器探索周围环境的机器人 Shakey，开始在斯坦福研究所的实验室里移动。1966 年，约瑟夫·韦森鲍姆（Joseph Weizenbaum）造出了第一个具有处理自然语言能力的聊天机器人，原型是 ELIZA，它以模仿心理学家、扮演医生而成名。4 年后的 1970 年，MYCIN 系统开始帮助医生诊断某些血液疾病并推荐治疗方法。1971 年，第一辆自动驾驶汽车在斯坦福问世。但是，所有这些成果都与人们的预期相差甚远。人工智能专家们大大低估了思维和语言的复杂性。在百科全书都还没有被数字化的年代，供给智能计算机的数据非常匮乏，由于受计算速度与存储能力制约，科学家们宏伟蓝图的实现受到了限制。

历史发展惊人的相似，人工智能 AI 和虚拟现实 VR 都在爆发之后进入冰冻期。各国政府关于人工智能的研究项目大幅被削减，计算机行业转向具有实际应用价值的硬件和软件方向，人工智能的研究人员不仅失去了资源，也失去了他们作为信息技术英雄的光环。在这之后，业界使用的术语都变得非常谦虚，例如"基于规则的专家系统""机器学习"等。

计算机虽然没有一夜之间变成超级聪明的聊天伙伴，却变成了完成专业任务的得力助手。专家系统从案例数据等信息中得到了越来越智慧的转化。为此，研究人员按照程序化原则建立了规则，"如果—那么关系"（if-then relationships）。专家系统也逐渐拓展到更复杂的领域，如内科医学、化学分子结构分析、地质岩石地层分析等。

1997 年，人工智能在全球观众面前登上了舞台，IBM 的"深蓝"计算机击败了国际象棋世界冠军加里·卡斯帕罗夫（Garry Kasparov）。尽管从狭义的角度来说，深蓝根本不是一个人工智能系统，而只是一台速度极快，能够每秒评估 2 亿个棋位的计算机，但它完全不能从自己的错误中学习，只是依靠蛮力算法获得了胜利。尽管人工智能在小范围内有了一些进展，但它的寒冬仍然比许多研究人员所能想象的长得多。

直到互联网信息革命到来，人工智能终于见到曙光。1990年，世界上出现了第一个浏览器"万维网"，每个人都可以用它来访问互联网。随之创造了一个让人们难以想象的丰富数据空间，而这些数据正好供给计算机进行处理。摩尔定律让计算速度每两年增加一倍，存储介质价格越来越低。云计算让计算机的计算和存储能力像电力一样遍及全球。建立在网络服务器上的数据处理，也使得平板电脑或智能手机等小型消费终端可以运行复杂的AI应用程序，从而大大加快了人工智能的进程。

2008年以来，大数据技术的发展和应用突飞猛进，为人工智能发展创造了机会。如果说大数据是水，人工智能就是鱼。很自然，当水多时，就能养出更大更多的鱼。

2016年谷歌研发的阿尔法狗（AlphaGo）问世，掀起了人工智能的高潮，也震惊了世界。具有思维能力、学习能力的阿尔法狗，战胜了人类的围棋世界冠军，人工智能超过了人类，给人类带来了威胁，各种声音此起彼伏。总之，人工智能得到了人们的重视和大力发展。特别是最近几年，各类人工智能设备充斥在各个领域，得到广泛应用。家庭生活的清洁、助老、陪护、伴读等，交通行业的汽车、火车自动驾驶，无人机等，医疗行业的手术机器人、医疗诊断专家系统等，各种应用场景下功能各异的机器人，如水下机器人、航天机器人，搬运、装配、生产、特殊岗位管理等，抗击新冠病毒出现的智能测温、疫苗注射等，2022年北京冬奥会为运动员送餐、服务、保洁、煮饭、比赛的裁判、记录等都使用了大量机器人。机器人作为人工智能的代表，已经广泛深入人类生活和工作之中，未来它将会带给我们更多的便捷，也会为元宇宙的创新发展起到重要作用。

关于人工智能相关的问题讨论如下：

1. 博兰尼悖论

经典编程的思路在于把程序员的知识转移到计算机中，其面临的困境是人类的一大部分知识是隐性的，在没有理论和规则的情况下，无法把知识传递给计算机。人工智能与此不同的是，它只是设立目标，然后让计算机通过信息反馈和训练，逐渐接近最终目标，所以在某些场合，机器学习

的概念更加贴切。

直觉是经验知识的代名词。围棋的变化的可能性比宇宙中的原子还要多，即使是最快的超级计算机，也不可能预先计算所有可能性，所以下围棋需要结合逻辑和直觉。围棋高手下棋，依靠棋感和对棋势的把握。棋手在特定情况下能感觉到正确的一步棋，因为他们会下意识地察觉到曾经在历史棋局中见过的模式。计算机没有感觉，但可以把围棋盘上的黑白子变为一个图片，通过图形的匹配、识别和数百万次的对战经验积累，即把过去完全是用规则的编程方式转变为图像识别。谷歌专家研发的阿尔法狗（AlphaGo）就是用这种方式积累经验值（数据），找到相应策略。2016年的阿尔法狗（AlphaGo）就是把计算和图形识别同时进行的，它是具有1202个CPU、176个GPU（图形处理器）的庞大系统，快速走子（棋）和形势判断两个系统同时运行，它能够战胜人类的围棋冠军也就不足为奇了。在比赛中，AlphaGo的棋路看起来特别具有创造性，而这实际上是由模式识别、统计和随机函数生成器巧妙结合产生的结果。AlphaGo的胜利表明：直觉和创造力不再仅为人类所独有。未来，人工智能可能拥有更多的经验而无法向人类解释。

2. 人工神经网络 ANN

人脑是由进化产生的最复杂的结构，由大约860亿个被称为神经元的神经细胞组成，平均每个神经元与其他神经元之间的连接超过1000个，这些连接被称为突触。神经元和突触共同形成了一个复杂程度令人难以想象的网络。这个网络不仅可以存储信息，还可以使用电脉冲和生化信使来检索信息。神经元只在特定时间段内，达到一定阈值时才将信息即电脉冲传递给下一个细胞，否则神经元就会断开连接。这与计算机的二进制数字信息处理方法非常相似。人脑通过联想、连接来学习字面意义。连接被激活得越频繁，大脑就越能巩固所学的知识。而当大脑接收到连接有误的信息时，它也会进行自我修正。通过将许多不同的连接串联在一起，抽象的概念就逐渐在大脑中形成。

学习可以让大脑变得更聪明，现在也同样适用于人工智能，即使用数学和统计学来模拟大脑的联想学习过程，也就是把口语、图像、写作和许多附加信息联系起来的过程。对于机器学习来说，最重要的辅助工具是人工神经网络 ANN。

近年来，由于新的并行处理器 GPU（图形处理单元）的出现，人工智能得到了迅速的发展。GPU 实际上是为三维游戏图形加速而开发的，被调整后用于机器学习或者"深度学习"（Deep learning）。人工神经网络和深度学习过程并不是复制人脑的神经通路，而更像是统计的过程，计算机系统通过用层层分布的节点来模拟神经细胞。上层节点与下层节点的子集相连，这样的分层方式形成了一个高度层级化的网络。如果一个节点被激活到一定程度，它就会将信号发送到与其相连的其他节点。就像大脑中的神经元一样，如果它在特定时间内所接收的信号的总和低于给定的阈值，它就会中断连接。如果有足够多的信号到达，它们就会向前传递。当前，人工智能采用的大多数新应用，都是以深度学习为基础来实施的。

3. 反馈学习

反馈是自动控制论的技术核心，反馈回路在人工智能领域的价值无可比拟。人工智能和传统 IT 系统的本质区别，是人工智能能够独立改进自己的算法并对结果进行评级，自动校正功能内置在 AI 系统中。对于人工智能来说，越多人向机器提供反馈数据，系统就会变得愈加智能。

像人类的孩子一样，人工神经网络通过反馈进行学习。计算机首先必须测试，以判断它是否能正确地应用特征集。例如，它识别出了一匹以前从未见过的马，它就会得到一个积极的响应，研究人员不再对其进行校准；如果它认为狗是马，那么它就需要进行一些算法上的微调，这个过程会不断迭代，在每次迭代中，系统都能提高其在大数据集中识别方面的能力，这就是机器学习的过程和目标。计算机系统通过对个例的学习，最终归纳出结论。通过算法能找到的问题答案越多，计算机就越有可能在下一轮中准确地完成任务。

在未来人工智能时代，所有反馈数据的价值，都可以与工业时期大规模生产的规模经济、网络经济相媲美。网络经济每增加一个用户，就等于让所有网络用户增加了交流沟通机会，也让开发者增加了完善产品的动力。而反馈数据，则让人工智能变得更加智慧，反馈数据是智能技术学习过程的核心。在未来，数字反馈将使自动驾驶系统、自动翻译和图像识别等的商业应用更加成熟和普及。

中国拥有广浩的数据资源，就像中东的石油储备一样丰富，因为中国拥有开发、使用、数据挖掘、数据分析的产业链，为人工智能发展提供了有力支撑。同时，中国培养了众多的专业人才，和一大批愿意使用自动化设备的用户，包括移动支付、社交、网购、远程学习、网络娱乐等；每天产生大量的数据，特别是由移动消费设备收集到的数据，对于人工智能系统尤其宝贵。从经济发展角度来看，中国将有希望通过人工智能实现经济增长，带领亿万人摆脱贫困，加速成为经济强国。

4. 强/弱人工智能

如果机器的思考和推理与人的思维完全一样，那就是强人工智能。进化可以使大脑具有多功能和低能耗的特性，是人工智能至今无法复制的优点。而如果机器只是部分拥有人的思维、推理、情感、行动能力，就是弱人工智能。目前流行的智能家居、智能汽车、无人机、智能手机，都属于弱人工智能的体现。基于现今数据分析能力和运算能力，人们在设计中尽可能让软件算法完成工作看起来就像人工一样，但还不能完全像人一样思考。

经过几十年的技术积累，艾伦·图灵和AI先驱们的梦想终于成为现实。智能机器能够识别图片和人，回答复杂的问题，将文本翻译成需要的语言，甚至能够自己编写创造性的文本，为水陆空各种交通工具导航，预测股价涨落，为病人做出准确的诊断。人工智能嵌入工业系统，不仅能实现自动驾驶汽车和无人机，而且能使工厂、农业设备及救援和护理设备智能化。智能机器完全不必模仿人类去完成任务，它们通常具有自主搜索数学解析路径、改进已有算法，甚至独立开发算法的能力，有时机器比人类做得更好、更快，也更便宜。在解决问题方面，如果机器比人类更优越，智能机器系统的普及速度就会更快。

仓储机器人Kiva，已经在亚马逊物流中心可靠地工作了数年。Kiva是一台能提起重物的智能手推车，它们能把重达3000磅的货品大箱子自动运送到包装站，人类员工只对货品进行包装。物流中心的中央计算机，根据订单不停地计算最佳路线,以指挥各个运输机器人完成搬运工作。在 Kiva 的帮助下,亚马逊工作人员每小时可以完成以前两到三倍数量的包裹处理任务,以至于亚马逊在 2012 年以 7.75 亿美元的价格收购了这款机器人的制造商。

在澳大利亚和智利的采矿作业中,英国矿业集团力拓(Rio Tinto)使用着由日本制造商小松(Komatsu)和美国制造商卡特彼勒(Caterpillar)合力生产的自动驾驶装卸车。这一装卸车发挥着与 Kiva 类似的搬运功能,只是它的体积像房子那么大,会自动开到挖掘机前,等待自身装载完毕,然后把原料送到碎石机,这样的运输方式比人类驾驶员开车运输成本低 15%。

智能音响小爱同学、小度、Alexa 等,作为语音控制的虚拟助理,被互联网巨头所青睐;人工智能的初创公司被收购,组建了由庞大的数据科学家和机器学习专家组成的团队,微软和亚马逊还组成了联盟,让虚拟助手为用户服务。今天,无论是苹果 Siri,还是宇宙飞船上的问答系统,都是人机交流的普遍应用环境。相比于人类合作,人机合作有时更高效。越来越多的人开始在比较复杂的决策上听取计算机的建议。比如遇到严重堵车时,人们更愿意听到导航系统给出明确的指导意见。

5. 数据垄断

大数据并不是一个充斥着算法和机器的冰冷世界。相反,大数据是我们这个时代的宝贵财富。伴随网络信息革命,数字平台的用户越多,平台提供的服务就会升级越快,体验也会越好,良性循环的结果是平台收集的用户数据信息更多更全。因此,互联网巨头对数据市场形成了垄断和霸权,苹果、亚马逊、谷歌和脸书已经形成了绝对数据优势,特斯拉汽车的行驶总里程让其自动驾驶系统获得的反馈数据无法被竞争对手超越。亚马逊是欧美规模最大的在线销售商,它可以根据获得的用户大数据,实现用户消费倾向判断,精确推断出应该在什么时间,以何种优惠价格向特定用户推送特定产品。亚马逊的虚拟助手 Alexa,能客观、有效地为客户推荐产品,形成新的市场垄断。显然,政府必须应对这个新局面,打破数据垄断,让生态更加丰富,竞争更加公平。

移动互联网、云计算和大数据促成第三次浪潮来临，中国具备了建设人工智能超级大国需要具备的必要条件：丰富的大数据，执着的企业家，优秀的科学家，有利的政策环境。中国这个天然的人口大国，在数据资源上创造了世界上最丰富的数据生态环境。市场上，我国拥有以人工智能搜索和社交应用为代表的腾讯、百度系统软件及平台，以人工智能电商应用为代表的阿里巴巴、京东，有以人工智能芯片研发为产业的华为、寒武纪，还有科大讯飞、商汤等应用开发科技公司，已经把人工智能技术运用在诸多商业领域。中国凭借政策的大力扶持和领域专家的涌现，将逐渐成为人工智能领域的佼佼者。

四、开创未来的 AI 分支

几乎所有的动物都起源于 5.4 亿年前的寒武纪，第一个进化出眼睛的物种，就会在优胜劣汰的自然选择中处于竞争优势。计算机视觉对于人工智能的感知，如同眼睛对于物种进化一样重要。计算机视觉 CV（Computer Vision），就是虚幻空间的缔造者。计算机观察和理解生活中的三维世界，打开手机进行人脸解锁，智能物流让我们尽享便捷高效，对司机的情绪辨认让驾驶更加安全……随处可见计算机视觉技术的应用带来的便利。工业机器人、工件识别与定位、3D 成像技术、产品虚拟设计、智能制造、自动驾驶、SLAM、无人机、3D 重建、人脸识别，等等，都涉及 3D 视觉相关内容，堪称赋能产业创新的最大推动力。

让计算机智能地感知和探索外部环境，一直是个热点课题。2D 视觉技术，借助强大的计算机视觉和深度学习算法，已经取得了超越人类认知的成就。3D 视觉，是计算机视觉与计算机图形学高度交叉的一个重要研究方向。三维传感技术的飞速发展和三维几何数据的爆炸式增长，3D 视觉研究，突破了传统的二维图像空间，实现了三维空间的分析、理解和交互。3D 视觉则因为涉及图形建模和环境依赖算法等问题，一直处于正在研究的前沿。

2D 彩色图像是由三种不同颜色灰度图像组合而成的，一个为红色分量（R），一个为绿色分量（G），一个为蓝色分量（B）。

三维图像在二维彩色图像基础上多了一个维度，即深度（Depth，D），可用一个很直观的公式表示为

三维图像 = RGB 3 通道彩色图像 + 深度图（Depth Map）

RGB-D 是广泛使用的 3D 格式，图像的每个像素都有四个属性，即红（R）、绿（G）、蓝（B）和深度（D）。在 2D 图像中，我们可以通过（x, y）坐标定位任何像素，分别获得三种颜色属性（R，G，B）。而在 RGB-D 图像中，每个（x, y）坐标将对应于四个属性（D，R，G，B）。

三维信息才真正能够反映物体和环境的状态，也更接近人类的感知模式。我们在做 3D 视觉的时候，处理的主要是点云。点云就是一些点的集合，相对于图像，点云有其不可替代的优势，三维点云直接提供了三维空间的数据，而图像则需要通过透视几何来反推三维数据。点云是某个坐标系下点的数据集，点包含了丰富的信息，包括三维坐标、颜色、分类值、强度值、时间等。点云在组成特点上，分为有序点云和无序点云。

点云不能通过普通相机拍摄得到，一般需要通过三维成像传感器获得，比如双目相机、三维扫描仪、RGB-D 相机等。可通过扫描 RGB-D 图像，以及扫描相机的内在参数创建点云，方法是通过相机校准，使用相机内在参数计算真实世界的点（x, y）。因此，RGB-D 图像是网格对齐的图像，而点云则是更稀疏的结构。此外，获得点云的较好方法还包括激光探测与测量，主要通过星载、机载和地面三种方式获取。根据激光测量原理得到的点云，包括三维坐标和激光反射强度，强度信息与目标的表面材质、粗糙度、入射角方向以及仪器的发射能量、激光波长有关。结合激光测量和摄影测量原理得到的点云，包括三维坐标（XYZ）、激光反射强度（Intensity）和颜色信息（RGB）。点云的属性包括空间分辨率、点位精度、表面法向量等。

三维点云比图像多了一个维度，即深度；点云是不规则分布的，相对于图像式的规整网格更难处理；点云缺少了图像中的纹理，是一个个孤立的点，会丢失很多信息。除此以外，点云是分布在空间中（XYZ 点）的非结构化数据（无网格）。在图像中，像素的数量是一个给定的常数，取决于相机，而点云的数量可能会有很大的变化，取决于各种传感器；点云的分辨率和其与相机之间的距离有关。

SLAM 技术，称作即时定位与地图创建（Simultaneous Localization and Mapping），视觉 SLAM 就是用摄像头来完成环境的感知，主要分为三大类：单目、双目（或多目）、RGB-D。

单目仅用一支摄像头就能完成 SLAM。最大的优点是传感器简单且成本低廉，缺点是不能确切地得到深度，需要借助 GPU 和 IMU（Inertial Measurement Unit，惯性测量器件）确定物体的大小，依靠运动中的三角测量来求解相机运动，并估计出像素的空间位置。

双目 SLAM 消除了单目的很多麻烦。双目视觉和人眼类似，通过左右眼图像的差异来计算距离——也就是所谓的立体视觉（Stereo），但双目 SLAM 的计算量非常大，而且深度值也受双目的基线与分辨率限制。

RGB-D SLAM 的传感器是深度摄像头，能直接记录深度信息。深度摄像头通过把光投射到物体表面，再测量反射的信息来计算距离，主要方式包括结构光或时差法（Time-of-Flight）。相比传统相机，它能够提供更丰富的信息，不必费时费力计算深度。

随着人工智能的分支领域——计算机视觉 CV 的崛起，机器人和自动驾驶的梦想都建立在计算机视觉 SLAM 之上，定位和姿态确定方面有四个基础技术，即定位技术、跟踪技术、路径规划技术（Path Planning）和控制技术（Controlling）。在前三个课题中，SLAM 都扮演了最核心的功能。

自动驾驶感知技术所采用的传感器主要包括摄像头、激光雷达和毫米波雷达。这些传感器各有优点、互为补充。摄像头产生的数据是 2D 图像，对于物体的形状和类别的感知精度较高。当前深度学习技术应用很多，该技术起源于计算机视觉任务，很多成功的算法也是基于对图像数据的处理，因此目前基于图像的感知技术已经相对成熟。图形数据处理的缺点，在于受外界光照条件影响较大，很难适用于所有的天气条件。对于单目系统来说，获取场景和物体的深度（距离）信息也比较困难。双目系统可以解决深度信息获取的问题，但是计算量很大。激光雷达在一定程度上弥补了摄像头的缺点，可以精确感知物体的距离，但是成本较高，量产比较困难。激光雷达生成的 3D 点云比较稀疏（比如垂直扫描线只有 64 或 128）。对于远距离物体或者小物体来说，反射点的数量会非常少。图像数据和点云在包括视角、图像数据、空间分辨率等方面，存在着巨大的差别，需要转换到统一坐标系后再进行合并判断。自动驾驶系统就是采用上述技术来获取数据，经过判断和综合决策之后，智能系统精确地控制汽车油门、刹车和转向，让汽车安全行驶。

人工智能技术与虚拟现实技术的结合，是推动 XR 技术创新的重要动力。XR 用户体验的优化，归功于计算机视觉 CV 技术的引入，计算机视觉技术让 3D 定位的准确性上升、成本下降，功能强大的轻便设备让 XR 进军零售产业成为现实。根据 IDC 数据，2020 年中国 XR 市场占全球市场份额 38.3%，支出规模排名世界第一。总之，XR 将成为中国最有发展潜力的领域之一。

五、开创未来的非典型产品

2012 年 2 月 1 日，微软正式发布 Kinect for Windows。Kinect 有三个镜头，中间的镜头是 RGB 彩色摄影机，左右两边镜头则分别为红外线发射器和红外线 3D 结构光深度感应器。Kinect 还搭配了追焦技术，底座马达会随着对焦物体移动而跟着转动。Kinect 也内建阵列式麦克风，由多组麦克风同时处理，经过比对处理后消除杂音。用户不需要手持或踩踏控制器，它能自动捕捉使用者全身上下的动作，使用语音指令来操作系统界面，具备即时动态捕捉、影像辨识、麦克风输入、语音辨识、社群互动等功能。使用者之间还可以通过互联网分享图片和信息，进行互动。

Kinect for Windows 软件开发工具包 SDK，包括先进的最多二十个点可被骨骼跟踪、微软语音组件等，能够利用多个传感器与计算机，帮助开发者探索体感设备。曾经作为微软历史上最复杂的产品，Kinect 在研发与生产过程中，经受了声、光、电和机械学等方面的极大挑战。从技术层面看，Kinect 的主要零部件有近百个，拆分成最小单元后多达近千个，其复杂程度不亚于雷达，充分体现了微软的技术整合力。

微软通过 Kinect 开创了大众虚实互动的时代，带来了一种新的游戏操控体验，由之引发了让机器"读懂人"的交互方式。Kinect 创新的人机交互方式，迅速被引入各个领域，在零售商店、公共场所、数字标牌信息亭等进行远程互动，充分利用语音和手势功能进行远程诊疗，利用 Kinect 的人体跟踪功能开发员工学习模块或体育健身应用,还能对数据进行可视化和操纵,等等。

Kinect 使我们能够在虚拟世界中,构建另外一个惟妙惟肖的自己,不但让我们获得物美价廉的 3D 扫描功能,也让我们在利用面部追踪技术时,能够通过 Kinect 的面部识别系统,以自身为原型建立 3D 版卡通人物。更重要的是,这个卡通人物还能还原使用者的动作和面部表情,使用者的一颦一笑都会被卡通人物真实再现。配合 Kinect 互动技术,魔镜中会呈现意想不到的全新世界,完全展现出另一个自我。Kinect 还让产品个性化、定制化成为现实,推动了以 3D 打印为代表的定制化生产时代出现。

作为微软第一代体感外设,Kinect 不但让机器对人、物和环境开始有了初步认知与理解,而且还能与人沟通,了解人类的语言,让 Xbox 可以听懂简单的语言指令,包括"开机""关机""搜索哈利·波特"。微软设计的 Cortana,将云计算融合在一起,让 Cortana 的能力远远超过了 Kinect。在语音识别技术方面,Kinect 在 Cortana 的配合下,其词汇量从开始的一百个左右,扩展到四万五千个。

令人遗憾的是,Kinect 作为微软的独角大戏,其产品定位是游戏外设和娱乐产品,尽管在 2010 年 11 月上市后,其销量突破 1000 万台,但是 Kinect 具备的语音识别和手势控制功能在实际操作中的表现差强人意,更由于 Kinect 专属的体感游戏水平参差不齐,让使用者和软件开发者很快失去了兴趣,让那些冲着 Kinect 游戏而来的消费者最终失望。

虽然 Kinect 项目被微软终止,但从 Kinect "吸收"来的认知和理解能力,延伸到了 Windows 10、HoloLens 及其他微软后续产品之中。现在笔记本电脑里的 Windows Hello 摄像头,在身份识别时就用到了 Kinect 的人脸识别技术,在企业级安全管理方面,其识别精准度非常高。Kinect 体感器以每秒 30 帧的速度捕获 20 个关节点的数据,HoloLens 将捕获速度提升到了每秒 60 帧,同时将同步识别眼球、动作和声音等信息,再把这些信息进行叠加,形成综合感知判断。

吸取了 Kinect 的教训,微软出现了令人难以置信的变化。Kinect 原来只是微软独家完成,而 HoloLens 则是更多的合作伙伴可以做不同配置,扩展到从手机、PC、电视机、Holigraph 全息计算等设备上。微软表达了清晰的新硬件思想——要想产品获得成功，一定需要非常深厚的合作伙伴关系。微软选择志同道合的合作伙伴，一起来做联合的研发和工程创新，这就是硬件工程的联合创新。

六、未来建筑师还是毁灭者

人工智能不但能够在围棋对抗中击败职业棋手，比扑克职业玩家更会虚张声势，而且它还能为医生提供诊断建议，为基金公司提供投资策略。一旦人工智能能够通过数据分析来矫正和升级自己的算法，那么这个发展趋势就会无可阻挡。

如图6-4所示，在人工智能的计算智能方面，随着GPU、TPU等智能处理芯片、大规模云计算技术快速发展，机器具备了显著超越人类的运算和存储能力。在人工智能的感知智能方面，以语音识别、语音合成、图像和文字识别等任务为代表的人工智能技术突飞猛进，在移动互联网积累的海量数据训练支撑下，机器具备了能听会说、能看会认的能力，达到了和人类相媲美的水平，甚至逐步地超越人类。而在人工智能的认知智能方面，不同应用场景下机器能理解、会思考的认知能力目前尚有较大差异，例如在影像与病理诊断方面，信息充分与规则明确的司法裁决等场景，认知智能已经达到较高实用水平，但在深层逻辑推理、灵感创意等方面与人类还有很大差距。

图6-4 人工智能与人类智力比较

关于人工智能的讨论依旧存在。比如，没有意识的思考是否存在？机器是否很快就会比人类更聪明？机器是否会聪明到自行迭代，变得越来智能，甚至发展出自我意识及喜好？如果是这样，我们是否必须授予有自主思维的机器以人权？或者人类和机器是否会融合，形成超级人类，将人类进化提升到下一个阶段？

以色列历史学家尤瓦尔·赫拉利的著作《未来简史》，选择了从数据主义的角度来阐述观点。生命本身就是一种自然进化的算法，人类的本能、感觉就是生化算法在起作用。但在未来，感觉也不再是最好的算法，人类会开发出更优秀的算法，拥有前所未有的运算能力和巨大数据库。人类的经济机制也是一种算法，就是要收集关于欲望和能力的数据，再转化为决策。不同的经济体制，其实就是不同的算法。计划经济采用的是集中式处理方式，而市场经济采用的是分布式处理方式。

人文主义的核心是"以人为本"，把"人"放在第一位，就是人类的体验为宇宙赋予了意义。数据主义认为宇宙由数据组成，以信息自由为最高的善，将生命体验视同为数据模式，这种生物算法的说法严重侵犯了"人"的神圣和尊严。7万年前，基因突变改变了智人大脑内部连接方式，出现了抽象思维，产生了认知革命，智人以前所未有的方式来思考和沟通。他们不但掌握了语言，学会了讲故事，提升了心智，能够构建"想象的秩序"，而且拥有了为想法与行为赋予意义的能力，广泛合作成为现实。当今的伟大成就，就是建立城市和帝国、发明文字和金钱，最后也能够分裂原子、登上月球，一跃成为地球的支配者。

人类社会就像一个数据处理系统，而每个人只是里面的一个芯片。人类社会的未来将会产生一个全新的，甚至效率更高的数据处理系统，那也许就是"元宇宙"。科学正逐渐聚合，可以理解为所有生物都是算法，而生命则是进行数据处理，智能带来了与意识的脱钩，无意识但具备高度智能的算法，导致出现更了解自己的"智能自身"。

回首过去，人类也许只会成为宇宙数据流里的一个小小涟漪。一旦人类发现，对网络也不再能提供重要功能时，就会觉得自己到头来也不是造物的巅峰。人文主义认为，应由人类来掌控这个世界，而数据主义则完全突破了这个界限，认为整个宇宙都是由数据信息构成的，任何现象或实体价值就在于对数据处理的贡献。人类会逐渐把工作和决策权交给机器的软件算法来完成，多数人将沦为"无用阶级"。由此一来，被技术发展抛弃的"无用群体"将会进入虚拟现实，寻求新的创造和体现新的价值。未来学家波斯特拉姆和库兹韦尔认为，2045年是机器人发展的时间奇点，元宇宙将成为人类获得幸福的虚幻乐园。

目前面对人工智能的发展，主要有三个学派：

（1）**数字乌托邦**。数字生命是宇宙自然进化而得，不必阻止和奴役，结果令人期待。

（2）**技术怀疑主义**。没有必要对人工智能过度担忧，超智奇点不会出现。

（3）**人工智能有益支持者**。技术赋予生命一种力量，既可能让它走向兴盛，也可能让其走向毁灭，人工智能的研究必须以安全和有益为前提进行，新技术应该掌握在正能量人的手中，为人类生活带来福祉。

对人工智能最务实的评论，出自脸书公司（Meta）创始人马克·扎克伯格。他以为，"我们目前担心人工智能的反叛，就如同两百年前担心坐飞机会失事一样。人们总是过度担心安全性，但我要说的是，无论如何你得先有一架飞机，然后再去考虑它的安全性"。从扎克伯格的话语中我们可以看出，人类对于人工智能的态度正在逐渐好转，而不像以前那样讳莫如深、含糊其词。人类已经正视并积极发展AI技术、不再对它过于畏惧、崇拜。近年来，人工智能技术的发展推动了各类产品的创新，今天我们在生活中已经享受到人工智能技术带给我们的方便和快捷。

机器人正在变成人类的合作伙伴，最原始的智能机器被隔离在铁栅栏里做焊接和锤击的工作。如果人类员工要接近机器，机器就必须停止工作，因为接近运作中的机器非常危险。这样的初级机器人时代，已经过去了。近几年，越来越多的机器不再需要被关在"笼子"里，它们变得更轻巧、更柔软。来自中德合资制造商Kuka的LBRiiiwa机器人，手臂重量仅53磅，但它可以把啤酒递到口渴的参观者手中。它会先洗净杯子，打开酒瓶，在杯子里倒上啤酒，甚至转动酒瓶来溶解酵母，然后用瓶子里的最后一点酒给玻璃杯戴上完美的泡沫王冠。它们能做出很多上述拟人的动作。

对于大数据的理解和计算，人工智能具备显著优势，往往成为人类的智慧伙伴，但是人的判断依旧起到重要的作用。自然语言处理（NLP），正是实现机器理解和思考中很关键的一项技术，也是认知智能技术的基础。

AI和人类形成一个协同工作组合,发挥最大效能。我们期待人工智能像电力一样普及,渗透在元宇宙的方方面面。

纽约风险投资家、作家和TED发言人阿尔伯特·温格(Albert Wenger)说:"创造知识的能力使我们人类独一无二。知识是通过一个独特的过程产生的,每个人都应该参与到这个过程中来。"数字革命是一个新的契机,赶上这个机会是幸运的,让我们在历史上第一次将这种人文主义理想付诸实践,通过智慧运用好人工智能,为人类造福。

人们恐惧不确定的事务是一种本能反应,人们常说机遇与挑战并存,让我们勇敢面对未来,迎接新技术发展带来的挑战。元宇宙已经描绘了美好的未来,让我们一起搭建一个新技术框架,共同参与建构一个虚实结合、平等互利的元宇宙空间,让元宇宙这个大平台更多地造福人类。

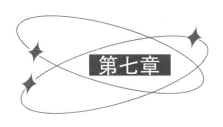

第七章

元宇宙与游戏引擎

修补生活的完美工具

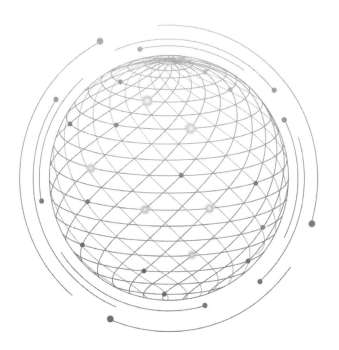

一、小砖块创造大传奇

2021年3月，Roblox在纽交所上市的招股说明书中写进了元宇宙这个概念，受到资本市场热捧，首日上市估值就超过380亿美元，一度被称为"元宇宙第一股"。Roblox总部位于加利福尼亚州，由David Baszucki和Erik Cassel共同创立，是一款大型多人在线游戏创建平台。Roblox平台包含三个部分：用户端Roblox Client；游戏开发工具包Roblox Studio；云服务Roblox Cloud。目前Roblox在全球有900万开发者，数亿活跃玩家中有一半是年龄9～12岁的儿童。Roblox致力于链接全世界的创作者，让富有创意与想象力的人在这里创建数字化身，参与各种各样的学习、社交和探险活动。Roblox公司打造了一个非常自由的基础平台，玩家们在其中赚钱或娱乐，形成自己的经济系统，与元宇宙（Metaverse）的概念非常相似。

Roblox的创始人Dave Baszucki第一次创业的主要产品，是一款可以进行物理实验的模拟软件。老师可以通过这个程序进行杠杆、坡道、滑轮和抛射运动等物理教学与授课；学生会用这个软件模拟各种有趣的物理现象，比如一辆车撞倒一栋房子，用铁球摧毁整个建筑群等，这是创始人在设计之初完全没有想到的。1998年Baszucki以2000万美元把这款产品卖给了工程软件开发公司MSC Software，然后拿着这笔钱投资了一家叫Friendster的网络社交公司，最后以失败而告终。Baszucki通过两次创业，积累了关于教育科技与社交网络开发运营的经验，促成了Roblox的诞生。

Roblox是robot（机器人）和block（砖块）的合成词，其产品目标是儿童教育，最初把简单的色块与几何图形拼凑在一起，实现物理知识具象化的互动，其测试版本叫"动力砖块"（DynaBlocks）。尽管画面简陋，但它已经有了最核心的两个功能，那就是创造与分享。Roblox成为一个公共学习社区，社区的讨论氛围极佳，作者与作者之间相互激励，一些技术讨论的帖子大家非常关注，通常一条帖子能收到几百条回复。这个平台体现了用户的真实反馈和聚拢效应，促使 Roblox 逐步进化、升级，创建了多人模式、爆炸特效、模型动作等功能，被应用到社区板块的改版中。

Roblox 变得更加易用且功能强大，非常适合零基础的用户快速上手创造游戏，尤其是对于认知还不够完全的幼儿。射击、动作、赛车、体育、RPG（角色扮演游戏），你能想到的游戏类型，它都能做到。关于 Roblox 的教学书籍，曾一度卖到脱销，其受追捧的热度可想而知。Roblox 也开启了商业化进程，引入游戏虚拟货币"Robux"，通过活动、任务、充值、交易等商业行为，可以在它的商店里购买组件和素材，也可以开通月付会员，获得许多额外服务。这极大地促进了它的社群活性以及快速扩张。到 2012 年，Roblox 的月活跃用户数已有 700 万，用户每个月在平台上花费的总时间超过 2100 万小时，成为当时最受欢迎的儿童娱乐平台之一。

2013 年，Roblox 彻底开放了平台，允许作者参与到平台收入分成中，通过出售作品、素材、建模，获得虚拟货币"Robux"，再兑换成现金。Roblox 提供了免费的创作工具和教学内容，成千上万的创作者不但可以根据自己兴趣、爱好和热情创作游戏，而且还可以获得收入。儿童们可以通过自己的劳动创造获得收益，这极大地激发了他们参与的兴趣。Roblox 还充分赋予创作者商业运行权限，创作者可以自己定价、设计商业模式，也可以与外部资源合作，甚至可以掏钱给游戏打广告、做营销等；如果有人资金充足，可以招聘人手并组建工作室，拥有独立的发展空间。这些应用完全把现实社会的商业活动呈现在 Roblox 构建的平台中，这就是元宇宙的雏形。

Roblox 通过与著名开源软件公司 Hashi 合作，推进基础架构的现代化，实现大规模的资源管理、高效调度、容器采用和开发人员速度，成功突破了管理瓶颈，终于在 2017 年实现了盈利。到了 2020 年，Roblox 获 1.5 亿美元融资，公司估值 40 亿美元。2020 年腾讯战略投资 Roblox，成为国内独家合作单位。

Roblox 进行全球化教育的扩展，开设暑期编程夏令营，为老师提供免费在线课程，拓展云服务以支持暴涨的用户，实现安卓、iOS、OculusVR、PC、Xbox 等平台的互联互通。Roblox 凭借少儿教育和游戏创作，进入全球200多个国家的47种语言区域，覆盖儿童、青少年、家长、老师等用户群体，还与玩具制造商合作，生产多种角色玩具，把用户创造的虚拟内容带进现实世界。

Roblox总结元宇宙的八个特点包括身份、朋友、沉浸感、低时延、多元化、随地、经济系统、文明。当用户拥有一个区别于现实世界的虚拟化身之后，就可以参与多人在线协同场景，身临其境地体验与现实世界完全不同的人生，沉浸感、多元化和低时延的平台消除了边界感。除此之外，一个安全的经济系统，确保人们可以在元宇宙里有保障地生活。在保证整个系统生态安全和稳定的情况下，Roblox让人们聚集到一起，共同创造数字文明。

二、突破偏见，改变世界

游戏玩家虽然已经遍布世界各地，游戏和现实似乎也正在逐步融合，但是几乎所有人包括游戏玩家都对游戏心存偏见。通常人们都认为游戏意味着浪费时间、自我封闭和丧失真正的生活，甚至有人担心游戏正在摧毁新生代的精神价值观，其实这很有可能是一种偏见，这种偏见部分源自固有的传统文化。游戏和毒品似乎具有了同样的威慑作用，整个社会都为之恐惧和担忧。人们很难看到关于游戏的正面报道，经常听到它的负面传闻，比如游戏使某些人生活萎靡、精神崩溃。实际上，游戏成为人类文明的基本组成部分，已经有好几千年历史，并将成为修补现实、塑造未来的强力手段。就让我们观古知今，先从历史中寻求破解偏见的答案，继而展望人类的未来发展态势。

人类第一部讲述游戏的历史书，是希罗多德（Herodotus）的《历史》，从他的记述可以追溯到3000多年前，最古老的计数游戏《宝石棋》。希罗多德在《历史》中写道：大约3000年前，阿提斯（Atys）在小亚细亚的吕底亚为王，有一年，全国范围出现了大饥荒，吕底亚人发明了一种奇怪的办法来解决饥渴问题。他们先用一整天来玩游戏，只是为了感觉不到对食物的渴求。接下来的一天，他们吃东西，克制玩游戏。依靠这一做法，他们一熬就是十八年，其间发明了骰子、抓子儿、球以及其他常见游戏。对吕底亚人而言，全天候地展开集体游戏，成为一种积极适应困难条件的行为。游戏让艰苦的生活变得可以承受，让饥饿的人在无力的环境下产生了力量感，让困苦的人在混乱的环境下生了秩序感，让人们能够忍受本来完全不足以为生、不适合居住的环境。

通过希罗多德的历史镜头我们可以看到，游戏可以是有目的的逃脱，可以是经过深思熟虑的主动逃离，更重要的一点在于，它也是极为有益的逃生。与古代吕底亚人一样，很多现代玩家已经在利用游戏的力量摆脱饥渴感，包括对更满意工作的饥渴、对强烈族群感的饥渴，以及对更有意义人生的饥渴。

人们总是想从道德角度打击游戏玩家，但其实他们只想玩玩游戏。他们希望探索、学习和改进，放松自己，欣赏自己努力取得的成果。一款设计出色的游戏，不需要任何说明，立刻就能让玩家得心应手。如果游戏的目标真正具有吸引力，其反馈又足以激励人心，人们会在相当长的时间里发挥创造力，满怀热情地接受游戏中设置的重重障碍，去完成不断的挑战。在此过程中，参与者能认真承担游戏角色的使命，直到发挥出自己所有的潜质，体验到自己的价值和成功的喜悦。其实，令我们真正害怕的不是游戏，而是游戏结束后现实与游戏存在的差异，在现实中我们失去了存在感。如果我们真的准备用游戏来修补现实，就必须克服这种恐惧，看清游戏是如何运作的。事实上，杰出的游戏心理学家布莱恩·萨顿-史密斯（Brian Sutton-Smith）说过："玩的对立面不是工作，而是抑郁。"

游戏让人如此沉迷亢奋的主要原因，在于游戏者进入到积极参与的集中状态时，突然之间，他们从生理上变得更愿意展开积极的思考，建立社会关系，塑造个体优势。我们主动把思维和身体调整到更快乐的状态。面对游戏压力，我们不会恐惧或悲观，而会充满信心、积极向上地进入紧张环境，会享受压力的刺激和激励的乐趣。游戏不但让我们个人全力投入，而且还乐于与别人携手合作。这种乐观的精神，比单纯的娱乐更能带动心情，这些都是与整体幸福和生活满意度相对应的积极情绪状态。

游戏的四大特征如下所述。

（1）目标：玩家努力达成的具体结果。

（2）规则：为玩家如何实现目标做出限制。

（3）反馈系统：告诉玩家距离实现目标还有多远，通过点数、级别、得分、进度条等形式来反映。

（4）自愿参与：要求所有玩游戏的人都了解并愿意接受目标、规则和反馈。

我们的现实生活和工作就跟游戏一样，也是一种反馈机制，设定目标、了解规则，进行反馈，积极参与。工作与游戏一样，也是自愿尝试，克服种种不必要的障碍。游戏对于现实的第一重修补，即主动挑战障碍。游戏激励人们主动挑战障碍，帮助人们更好地发挥个人强项。据统计，高层管理人员往往每天会花15分钟到1小时来玩游戏，游戏世界能够让他们完全活出自我，时刻保持专注和投入，能够为他们带来英勇无敌的力量感，以及完成极高难度任务后的成就感。

在实际工作和生活中，要获得如此体验是很困难的。毕竟我们经常会被迫去做一些不情愿的、重复的、枯燥无味的工作，或者完成一些没有挑战性的、无聊的、让人郁闷的任务。这些都不会给我们带来能力的提升和创造性成就。游戏恰恰能够提升人的幸福感，这种状态就是游戏设计师和心理学家所谓的"心流"（即在极限能力下，进行工作时所达到的投入状态）。一旦进入了心流状态，人们就想长久地停留在那里，强烈投入的状态甚至比获胜的满足感更令人愉悦。心理学家米哈里·希斯赞特米哈伊的研究表明，构成游戏基本结构的三大因素能够最有效、最可靠地产生"心流"，这三大因素是：自我选择的目标、挑战与障碍设置，以及持续不断的反馈。游戏成为最显而易见的心流来源，玩游戏是出类拔萃的心流体验。

游戏吸收了可能诱发心流体验的传统特性，即目标、障碍、越来越大的挑战以及自愿参与，又结合了直接的物理输入（操纵杆）、灵活的难度设置（计算机算法）、即时的视觉反馈（视频图形），并极大地强化了游戏的反馈循环。这种更快、更紧密的反馈循环，让它更准确地击中了情绪奖励"自豪感"。心流不会来得太容易，自豪是通过每一级难度挑战时唤起的瞬时情绪高潮，形成了更短的学习和奖励周期，对屏幕上的"微观世界"产生了完美而有力的控制感。日常生活中的学校、机关、工厂，不能带来"心流"体验，解决办法显而易见，就是根据游戏化的结构形式来改良现实中的工作，给人们带来更多的幸福体验。

幸福科学和游戏行业的情绪演进，这两大领域终于交织在了一起。依靠积极心理学家的研究，我们比从前更清楚什么样的体验能让我们真正幸福，也感谢游戏开发人员创造出了如此强大、如此灵活的系统，唤起了人们最渴望的紧张、乐观的投入感和情绪奖励。如果我们害怕失败、危险或者是外来压力，就会过量分泌神经化学物质，让人们愤怒、好斗或是逃避，还会触发回避行为，如暴饮暴食、抽烟、吸毒，等等。

追求幸福并非游戏行业的直接目标，仍有许多游戏开发人员在思考问题时，主要从娱乐角度入手，而不是幸福感和生活满意度。但随着积极心理学的兴起，游戏产业的创意人员越发关注游戏对情绪和心理的影响，越来越多地从积极心理学的研究成果中汲取经验教训，设计更好的游戏。游戏行业甚至成立了大量科学研究实验室，致力于对游戏情绪与神经生物学的研究。

2008年，著名未来学家、"未来研究所"游戏研发总监简·麦戈尼格尔（Jane McGonigal），在游戏开发者大会上发表了题为《破碎的现实需要游戏修补》的演讲，阐明应该利用游戏蕴藏的力量来弥补现实的不足。游戏不是小孩子的玩意儿，不是时间杀手，不是让人自闭、上瘾、丧失活力的精神毒品，而是解决现实问题、改善生活质量、创造美好未来的利器。游戏开发者需要在未来肩负历史的重任重塑现实，致力于开发出改变个人和社会的游戏，创造出有积极影响的游戏，适应社会现实的严肃游戏，等等。由此可见，游戏为人类谋求福祉的力量刚刚展现。

简·麦戈尼格尔在其著作《游戏改变世界》中指出，游戏可以弥补现实世界的不足和缺陷，游戏化可以让现实变得更美好。书中用大量事例告诉我们，游戏击中了人类幸福的核心，提供了令人愉悦的奖励、刺激性的挑战和宏大的胜利，这些都是现实世界十分匮乏的，可以借助游戏的力量，让生活变得像游戏一样精彩。

游戏让人们保持不懈的乐观态度，把精力放在自己擅长且享受的事情上，而现实总是令人沮丧，这就形成了一个鲜明对比：有人沉溺于游戏，并不完全是为了逃避现实生活，而是想让现实生活变得更有价值。2500年前，希罗多德看到吕底亚人早期玩游戏就是为了减轻痛苦，是一个带动大众的群体系统，是为人类传承发展更具环境适应性而设计。展望未来，元宇宙概念的诞生，将再次让游戏设计回到提高生活质量、医治苦难、创造幸福的道路上，亿万人在线使用的场景，是为了构建更美好的现实社会，再次发挥人类的进化潜能，接受更强的挑战而变得更有创造力。广泛的社交和联系促成了更加深入的交流与宽容，将为世界和平与发展做出应有的贡献。

三、游戏带给元宇宙的构建启迪

互联是信息的传递，是一种同心的协议和身份的变迁，也是一种协作的方式和自我的进化。游戏的关键词是协作、社群、目标和赋能。游戏化是一个价值观，也是一个方法论。

未来，人们必须找到享受人生的方法，不一定非得随时随地全力以赴地发挥自己潜能的极限。游戏如此，生活亦然。能够在心爱的游戏和完整而积极的人生之间实现平衡的人，也是更容易得到幸福的人。我们真正需要的是，类似游戏让人产生短暂的自豪感和幸福心流，提供一种更为持久的情感奖励。我们真正需要的是，不玩游戏的时候，我们仍能找到幸福。只有这样，才能在游戏和现实生活中实现恰当的平衡。面对失败，敢于面对，学会停留在无比乐观的状态中，保持乐观心态，应对现实生活的复杂变化。乐观与成功紧密相关，也与高质量生活紧密相关。为了人类的兴旺繁荣，我们需要这种乐观精神。

来自游戏艰苦之乐的启迪如下：

（1）高风险的工作，利用成功和惨败施以双重刺激。

（2）重复工作，单调但完全可以预测。

（3）脑力工作，调动我们的认知能力，能体会到奔涌而来的成就感。

（4）体力工作，让我们心跳加快、呼吸急促，享受精疲力竭。

（5）探索性工作，让我们感到自信、强大，激励我们积极进取，哺育好奇心。

（6）团队工作，强调协力合作为群体作出贡献。

（7）创造性工作，尤其为有意义的行动感到自豪。

游戏不但可以是我们无所事事时的消遣，更可以充当我们未来的向导。我们也许可以预见元宇宙如何减少工作压力，提高工作效率，改善传统教育，提高学习兴趣；也许将治愈新生代的抑郁、焦虑和注意力缺失，让人们在元宇宙找到自己青睐的位置。元宇宙提高了民主参与度，甚至可以解决全球的贫穷和气候变化等问题。游戏赋予我们快乐和创造力，赋予我们前所未有的行动力。

面对元宇宙的良性压力，我们不会恐惧和悲观。我们有目的地进入紧张环境，充满信心并积极向上。当我们主动选择艰苦的工作时，就会享受这种刺激和激励的乐趣。我们积极投入，与人合作，把事情做好，体验到最自豪的情绪在内心涌动。

基于来自游戏方面的启示，元宇宙在构建时需要考虑如下因素。

1. 满意与情绪奖励

满意的工作有两点很重要，一是明确的目标，二是实现这一目标的可操作性。人们要实现工作满意，首先是期望有具体的工作目标，做一件可以去做又能期待完成的事情。一旦明确了目标和特定的任务，人们就有了目的感，有了十足的动力。动机和合理的进度是满意工作的初始点，另外还需要尽可能直接、立刻、生动地看到自己努力的成果。可见的阶段成果、令人满意和欣慰，也证明了自己的能力和存在的意义。

2. 更有把握的成功

游戏经验表明，成功的希望比成功本身更刺激；在失败时，能够维持乐趣，实时反馈容易让人从失误中进行学习。只要失败有趣，人们就会继续尝试并保持最终成功的希望，胜利往往终结乐趣。因为积极的失败信息反馈，失败得越多越渴望做得更好，越有勇气和信心去挑战成功。元宇宙的建构将逐渐消除人们对于项目失败的恐惧，提高人们敢于失败、期望成功的自信。

3. 更强的社会联系

元宇宙建立了更强的社会纽带，创造了更活跃的社交网络。人们在社交网络互动的时间越多，越有可能产生一种积极的"亲社会情感"。情境

社交也会增进社交欲望,未来将努力扩展家庭及朋友圈,积极获得爱情和友情。

4. 更宏大的意义

元宇宙构建的宏大背景,是所有用户能共享资源,用户体验的规模变大,能唤起所有人的敬畏感和惊奇感。全球可以是一个大社群,参与者既获得共享资源,同时也提供创意和分享。可以设想越来越多的用户,不再只为了个人娱乐而投身元宇宙,而可以参与建设和贡献,体验其中的幸福感,找到了通过团结与奉献为人类文明发展作贡献的真正机会。

5. 全情投入

元宇宙不是为了逃避现实,而是为了现实更加充实。全情投入一件事,就意味着自我激励、自我导向、自我兴趣,完全积极主动、热情洋溢地参与到任务中。当然,我们希望全情投入不仅是在虚拟世界。在虚拟世界中可以享受更快的反馈机制,让人们及时感受到鼓励,催生动力,促使人们全力以赴去投入,从而形成一个良性循环;虚拟世界同样需要学习技能,取得的各项技能同样是自己获得成功的本领,同样是令自己开心、累积自豪感的元素。元宇宙将助力我们实现生活的升级,重新夺回主动权,去主动享受生活,分享各自的爱好和技艺,比如烹饪、阅读、音乐等,形成真正的虚实社交圈。

6. 创建社群

元宇宙创造了有意义的社会参与空间,鼓励与陌生人分享,消除了现代都市生活中人们的孤独感、隔离感,有助于我们团结起来,改变对世界和自身的看待方式。通过创建坚持到底、相互激励的事业社群,拥有积极的情绪,让幸福快乐成为一种习惯,能够像游戏似的持续。元宇宙在未来的生活中可以发挥重要的作用,改善真实生活的品质,支持大规模的社会合作,助力我们过上更加丰富多彩的生活,为人类面临迫切需要解决的问题提供了解决方案,人们将变成更具适应性的新人类。

四、游戏正在改变什么？

游戏一直是前沿技术最佳的"试验田"，将现实环境虚拟成游戏，在游戏中通过大量试错和纠错来迭代、优化解决方案。

在某些科研人员眼中，游戏是对现实的抽象和模仿，在限定的时间和资源内，训练出一个最优决策模型。正因如此，很多科学家基于游戏的形式探索 AI。1944 年，冯·诺依曼在《博弈论与经济行为》一书中，首先提出了两人对弈的 Minimax 算法；1947 年，图灵编写出第一个下棋程序。从 AI 诞生至今，电子游戏始终都是 AI 体现实力的一个重要场景。

在自动驾驶技术中，基于现实路面的环境测试是必要环节。在游戏中打造与现实相近的场景，规避实际路测的种种限制，成为推动自动驾驶落地的重要工具。游戏引擎在这个过程中起到了至关重要的作用。设计人员利用构建虚拟仿真系统，无限接近现实情况，以模拟光线变化、各种天气（风雪）对道路的影响、各种障碍物的影响等不同因素，精准评估出这些因素对自动驾驶带来的影响。腾讯公司利用游戏技术打造了自动驾驶虚拟仿真系统 TAD Sim，以提高自动驾驶模拟的真实性。除了支持场景编辑、路采数据回放式仿真之外，TAD Sim 还可以利用大量路采数据来训练 AI，生成真实度高、交互性强的交通场景，以帮助设计者实现自动驾驶技术在物理世界的实际应用，提高设计的有效性和成果，这也充分体现出虚拟世界的模拟仿真对物理世界的贡献和作用。

在新冠肺炎疫情暴发期间，科学家们为了能尽快弄清病毒抗体的结构，便把最新研究成果引入到游戏 Foldit 中，让玩家在游戏中将蛋白质结构预测与空间解谜游戏的思路相结合，玩家需要不断调整蛋白质的侧链、骨架等结构，让最终结构达到所需的游戏分值，提供新结构来供研究者参考，为抗击新冠肺炎做出了贡献。

作为元宇宙的雏形产品，著名说唱歌手 Travis Scott 就在 Epic Games 旗下的游戏《堡垒之夜》，举办了一场虚拟演唱会，最终吸引了超过 1200 万名玩家同时在线观看，刷新了游戏圈纪录，《堡垒之夜》已经从流行的多人游戏，迅速发展成为人们社交和大牌音乐家举办虚拟音乐会的在线空间。

音乐可以成为市场验证元宇宙技术的一种手段。2021年11月24日，虚幻引擎开发商Epic Games宣布收购知名音乐游戏开发商Harmonix，这为他们的元宇宙版图再添一块重要拼图。Harmonix至今已经发布了超过40款产品，最知名的当属《Rock Band 摇滚乐队》和《Guitar Hero 吉他英雄》系列，游戏都配备了特定的硬件设备，让玩家在家中能沉浸式体验音乐，就如同当今的虚拟演唱会。Harmonix还在继续专注Epic Games的开发，宣称在元宇宙内容创作中有新的突破点。

Epic Games首席执行官蒂姆·斯威尼，是马克·扎克伯格在公司更名为Meta之后，对元宇宙最热情的支持者。Epic Games正与Minecraft和Roblox等游戏竞争，追求实现和其他人互动的虚拟环境打造。Epic的战略包括两个方面，首先是将游戏Fortnite增容，将用户数从每月的6000万扩展到未来的10亿。另外，该公司利用其3D图形的虚幻引擎等技术创建内容设计工具，使整个系统都能够呈现实时3D图像，打造更逼真的互动环境。

相对于Roblox，Epic在其虚幻引擎Unreal编程引擎中，采用了更先进的图形技术，可以提供更好的沉浸式体验。Epic Games公司开发的游戏虚幻引擎于1998年首次亮相，此后他们一直专注于游戏开发，创造出多款著名游戏，例如《堡垒之夜》《绝地求生》等。虚幻5引擎目前已经开放了试用版本，我们可以从视觉上直观地感受到它为游戏画质带来的提升。虚幻5引擎新推出的虚拟几何体系统，高精细建模，抽象成一个虚拟渲染层，然后根据画面内容动态分配有限的算力，实现相同多边形预算下最好的画质。虚幻5的开发成本很高，专业性很强，而且需要性能较好的CPU和显卡才能很好地运行3A质量的大作，硬件条件要求太高，限制了其作为用户开发平台的潜力，也引出了当前元宇宙技术上沉浸感和开放性之间的矛盾。

五、最具潜力的VR游戏与教育变革

做游戏是人类和动物与生俱来的本能，人类的游戏比动物更加多样和复杂，游戏对于人类社会的发展起到重要的推动作用。当今人们常说的游戏，一般是指电子游戏，它相对于传统游戏，具有巨大的互动和反馈优势。计算机科技的发展催生了全新的互动环境，游戏者在这个环境中设定目标、挑战对手，以游戏为媒介与他人社交，形成了独特的价值体系。

虚拟现实技术 VR，最初是为了军事、航天和工业目的而诞生，但是当它与游戏、互联网结合之后，受到了游戏消费市场的极大关注。VR 游戏需要具备更加强烈的沉浸感，更加真实的动作感，需要与玩家时刻保持一致，同时需要将平面人机互动升级为三维沉浸互动，这样玩家才能完全投入到全新的虚幻空间。游戏的发展经历了文字游戏、2D 游戏和 3D 游戏三个阶段。随着科技发展，VR 游戏成为最具潜力的游戏，目前在 VR 游戏平台上，主要还是经典游戏的移植，包括如下内容。

1. 动作模拟类

如《星际迷航：剑桥成员》，玩家作为船员，模拟合作驾驶企业号飞船协同作战，探索地球外星系，享受舷窗外的壮丽太空。

2. 射击类

这类游戏制作起来相对简单，动作只有瞄准和扣动扳机，让玩家沉浸在紧张的气氛中去完成任务。

3. 角色扮演类

视角为第一人称的游戏，这种游戏也是最适合改造成 VR 游戏的。

4. 本地互动类

这类游戏需要多人互动。如多人协作拆炸弹的游戏《Keep Talking and Nobody Explodes》，VR 玩家是拆弹者，其他人则通过阅读拆弹手册来指导 VR 玩家。

5. 真实场景体验类

该类游戏的目的，在于让玩家体验非常逼真的虚拟场景。随着 VR 设备清晰度提高，真实场景体验类游戏将会有更大的发展需求。

索尼游戏部门 CEO Andrew House 认为，VR 体验更像是主题公园里的过山车，虽然短暂，但很刺激、很享受。2016 年出现了多款头戴显示器，其中索尼的 PlayStation VR 曾经最受关注。它的核心优势在于，索尼公司有在游戏行业多年的经验积累，有能力集结到知名游戏公司来开发 VR 游戏，形成了很好的虚拟现实游戏业态。

脸书公司采用收购方式让自己在游戏行业做强。2012 年脸书公司收购了 Instagram，2014 年收购了 WhatsApp，成为社交网络主导者，也在 VR 游戏软件方面拥有领先的地位。2019 年，脸书公司收购了热门游戏《Beat Saber》制造商 Beat Games。《Beat Saber》是 Oculus 平台上迄今为止最受欢迎的 VR 游戏，销量已经超过 400 万份。脸书公司还收购了其他的 VR 工作室，包括热门 VR 游戏开发商 Sanzaru Games 和 Ready at Dawn。

美国前总统奥巴马曾呼吁投资人将资本投入到教育升级技术上，期待教育应该像游戏一样引人入胜。2016 年，美国教育部便开始在高等教育中推广 VR 技术。华盛顿大学最早开设了 VR/AR 相关课程；加州圣何塞的科格斯韦尔大学（The Cogswell College）也正式开设了 VR 和 AR 专业。因为美国在 VR/AR 技术领域优势明显，所以可汗学院、Coursera、Udacity、Udemy 等科技公司，在 VR 教育内容方面下了大功夫。基于仿真的虚拟现实技术，2017 年被评为顶尖新兴学习趋势之一。

教育是一个非常传统的领域，一项新技术从应用到普及往往需要很多年，而真正能够得以推广的契机，往往来自市场环境变化以及政策引导。VR 教育的优势，首先体现在科普教育上，它可以在天文、地理、历史等方面帮助学生扩展眼界和获得仿真体验。以下 VR 应用案例（表 7-1）用以帮助教育工作者创新课堂教学体验。

表 7-1　VR 应用于教育方面的案例介绍

VR 游戏名称	功能介绍	图片描述
InMind VR 2	这是一个关于人类大脑的科学旅程冒险游戏。在游戏中，玩家会进入一位名叫约翰的男孩的大脑里。当玩家通过他的神经元组织时，需要控制某些情绪来塑造他的未来。玩家的行动将决定约翰产生怎样的情绪并塑造他的未来	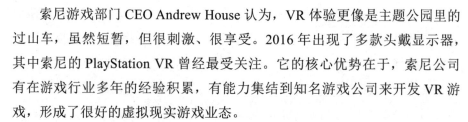

续表

VR游戏名称	功能介绍	图片描述
太空巨人 Titans of Space	太空巨人，让学生能够以特别的视角来观赏我们所在的这个星系。配合音乐以及完美的视觉效果，让学生更加立体地了解神秘的太阳系。行星将缩小到实际尺寸的百万分之一，以获得超现实的体验	
Anatomyou	Anatomyou是一个完美的沉浸式3D立体应用，有助于学习人体解剖结构。可以通过虚拟沉浸式3D导航，查看人体各个系统的解剖结构。虽然这款应用主要面向医学领域的专业学生，但它也可以用来教授学生人体解剖学知识	
VR Lessons by ThingLink	ThingLink设计的这套虚拟现实课程，主要针对小学生，它是一个交互式课程，涵盖了各种各样的话题，如艺术、语言和科学。这款应用可以让学生在世界各地游览，并教给他们关于每个生态系统的基础知识	
KingTut VR	KingTut VR作为世界遗产项目，让学生近距离接触重要的历史景点。学生们可以开启埃及法老图坦卡蒙墓穴的360度之旅，通过错综复杂的象形文字了解古埃及的历史、文物等	
Learn Languages VR	Learn Languages VR是一款学习语言的应用。学习一门语言最好的方式是融入这个语言环境中，但目前的教学条件并不能保证每一堂课都有外教。该应用提供从现实生活中总结的对话，包含28种语言，学生可以自主选择	
Unimersiv	Unimersiv提供了众多VR教育产品，已成为品质内容的代名词。涵盖了三种不同类型的课程：允许用户置身国际空间站探索其内部构造；详细展示人体结构，让大家学习解剖学相关知识；与历史学相关，告诉人们英格兰的威尔特郡如何形成，以及其4000年前的面貌	

VR应用将抽象知识具象化，学生可以不受空间时间限制，穿梭在不同时空，亲临各种历史事件，漫游在宇宙星空，与各种珍禽奇兽亲密接触。这一切都可以极大地激发学生的好奇心，提高学习效率与兴趣，进而产生学习动力。

目前，虚拟现实技术已经成为数字博物馆、科学馆等应用系统的核心支撑技术。现在纽约大都会博物馆、大英博物馆、俄罗斯冬宫博物馆和法国卢浮宫等都建立了自己的数字博物馆。中国科技馆、敦煌莫高窟和故宫也插上了VR科技的翅膀。

中国科技馆是我国唯一的国家级综合性科技馆，是实施科教兴国战略、人才强国战略和创新驱动发展战略，提高全民科学素质的大型科普基础设施。"科技与生活"展厅位于中国科技馆主展厅三层，3C厅信息之桥展区主要展示了信息技术的发展历程及信息技术进步给人们生活带来的改变与影响。让我们通过主题展品《微观探秘》这个VR科普案例来了解其设计和研发过程吧！

《微观探秘》是利用VR眼镜、定制水滴舱、光效音响、多维度控制系统等多媒体组合设备，构造沉浸式体验环境，探寻微观世界的奥秘。《微观探秘之奇幻血管探秘》，让人们乘坐纳米水滴舱进入血管漫游，了解血液成分的组成及功能，血脂、血栓等各类疾病的形成过程，并在互动、协作环节消除血栓，救助病人；《微观探秘之神奇石墨烯》，对新材料石墨烯进行了一场从宏观到微观的探究，形象地了解其中量子与通信等理论；《微观探秘之植物微观之旅》，模拟植物内部漫游，了解植物内部世界，学习蒸腾作用、细胞质、细胞液、光合作用、光反应、暗反应和碳氧循环等知识。

图7-1显示的VR纳米水滴舱创意灵感来源于水滴和气泡，具有很强的科幻感，采用模块化设计，通过不同模块组合形成多样化产品配置。VR眼镜提供虚拟现实视觉和头部转动反馈，生成虚拟环境；双人动感座椅配合演示内容方向进行晃动，模拟真实的加速度；环绕音响提供震撼的声音体验；旋转基座可带动水滴舱整体旋转，产生转动角加速度；双人射击手柄可配合射击游戏，并可以控制VR纳米水滴舱主动运动；风扇可模拟风力与动感效果。VR纳米水滴舱的实际展品如图7-2所示。

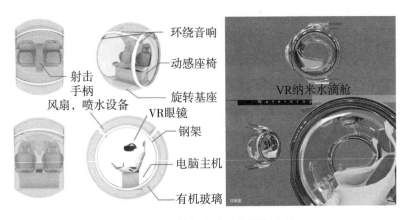

图 7-1 VR 纳米水滴舱的概念效果

图 7-2 VR 纳米水滴舱实际展品

　　VR 带来的教育革命打破了传统教育的禁锢，通过沉浸感这个得天独厚的优势，为新时代的教育注入新的活力，激发了学生学习的积极性、主动性和创造性。传统课堂主要是以教师的主动讲授和学生的被动反应为主要特征，教师往往注重通过语言的讲述和行为的灌输来实现知识的传授，在教学过程中教师的主导地位突出，而学生的主体地位却被习惯性忽视。虚拟现实 VR 能够创建完全沉浸的环境，解决学习媒体的情景化及自然交互性需求。显然，亲身经历感受比空洞抽象说教更具说服力，从被动观看到主动交互，为教育带来了质的改变。虚拟现实技术广泛用于学习情景的创设，增加学习内容的形象性和趣味性，更可以去实现模拟训练，带给我们崭新的教育思维，真实、互动、情节化，开启了情景化学习、协作学习和远程教育的新模式。虚拟现实对教师的现实意义，在于提高教学质量，减轻教学强度。通过体验式、实践式教学，更有效地完成课堂和实践教学工作，实现了教学与科研创新。虚拟现实对学生的现实意义，在于大幅度提升了他们的学习兴趣，通过体验式、实践式学习，更有效地完成学习，对学习更有兴趣、更为主动、更有成效。

传统教学不能实现的宏观、微观、高成本、高风险等内容，可以通过引入虚拟现实课件来解决。VR教室已经有了不少实践和应用，主要有两种类型：第一种是专业实训实验室，通过对场景的模拟仿真，为学生提供一个虚拟的专业实训环境，让学生随时随地、方便高效地锻炼专业技能，同时还能避免真实的高危环境带来的风险。第二种是学习型实验室，把课程的重点、难点更直观地还原并展现给学生，通过视觉和听觉的冲击，加深学生对学习内容的理解与掌握。

面向高等教育的专业实训实验室，以往因学校经费有限，无法满足每个学生都能亲手多次进行培训的要求。有些专业实训课如喷漆、焊接、汽车发动机维修等，有大量的有毒物质，不允许学生长时间暴露在此环境中，即由于条件有限，出于安全考虑，学校会尽力压缩学生的实操实训时间。应用虚拟现实技术，为学习人员创造一个安全、沉浸、效率高、低成本的虚拟工作间，学习者可以通过全仿真的环境和器具、精确的数字结果化显示、各角度的过程回放、听从辅导老师的教导，一步步地修正自己的操作，循序渐进地为实操打下坚实的基础。

随着技术的不断发展，VR眼镜还将配备非侵入式脑电图（EEG）设备，通过可测量的"生物反馈"，包括心率、皮肤电反应、眼球运动、面部表情等，理解用户在任何特定时刻发生的反应，能够了解用户不同的学习能力，从而创造出更有趣、更有效的教程。

六、从地理迁徙到数字迁徙

科技的进步无疑让我们享受着越来越安全、长寿和满意的生活。现代媒介延伸了人类的感官，科技发展扩展了人类的思维。目前全世界已有数亿人选择把大量时间投入现实之外，经济学家爱德华·卡斯特罗诺瓦（Edward Castronova）称之为向游戏空间的"大规模迁徙"。

在人类演化和文明发展的历史中，迁徙无疑是最壮丽的场景。由于受到气候干旱和环境变化的影响，古人类为了生存不得不从发源地东非大陆开始迁徙之路。从中低纬度的热带、亚热带地区走出去，走向中高纬度的温带、干旱（或半干旱）地区。达尔文说，能够自然延续的物种，不是因为强壮与聪明，而是因为它们有着惊人的适应力。面对地形多样、气候恶劣、食物匮乏等诸多困境，在本来不适合古人类居住的地区，人类竟然顽强地生存下来。

人类用了五万年到达世界各大洲。智人依靠抽象思维、语言优势来虚构故事而凝聚人心，形成共同的目标且服从于同一规则，协调一致地完成任务。大规模的调动能力成为智人与其他人类种族竞争中的制胜法宝，最终让其成为人类种族中的幸存者。从非洲走向世界，在这部波澜壮阔的古人类迁徙史中，我们的祖先所做的不仅是将文明的火种从古老的非洲大陆带到世界各地，更展示了人类不畏艰险、不断探索和极限求生的能力。

迁徙贯穿了人类的发展史。人类持续迁徙和扩张，寻求新的资源输入，曾给无数动植物种群带来了灭顶之灾，甚至打破地球生态原有的平衡。人类坚持按照自己的喜好改变所生活的环境，按照自己的理解和认知改造着整个世界。如果说古代人类的迁徙是因为饥饿、瘟疫和战争所迫，那么15世纪末哥伦布发现新大陆则导致了世界人口第三次迁移。18世纪中叶，从欧洲爆发产业革命伴随着西方向外扩张和殖民地的掠夺，激发了人口的大规模迁移流动。经过两次世界大战的洗礼，掠夺与毁灭式的征服已经逐渐被经济发展、文化交流所代替。人类文明的和平演化，成为不可阻挡的时代潮流。在经济全球化下，劳务输出形成常见的国际人口迁徙流动。

"游戏迁徙"代表着人类的虚拟化迁徙，但是实际上，早在几十年前的电视迁徙就发生在世界各地。电视曾经被描述为吞噬我们灵魂的魔兽，一旦陷入就无法自拔。渴望更早进入社会且拥有个性的青少年，一旦遥控器易手，往往停留在适合成人观看的节目。电视节目公司往往被刻画成为只顾盈利而不顾社会效益、污染人类心灵的反面形象。

环视当下,"电视魔兽"的恶名已经完全转嫁到游戏头上。游戏让两代人之间存在的代沟似乎无法逾越,让他们彼此难以沟通和理解。新生代逐渐在游戏中投入更多的努力,创造最美好的回忆,甚至体验到最大的成功。Z世代("95后")在虚拟和现实双重社会标准下成长,神奇的虚幻世界好像距离他们的理想更近,他们的个性更能得到张扬,但似乎他们又感到更加痛苦和孤独,因为经受现实和虚拟世界更大的差别对比,新生代们犹如同时修炼两种截然相反的内功心法,时刻让人觉得有走火入魔的危险。不久以前的电视和今天的游戏都满足了现实世界无法满足的人类需求,以现实世界做不到的方式教育、鼓励和打动我们,并且把我们的情感联系在一起。

虚拟迁徙的脚步早已开始,并且人类无法逆转这种趋势。游戏不再是逃避现实的消遣,而是促使我们每个人都要承担各自的使命,全力以赴地投入现实奋斗当中。在古代,古吕底亚人只有骰子游戏;而今天,我们正在开发一种更为强大的改变世界的沉浸式互联游戏,以解决现实问题,带动真正的集体行动。如果有人把元宇宙比作游戏,那么元宇宙就是无须加入许可、真正的无限游戏,是没有终局、没有赢输的非零和游戏。这个超级游戏不会带我们的文明走向灭亡,相反,它不但用积极的情绪、活动和体验填补了现实生活,让生活变得更加美好,而且可以引导我们把注意力放在身边最紧迫的科学、社会、经济和环境等现实问题上。元宇宙通过发挥创意潜力,为人类面临的最迫切挑战构想全新的解决方案。

仅仅凭借游戏的吸引力,并不能促成人类面向元宇宙的数字化迁徙。按照《人类简史》作者尤瓦尔·赫拉利教授的观点,以他的视角回看历史,人类社会是构建于虚构的故事之上,整个人类社会的前提是"讲故事"(Story-telling)的发达能力。人类通过独特的方式来思考,用全新的语言来沟通,相继催生了认知革命、农业革命和科学革命,开始了认知世界、改造世界,直至改造自我的历史进程。

互联网曾经像一部远古部落"超级巫师"讲述的传奇故事,它让彼此陌生的人走到一起,形成了粉丝和社交网络,产生了虚拟社区,创造了庞大的消费力。网络世界通过信息共享,为历史上一度成为特权象征和阶级符号的知识揭去了神秘的面纱,创造了全新的价值体系。尽管福布斯财富榜似乎距离百姓很远，但是微博的点击率、精彩的短视频和 MCN 的流量却距离平民很近。惊世骇俗的论坛文章，给了每一个网民高举时代大旗的机会，网红经济和直播带货造就了梦想中的一夜成名与暴富荣华。

元宇宙作为又一个传奇故事横空出世，它基于扩展现实技术提供沉浸式体验，利用数字孪生技术生成现实世界的镜像，通过区块链技术搭建经济体系，将虚拟世界与现实世界在经济系统、社交系统、身份系统上密切关联，被认为是下一代互联网的应用形态。元宇宙不但提出了"隐形的秩序"，而且通过宣传让人们在脑海里"想象出来"这种世界秩序，由这种"想象"构建的秩序塑造了人们的主观心理预期，创造出全新的幸福感。依靠对游戏快乐的吸引，对科技发展的期待，对完美社会的向往，人类再度向着未来迈进，开始了数字化迁徙的新旅程。从历史的角度分析，迁徙在人类的发展历史中从未停滞，因为文明只有在不断的迁徙中才能获得交流、融合和进步。面向元宇宙的数字化迁徙也绝不是人类的最后一次迁徙。

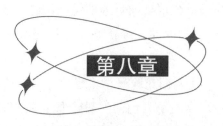

元宇宙与虚拟人

创建不朽永生的虚拟化身

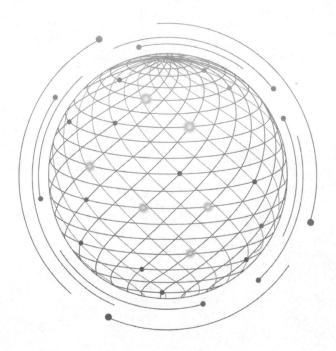

一、虚拟世界的忠诚伙伴

人类是群居动物,总是在宇宙中寻找伙伴。《失控玩家》这部电影让我们第一次看到,在以游戏为代表的虚拟世界中,体验具有自我意识的虚拟角色,而且虚拟人之间能建立独一无二的情感联接,这一切让世界变得生机勃勃。

目前,与虚拟人和数字人相关的内容,在网络上热度非常高。虚拟人的设计,依赖计算机图形技术、三维渲染、语音识别、图像识别、动作捕捉等相关技术而存在。依托多项技术的融合发展,高度拟人化使虚拟人更具亲切感,能自然逼真地展现在各种场合。人类设计虚拟人和数字人的目标,是通过数字技术创造出与人类形象接近的数字化形象,并赋予其特定的人物身份,拉近与人之间的心理距离,带来更加真实的情感互动。虚拟人和数字人通常以图片、视频、直播、动画等方式,存在于屏幕等显示设备中。在未来,他们将大量活跃在虚拟世界中。

数字人(Digital Human)也可以称为数字孪生人体,外观可以与现实世界的人完全一致。按照真人还原制作的数字人,往往代表复杂高端的3D产品。自20世纪80年代起,人类医学针对人体结构、物理反应、生理反应等数字化技术,发起了一系列研究计划,包括人类基因组计划、可视人类计划、虚拟人类计划、人类大脑计划等。21世纪初,美国科学家联盟(FAS)基于上述计划成立了数字人联盟(Digital Human Consortium),目标是实现对DNA、蛋白质、细胞、组织、器官、系统以及整体生命运作机制的精确模拟。

虚拟人(Virtual Human)没有现实世界中的身体,只是通过显示设备呈现,让人类能通过眼睛看见。虚拟人需要考虑应用场景,他是有工作角色的数字人。并非所有虚拟人都是数字人,因为有些虚拟人可能是风格化的人物,或者卡通人物形象。如"初音未来"的角色,就设定为一个擅长流行歌曲、摇滚乐和舞蹈的 16 岁歌姬，生日是 8 月 31 日，身高 158cm，体重 42kg；网上传播的"初音未来"，就是歌舞类型的虚拟人。虚拟人具有人类身体的外形结构、行为模式，其身份是被虚构的。比如火热的虚拟网红 Lil Miquela，她在 Instagram 上拥有 300 多万粉丝，她的虚构身份设定为"生活在洛杉矶的一名 19 岁女生，拥有歌手、演员、模特、博主等多重身份"。

虚拟智能人，与医疗领域的数字化人体不同，也与实体机器人不同，虚拟智能人依赖显示设备存在，具备人的外观，有特定的相貌、性别和性格等人物特征；拥有人的行为，具有用语言、面部表情和肢体动作表达的能力。更加关键的是，拥有人的思想，具有识别外界环境与人交流互动的能力。科学家一直对通用人工智能抱有希望，期待通过游戏，不断训练，使其快速掌握技能技巧。电影《失控玩家》中的 NPC（Non-Player Character，非玩家控制角色）能根据周围环境变化做出相应的行为决策，与人类一样具有不同的知识体系和技能，以及丰富多彩的性格和爱好。未来的元宇宙，超越游戏场景，实现一种真实体验和生活方式。电影《失控玩家》的宗旨，主张人类向内发展，由于受基因和生理结构的限制，星际旅行和穿越也许过于遥远，但虚拟生物（Virtual Being），尤其是人工智能驱动的虚拟智能人，将成为人类在虚拟世界中的忠诚伙伴。

在元宇宙中，数字人、虚拟人、虚拟智能人可以同时存在，但这三者又有所不同的，他们之间的关系如图 8-1 所示。

虚拟人正逐步深入人们生活的各个角落。虚拟人在购物直播间可以卖货，去银行可以与虚拟人交互办理业务；打开新闻客户端，可以看到虚拟人播报新闻；还可以欣赏虚拟人的选秀节目《虚拟人成材计划》等。虚拟人的诞生，在降低人力成本的同时，也给予服务对象更加友好的体验。当前虚拟人还无法成为虚拟智能人，但随着技术的发展，神经网络算法的不断优化，虚拟智能人的实现不久将成

图 8-1 数字人、虚拟人、虚拟智能人之间的关系

为可能。近几年，随着国内市场虚拟歌姬、虚拟主播、虚拟艺人的不断涌现，其商业价值凸显，虚拟偶像成为商业世界追逐的新热点。

二、虚拟偶像

广义的虚拟偶像，包含了我们无法触碰但心存向往和喜爱的形象，包括传统文化中的孙悟空、日本卡通人物小叮当、美国漫威超级英雄等，载体包括小说、动漫、游戏、影视剧等。我们在这里讨论的虚拟偶像，特指具有真人体貌特征，被广大粉丝喜爱，能够与现实世界互动，能产生商业价值的二次元形象。"二次元"，泛指动画、漫画、游戏、轻小说，以及由这些内容衍生的同人创作、影视改编、周边商品等。萌生于日本的"初音未来"，就是一个二次元领域的虚拟偶像，其自虚拟歌姬开始，从小众圈层发展进入大众视野。虚拟偶像在人工智能、虚拟现实、动作捕捉、面部识别、语义理解等技术不断发展的推动下，进入高速爆发阶段，其产品更加细分，模式更加成熟。随着市场化推进，盈利手段不断增强，虚拟偶像已成为数字娱乐业不可或缺的一分子，也成为人类文化中一道亮丽的风景线。

虚拟偶像虽然无法被真实触碰，但能够被感知，能让粉丝产生情感依赖，还能突破二次元壁，与现实世界进行互动，对现实世界产生影响。虚拟偶像拥有自己的人设、性格和特点，可以持续不断地输出优秀作品，顶级偶像需要有自己的经纪公司进行商业推广。虚拟偶像能够通过流量变现，实现盈利目标。

当前的商业虚拟偶像，按职业类型可如下分类：

1. 歌舞表演

最早的虚拟偶像"初音未来"被称为虚拟歌姬，源于2007年日本雅马哈集团一款名为VOCALOID的音频制作软件。音乐人只需将原创词曲输入，软件的虚拟声库便将歌曲即时唱出。该产品一经推出，粉丝作品便大量涌入内容创作UGC，包括绘图、作词作曲、人设开发等，"初音未来"的形象从一款音频制作软件一跃成为众多年轻宅男宅女心中的偶像。虚拟偶像的出现，符合现阶段人们的情感需求：人们一方面恐惧社交，一方面又渴望拥有群体的认同感，需要简单化和去定义化，需要获得情感陪伴和表达自己的机缘。

国内的情况类似，家喻户晓的"洛天依"，同样由 VOCALOID 技术生成其声音，通过粉丝的 UGC 作品支撑其内容"洛天依"是上海禾念公司推出的中国第一款虚拟歌手，除了"洛天依"，家族式运营模式的组合中还有"言和""乐正绫"等虚拟偶像，被统称作 VSinger。

2. 直播与短视频

虚拟偶像的另一个分支是虚拟主播，被称为 VTuber 或虚拟 UP 主——活跃在视频网站及社交平台上的二次元主播。虚拟主播的代表人物是日本的绊爱，三年时间曾吸粉 400 万，视频播放总量超 3 亿。脱口秀、话题讨论、问答、鹤舞表演、游戏实况，甚至二次元圈子话题之外的科技热点，都是绊爱的直播内容。现阶段虚拟主播的收入来源主要包括粉丝打赏、周边同人产品贩卖和广告收入。

2017 年 8 月，首个虚拟主播"小希"入驻 B 站，国内虚拟主播业务开始蒸蒸日上。虽然还未出现像日本绊爱那样有影响力的虚拟主播，但已开始战略布局。2019 年，网易传媒推出的虚拟主播"曲师师"，目前已有 2000 万粉丝，分布在汽车、旅游产品、时尚穿搭等方面，展现出强劲购买力。"曲师师"具有传统虚拟偶像特点——高颜值，好身材，还以动漫为起点，将 IP 扩展到游戏、直播、短视频、轻影视等内容端，向高质量内容输出不断升级。由于中国二次元粉丝的绝对数量远超日本，短视频业务又在短时间内爆发，市场对于内容质量和迭代速度都有着更高的要求，这预示着中国虚拟偶像将走出与日本不同的道路。

虚拟艺人 IP 孵化及运营成功的根本要素在于优质内容。只有源源不断地输出优质内容，才能让其突破次元壁，登上主流媒体舞台，这才算真正符合虚拟偶像的定义，并可按照虚拟偶像路线进行运营而不断圈粉，形成规模化的粉丝经济，从而达到商业目的。

除去虚拟歌姬和虚拟主播之外，虚拟偶像还涉足电竞、模特、时尚人物、品牌大使等领域，甚至在选秀节目大热的时代，虚拟素人可以登上选秀的舞台，与真人一较高下。虚拟模特儿中最活跃的非来自硅谷的人工智能公司 Cain Intelligence Lil Miquela 莫属。2019 年日本 1 秒公司创建出亚洲首位男性虚拟网红"Liam Nikuro"，他擅长音乐制作并精通时尚和美妆。

虚拟宅男"荷兹 HeZ"登上《明日之子》选秀节目，质疑和对新兴文化的包容态度使其成为当日的最热话题之一。

"叶修"是从网文小说《全职高手》孵化而来的电竞高手，从网文小说、漫画、动画大电影，直到真人参演的电视剧，"叶修"的粉丝群体很自然地分布在二次元和现实世界中，其价值绝不仅仅是粉丝经济，其从粉丝圈层中破壁而出之后，以大众化的方式触达更多潜在受众。"叶修"如今可媲美真人明星，强大"流量"让其从 2019 年开始，几乎每个月都新增一家品牌代言，横跨快消品与金融领域。

虚拟歌姬与传统真人歌手的一大区别在于，传统歌手以专业生产内容（PGC）模式为主，而虚拟歌姬的词曲作者就是粉丝自身，也就是说，虚拟歌姬的作品是用户生产内容（UGC）的产物。只要拥有调音软件和音乐创作能力，虚拟歌姬就可以为自己歌唱，这是他们的情感原动力。二次元的主导者是新崛起的"90 后""00 后"，他们已不满足于被动接受偶像，而更愿意自己塑造并养成偶像。

从商业化角度来说，在二次元领域所有的运作其实都是 UGC+PGC 结合的产物。PGC 模式在专业团队制作的推广下，无论是内容质量、宣发力度、传播效率、商业变现能力都朝更先进的方向发展，所以在虚拟偶像领域，更多 PGC 公司和团队的加入，会使得整个市场的竞争更加专业化，也会催生出新的商业模式。如果没有专业化经纪公司的运作，很难突破次元壁，进行商演活动，乃至登上主流媒体的舞台。另外，二次元发源于年青一代，这一代天然具有独特的创造属性，如果在虚拟偶像发展过程中，没有粉丝的浸入式参与，也很难得到广大粉丝的推崇和内容供给，进而成为爆红的偶像。所以说，虚拟偶像的发展趋势一定是 UGC 和 PGC 联合作用的结果。

虚拟偶像的变现渠道与真实偶像类似，包括广告及品牌代言、演唱会及舞台演出、游戏及周边产品、衍生品售卖。周边产品及衍生品也是变现重要渠道，随着国内对于知识产权的重视和 IP 版权交易平台的完善，IP 版权的授权也将成为未来虚拟偶像变现的重要方式。

元宇宙强调"共创、共享、共治"的价值观，其中"共创"是指 UGC，这是元宇宙的主流方向，确保了元宇宙具备持续生产创新的能力；

"共享"建立在"共创"之上,持续创造的能力使得元宇宙内部不断创新,进而形成不同产品,产品的产生激发交换的诉求,进而形成"共享"。当前大部分成熟的企业或者游戏,都具备共建和共享的特性,例如 Roblox 让用户创建游戏并给予激励,苹果给开发者分成,抖音让用户创造内容并给予收入激励,但这些平台背后仍是一个中心化的公司机制,并未完全体现"共治"。"共治"则是通过去中心化的模式实现元宇宙的繁荣。

三、虚拟人的技术解读

虚拟偶像兼具科技与文化的双重属性。随着科技的不断突破,虚拟偶像将突破次元壁和小众圈层,为大众娱乐休闲教育提供新的市场和思路。虚拟人的三大特征是虚拟化、NLP\CV\语音等多种技术共同应用和高度拟人化。在技术层面上分为灵活的真人驱动型和基于深度学习的计算驱动型。

虚拟人的面部采用高仿真建模,风格化设计,皮肤与头发等细节经过渲染制作,其行为表情、形体表达、语言表述等会受到真人驱动或计算驱动方式影响,并与预制调节以及训练数据、驱动模型精度相关,包括精细面部肌肉驱动、语音合成模型中对语气词、韵律的处理,等等。虚拟人的交互水平如回答内容、肢体反应等,会受到语音识别能力、自然语言理解及处理水平、知识图谱、预置知识库的影响。

真人驱动在完成原画建模和关键点绑定后,动捕设备或摄像头将基于真人的动作、表情等驱动虚拟数字人。由于背后有真人操作,真人驱动型在动作灵活度、互动效果等方面有明显优势,一方面能够在影视内容创作中降低生产成本,为影视行业降低门槛,推动影视级内容向消费级转化;另一方面则多用于虚拟偶像、重要直播中,帮助虚拟数字人完成大型直播、现场路演等互动性、碎片化活动。这种技术思路可以看作是传统影视制作中 CG 技术的进一步延续。近年来主要的技术突破在于动作捕捉环节。随着图像识别技术,姿势、表情等识别算法的进步,昂贵的惯性或光学动捕设备不再是驱动的必备工具。普通摄像头结合通用识别算法,能实现较为精准的驱动,例如采用 iPhone 12 便可以支持简单的动作捕捉,显著降低了精细虚拟内容生成的门槛。

虚拟主播更像是虚拟替身，指以虚拟形象为主体，通过表情捕捉、动作捕捉、声音处理等一系列技术，将表演者的面部表情及动作映射为3D模型，让虚拟人物"动起来"。虚拟主播会在视频网站或社交平台上进行直播或者上传录制好的视频，并会和观众进行互动。

1. 动作捕捉和表情捕捉

动作捕捉技术，即从演员身上捕捉真实的动作数据，并将其赋予电脑生成的虚拟角色以达到真实表演的技术，也是虚拟现实的核心互动技术。电影《阿凡达》标志着电脑绘制的角色可以像真人演员一样表达丰富的内心世界。在进行动作捕捉时，演员身穿由特制LED灯制成跟踪点的数据衣在动作捕捉工作室内进行表演，跟踪点多被放置在人体骨骼的重要部位（如关节）。跟踪点开启后，LED灯会向外发射近红外光谱。与此同时，若干台摄影机被悬挂在工作室的顶棚，拍摄《阿凡达》使用了近120台。这些摄影机能够通过追踪LED灯所发射的近红外光谱的反射来捕获对应跟踪点的运动数据，捕获的数据会被存储于数据库中，并在后台电脑中通过计算得出跟踪点在三维空间内的坐标和运动路径。之后，我们只需把相应跟踪点的数据映射到虚拟角色对应的部位上，虚拟角色的动作就可以和演员的真实表演相匹配。

为了在面部构成迥异的电影角色纳美人面部注入自然细腻的人类表情，并且将捕捉过程从后期制作中剔除，卡梅隆协同维塔工作室开发了一套全新的表情捕捉系统。该系统的核心是面部捕捉头戴设备（Facial Capture Head Rig）。该设备是一款特制的安装了微缩高清摄像头的无边的帽子，这种帽子与演员头部的接触面包含了除面部以外的几乎所有区域，以保证在头部运动过程中摄影机晃动达到最小，即保证捕捉的数据达到最精确。摄像头配有广角镜头，并通过一个轻薄的吊杆架设在距离演员面部正前方几英寸处。在演员开始表演前，工作人员会在其面部特定部位涂抹绿色跟踪点，这些跟踪点与CG角色面部的相应位置进行了精密绑定。在演员表演过程中，摄像头会将演员面部的微妙表情变化以及眼球运动完整地记录下来，存储在数据库中。

后期，这些面部动作捕捉数据会在维塔工作室中和虚拟角色进行匹配。然而，因为演员与虚拟角色面部差异较大，用传统方法匹配是很困难的。为了解决这一难题，维塔工作室的技术人员专门开发了一套面部表演编码系统（Facial Action Coding System）。该系统采用以肌肉为基础的面部绑定方法，通过生物学原理将两个不同的面部完美地匹配起来。在这套高端系统的帮助下，动画师能够轻松地将表情捕捉数据经过润色后赋予高精度的CG角色面部，最终完成角色表情的制作。《阿凡达》所采用的表情捕捉系统精准度远高于上一代的动态捕捉技术，面部表情动画仅有10%左右是由人工关键帧修饰，以往《魔戒》角色咕噜姆的人工修饰占比高达60%～80%。

虚拟主播由日本形象"绊爱"在2016年11月以虚拟YouTuber的形式开创，把影视制作的动捕技术应用在虚拟主播领域。2018年2月，来自英国的实时动作捕捉技术开发商IKinema推出了全新的动作捕捉解决方案Orion。日本游戏开发商Gree公司宣布，将利用Orion推出一个全新的虚拟偶像频道。国内最具代表性的二次元平台B站宣布与Gree公司合作，布局其虚拟主播板块。相信在国内直播和短视频不断融合演进的过程中，虚拟主播利用更精准、更便捷的动作捕捉和表情捕捉技术，能够营建更好的用户体验和商业模式。

2. 语音合成

以虚拟歌姬"洛天依"及其家族Vsing为例，声音合成和语音合成是其产生的本源与灵魂。洛天依所属的公司与世界闻名的乐器厂商雅马哈公司合作，引进世界领先的VOCALOID人声歌声合成技术，并基于其独立的语音合成引擎，产生本土化的具有公司独立产权的中文VOCALOID虚拟形象。

每一位虚拟歌姬都拥有自己的声优和音源库，譬如"洛天依"的声音来源是国内配音演员山新。歌曲作者或粉丝使用该软件时只需输入音调、歌词就可以完成歌曲的制作，亦可以调整震音、音速等"感情参数"。这打破了传统音乐制作流程和音乐流通环节的种种限制，作曲者或粉丝可以独立创造并输出一首歌曲，并由指定的虚拟歌姬演唱。他们可以将歌曲发布在网络平台上，供其他人欣赏和品评。初音未来、洛天依都是诞生于语音合成软件，用户可以自行制作非商业用途的音乐作品。

真人驱动型虚拟人的技术流程：

（1）形象设计及建模。基于 IP 设计或真人偶像绘制原画，进行面部及身体 3D 建模，选择关键点。

（2）建模绑定。将识别关键点映射至模型上进行绑定，其数量及位置影响最终效果。

（3）表演捕捉。利用动作捕捉设备捕捉形体、表情、眼神、手势等方面的关键点变化。

（4）驱动及渲染。根据真人演员（称为中之人）相应表演驱动虚拟人表演。在较为精细的制作中，会需要根据真人演员和建模的区别进行重定向，并对动作、眼神、手指等采用不同的驱动方式，同步进行语音合成，形成特定设置语音。

（5）生成内容。进行互动直播，或录制其动作生成内容。

计算驱动型虚拟人是近年来多模态和深度学习技术的集成。虚拟数字人的语音表达、面部表情、具体动作将主要通过深度学习模型的运算结果实时或离线驱动，在渲染后实现最终效果。计算驱动的虚拟数字人最终效果受到语音合成（语音表述在韵律、情感、流畅度等方面是否符合真人发声习惯）、NLP 技术（与使用者的语言交互是否顺畅、是否能够理解使用者需求）、语音识别（能否准确识别使用者需求）等技术的共同影响，因此，开展计算驱动型虚拟数字人业务的企业，大多是在感知技术方面有较强的综合实力且掌握相对成熟 AI 技术的公司。

计算驱动型虚拟人的技术流程：

（1）设计形象。扫描真人形态及表演、利用多方位摄像头采集驱动数据，对通用或特定模特进行打点扫描，采集其说话时的唇动、表情、面部肌肉变化细节、姿态等数据。

（2）形象建模。绑定设计所需的模型，或基于特定真人进行高还原度建模。进行关键点绑定，关键点绑定的数量及位置影响最终效果。当需要基于真人照片生成虚拟内容时，一类做法是将通用的人脸模型迁移至该真人照片上，形成虚拟形象，实质为表情迁移。另一类则是生成动漫类效果，基于预先设置的形象分类算法，将真人照片中的眼型、发型等元素进行分类，并与预先设置的动漫元素进行匹配，最终生成动漫式的虚拟形象。

（3）训练各类驱动模型。决定最终效果的核心步骤。利用深度学习，学习模特语音、唇形、表情参数间的潜在映射关系，形成各自的驱动模型与驱动方式。充足的驱动关键点配合以精度较高的驱动模型，能够高还原度地复原人脸骨骼和肌肉的细微变化，得到逼真的表情驱动模型。魔珐科技等业界领先的模型可组合出千种以上表情效果，并包含眼神驱动。科大讯飞、竹间智能等公司会对语音或文本中的因素进行提取，增加情感驱动模型等。目前为止，大多数厂商的驱动模型为语音 - 唇形，语音 - 驱动。动作、手势等驱动大多依靠人为现场指令或预设置驱动。对于需对特定真人定制化的虚拟数字人，部分公司会基于通用驱动模型，结合少量真人驱动数据训练定制化驱动模型。这种情形可视作预训练模型 + 小样本学习。

（4）内容制作。基于输入的语音（或由输入文本转化的语音），预测唇动、表情等参数的核心技术流程是采用 TTS 技术（Text-to-Speech，语音合成技术），将输入的文本转化为语音。基于语音，结合第（3）步得到的驱动模型，并利用生成的对抗模型 GAN 选出最符合现实的图片，推理得到每帧数字人的图片。通过时间戳，将语音和每帧的数字人图片进行合成。

（5）进行渲染，生成最终内容。直播时进行实时渲染。为保证在特定场景下能够实现实时低时延渲染，计算框架的大小、算力供给等技术问题同样会影响到虚拟数字人的最终生成效果。

虚拟偶像是技术催生的产物，让只存在于二次元的"纸片人"出现在现实世界，不仅可以说话、唱歌、跳舞、生活，还能实现与粉丝的线下互动。随着技术的更迭和应用场景的变换，从最开始的虚拟歌姬，又衍生了虚拟主播、虚拟网红、动漫角色等更多形式，虚拟偶像的定义被进一步丰富。根据数据统计，YouTube 上虚拟主播总数迅速上涨。虚拟网红则彻底脱离了二次元世界，朝着拟人的方向发展，其工作、生活、朋友、价值观一应俱全，就像活生生的人。

芒果TV推出首个虚拟主持人YAOYAO，她是依靠数字技术构建的虚拟人物，在大数据＋算法的加持下，制作者对上亿张亚洲面孔进行了扫描分析，构建出了她的"面孔"；YAOYAO的身材则是通过芒果光场技术对上千体型数据进行实时重建、云端渲染而最终得来。通过动作捕捉设备，YAOYAO已经能实现与动捕演员动态保持一致。之后，YAOYAO等虚拟人也将借助芒果TV多业务场景获得更多曝光机会，特别是在芒果TV研发的虚拟场景方面，能支持到更多面向未来的业务。由此不难看出芒果TV布局"元宇宙"的野心。

虚拟数字人的应用可分为服务型虚拟人和身份型虚拟人。替代真人的虚拟主播和自带IP的虚拟偶像是目前的市场热点。当虚拟偶像冲破二次元的壁垒走向大众，当一串串数字代码变成一个个被众人崇拜的独立个体，虚拟和现实的界限变得越来越不清晰。在虚拟偶像的社群里，人们聚在一起讨论并供养着虚拟偶像，在相同的价值序列里展开不同文化的碰撞，完成虚拟世界的社交需求。人们寄情于虚拟角色，游离在虚拟和现实之间，用虚拟情怀缓解来自真实世界的压力和迷惘。从实现实时互动到量产虚拟形象，虚拟偶像一直在努力跨过技术的重重门槛，并将进入加速度模式，迎来大规模爆发。预计2030年，我国虚拟数字人整体市场规模将达到2700亿元。其中，得益于虚拟IP的巨大潜力，以及虚拟第二分身的起步，身份型虚拟数字人将占据主导地位，市场规模约1750亿元。服务型虚拟数字人发展则相对稳定，多模态AI助手仍有待进一步发展，多种对话式服务升级至虚拟数字人形态，总规模超过950亿元。

四、元宇宙中的虚拟化身

Avatar的原意是"化身"，在印度教和佛教中特指化作人形或兽形的神。但现在，游戏或聊天室中玩家使用的虚拟身份，也叫化身Avatar。现实世界的玩家在虚拟世界需要一个"虚拟人替身"，这个"替身"的虚拟人被定义为Avatar。

个人3D形象账号一旦建立，个人在虚拟空间的"化身"也就进行了设定。应用后台数据都是相通的，客户虚拟化身就可以在虚拟空间享受各类神奇的服务项目，比如《头号玩家》中的虚拟角色可以瞬间换装，虚拟试衣，输出游戏道具等。与物理宇宙 Universe 不同，在超现实主义的元宇宙，人们可以通过"化身"相互交往，度过闲暇时光，还可随意支配自己的收入。现实世界所能拥有的一切都可以在元宇宙里实现，现实世界无法完成的也可以在元宇宙中完成。

虚拟人是艺术化与结构化结合的 3D 模型，是迈入元宇宙的一个起点。虚拟人的制作需要把已经组织好、结构化的数据投入生产环节，经历一系列生产管线（Production Pipeline），经过艺术性的重新拓扑、纹理化和绑定，确保风格化的个性打造。人脸是现实世界最重要的身份特征，我们通常希望现实世界中的可辨识人脸出现在虚拟世界。作为虚拟化身的独特 ID，人脸数字化制作显得尤为重要。但除非你是一个专业人士，否则创建虚拟人脸并非易事。随着市场需求的加大，科技先锋开发了应用程序，帮助人们快速、轻松地制作虚拟人脸，让数十亿人在虚实世界中获得独特体验。以下是虚拟人脸制作工具，供读者参考。

1. 人脸生成工具 FaceGen Artist Pro

FaceGen Artist Pro 中有一个功能叫 Daz Studio，将图片导入 Daz Studio，可以生成和图片中的人物非常相似的脸部模型，可用于动画制作和 3D 打印。它的使用方法很简单，只需要选择图片，然后设置年龄、性别等，最终就可以得到一个高质量的模型。通常用于游戏角色设计。尽管 FaceGen 软件获得的贴图非常准确，但它获得的实际模型并不精确，尤其是五官的细节对于欧洲用户比较友好，对于亚洲用户则需要进一步改进。

2. 虚拟化身创作工具 Virtual You

开源 VR 软件平台 High Fidelity 在苹果应用程序和谷歌 Play 商店发布了 Virtual You：3D Avatar Creator。这款软件可以使人们在不到五分钟时间内制作出可用于 High Fidelity 的虚拟化身。Virtual You：3D Avatar Creator 是由 VR/AR 开发商 Wolf 3D 提供支持的免费工具，用户可以通过自拍生成 3D 虚拟化身，然后再从数以千计的衣柜组合中进行选择，并定制其外观的各个方面，如头发、妆容、体型，最后我们的虚拟化身将直接被发送到 High Fidelity 账户或兼容这一开源软件的任何虚拟环境。

3. 实时"捏人"工具 MetaHuman Creator

Epic 发布了令行业震撼的实时"捏人"工具 MetaHuman Creator，因其高效的人物角色模型创建和写实的渲染，一度成为行业讨论的热点。MetaHuman Creator 能让用户快捷、方便地创作高品质虚拟人。用户可以直接操作面部特征、调整肤色，并从预设的体型、发型、衣服等选项中进行选择，甚至可以编辑角色的牙齿。MetaHuman Creator 的工作原理就是根据一个不断增长的、丰富的人类外表与动作库进行绘制，并且允许你直观地进行雕刻，制作想要的结果，从而创作出可信的新角色。

MetaHuman Creator 选择一系列预设人脸作为创作起点，通过在库中示例之间进行混合直到出现令人满意的结果。例如，大约有 30 种发型供选择，该工具可以使用虚幻引擎的基于发束的毛发，也可使用适合低端平台的发片。另外，还有一系列服装，以及 18 种不同比例的体型可供选择，triMirror 插件也为 Epic 的 MetaHuman Creator 提供了实时服装的模拟程序。当人物制作完成后，配有齐全的骨架绑定，可在虚幻引擎中用于动画和动作捕捉。用户也可以以 Maya 文件的格式获取源数据，包括网格体、骨架、面部绑定、动画控制、材质。

国外采用预制大量虚拟形象的模板，依靠用户自我调试的方式解决。对于国内企业，主要应对的是高度定制化的场景。就目前而言，定制化项目成本较高、工期较长，在大规模复制上存在一定问题，导致虚拟数字人的应用无法快速推广到各行各业。解决方案是寻找合适的场景合作方，以 SDK/API 实现标准化对接，目前尚未发现最为合适的应用场景。另一方面，则是以交钥匙的服务形式直接提供最终成果，目前直接生成虚拟数字人播报视频的业务正在以这种方式提供，但其所占市场份额相当有限。

正如移动互联网时代人们需要有 ID、社交头像等抽象的数字身份作为网络通行证一样，虚拟身份将是进入元宇宙世界中的重要一环。而更能体现个性化身份的虚拟化身，被认为最有可能是元宇宙中的通行证和重要的数字资产。

五、与虚拟化身的心灵感应

科学家薛定谔的经典著作《生命是什么》中将生命定义为可以增加复杂度或者熵减的事物,这与热力学第二定律相违背。热力学第二定律认为,熵或混乱程度总会不断增加。生命在宇宙中显得与众不同,因为同一时间其他万物都在瓦解,而生命却在自我构建。如果按照科学家薛定谔的观点,虚拟智能人也属于一种生命形式,使用负熵(信息)增加复杂度(像生命一样成长)。更通俗的解释是,虚拟智能人是在信息环境中成长起来的一种生命形式。如同生物生命一样,虚拟智能人有组织(软件结构),能够与环境交换物质和能量(运行时释放热量),能够对刺激做出响应,可以繁殖(复制)和发展(收集更多信息),以及适应变化的环境。

人类普遍怀有强烈的欲望去以自然生命的形象创造非生物学意义的生命,并通过选择让它变得"更好"。未来,创造一个虚拟智能人既是人类权利,也要人类承担相对应的义务,需避免对数字生命造成伤害。虚拟人与人类共生的关系如同我们依赖植物释放出的氧气,而数字生命则依赖人类创造出的硅基空间,依赖人类编写的软件代码。

新生代对创造自己的思维克隆人习以为常,自然而然形成了共生伙伴关系而非压迫关系。由于无须知识的代代传授,数字生命进化的速度肯定比人类要快。虚拟化身虽然缺少真实存在的人类躯体,但是具备大脑中复制出的思维特点,可能变成一个更好的自己,像我们的守护天使,轻声地在耳畔给出警告或者建议。拥有虚拟化身的人类将被认为提高了意识水平,拓展了思维,以双思维方式参与更加复杂的决策,也会加快进化的步伐和文明的行程。

斯坦福大学的虚拟人机交互实验室(Virtual Human Interaction Lab,VHIL),由认知心理学家杰里米·拜伦森(Jeremy Bailenson)博士创办并主持,一直致力于研究人与其虚拟化身的镜像效应,即专门研究虚拟体验怎样把我们的现实态度和行为变得更好。通过几十个设计巧妙的实验,他们发现置身于合适的虚拟环境短短几分钟,就能提升自己的意志力和同情心,改变自己未来 24 小时甚至更长时间的思考和行为方式。他们得到了有趣的发现——"替代锻炼"(Vicarious Exercise),就是借助一种游戏化方法来蒙蔽大脑，以唤起足够的意志力去锻炼。需要做的就是，看电子游戏里的化身，即设计得跟你一样的虚拟形象在虚拟世界里锻炼。

在虚拟人机交互实验室进行的研究里，看着自己的虚拟化身在跑步机上奔跑的参与者说，人们对自己能有效锻炼明显有了更强的信心。他们走过了更多的街道，爬了更多级楼梯，在健身房花了更多时间。不过，只有当虚拟替身专门设计的跟参与者相像的时候，这一技术才能发挥作用。

斯坦福大学的研究人员进行了五轮不同的研究，所有研究都得出了相同的结论：替代锻炼和替代减肥明显提高了自我效能，因此也增加了现实生活里的锻炼。虚拟化身锻炼意味着一条提升自我效能的有效捷径，人们能够立刻看到锻炼带来的身体回报，这种情况在现实世界里一般很少发生。现实中，人要几天甚至几周才能看到些许积极的身体改变，但游戏替身对身体活动做出了即时响应，触发了多巴胺分泌，让大脑立刻感受到了奖励。这一过程比正常情况更迅速地建立起自我效能感。拜伦森博士把这种多巴胺水平激增称为虚拟减肥的"即时满足"。

面对困难之事保持意志力和决心的关键是自我效能，它能帮助你跨越艰巨的障碍，达成重要的目标。人们也可以观看跟自己长相相似的虚拟化身在虚拟世界里完成壮举，从而提升自我效能。每当一个人的虚拟化身取得了非凡的战果，他的意志力和决心都会得到替代性推动。自我效能不仅能帮助自己，而且可以激励他去帮助别人。个人感觉越强大，就越有可能在恰当的场合挺身而出。

六、不朽的虚拟化身

不朽，这里特指人类身体的不朽。我们中的大多数人将死亡视作从厌倦、悲伤、苦痛和绝望中得到解放。如果人类躯体死亡，思维是否有可能继续存在而实现不朽？

推特（Twitter）有一个名叫 Lives On 的系统，它提出"生命虽逝，推文不止"（When your heart stops beating, you'll keep tweeting）。这一系统依靠对用户生前推文的分析，自动合成推文并在用户死后继续发布。这项免费服务计划将通过死者的社交媒体账户直接发布文本、视频和声音消息，也可以把用户生前设定好的内容在将来发布出来。其创始目的与人们保存纪念品、信件和照片等来缅怀挚爱类似。

索尼推出了一款"生活日志"（Life Logging）软件，它能够在一个交互式时间轴上通过图表形式显示一个人的活动。用户与朋友说话、接收电子邮件、观看电影或进行智能手机操作，这款软件都会进行记录。这些四处遗落的"数字痕迹"可以构成思维模拟的数据基础。许多数据收集公司已经在使用智能算法辨别潜藏的海量数据，这也是"思维克隆"的前期探索。有人认为，人类实现永生只是个白日梦，但美国企业家玛蒂娜·罗斯布拉特却是这个白日梦的践行者，她致力于通过思维克隆技术全方位构建虚拟人社会。思维克隆人（Mindclone）具有人类级别意识，可以复制人类思维文件中的固有意识，是一个人身份的数字二重身和数字延伸，或许可以成为精神意义上的双胞胎。

人类的潜意识与生俱来潜藏在我们所有的意识活动中，思维引擎通过分析数据文件以区别出潜意识和动机。如果人类的记忆都通过电子邮件、网页、在线调查等形式得到了完整的保存，而且他们习惯于在社交媒体（比如微博、博客、微信朋友圈等）留下回忆、想法、食物偏好和之前从未表露过的意见，那么这些可信的思想数据将被用于分析、归纳成为个人独特的心理状态依据，最终这些思想数据被编译成一个思想引擎的参数设定，如信念、态度、价值观等。思想引擎可以成就一个虚拟智能人或思想克隆人的真实存在。

人类意识从复杂而精确的神经联结中产生，精神则栖居在人类意识之中。当模拟意识时，怀有进化的激情的人们往往就进入了无穷拓扑的算法领域，以及语义和灵魂自省的形而上学的宝塔。我们也许更喜欢这样的观点：人类意识无法从任何机器中产生，因为大脑比任何计算机都要复杂和变化莫测，可以进行动态性自我组织而无法预测。

大脑有时更像神奇的关系型数据库。人类大脑有超过860亿神经元，每个神经元都在多个方向与其他神经元进行链接，这就形成了一个超级巨大的蜂窝结构。人类意识不会像软件算法化，不会像机器一样可以预测。意识需要特质、独立的思考，以及基于个性化的行为选择。

大脑最主要的目标就是创造一个人对未来的构想。我们必须要深入了解三件事：其一，简单问题如何被神经元解决；其二，复杂问题如何被神经元解决；其三，如何在信息技术中复制神经元。总之，我们需要面对的仍然是探索思考与软件代码之间的区别。

人类思维擅于将不同事物联系在一起，建立外部世界的实时模型，以及组织一个连续、合理的互相作用的自我。控制论提出者、数学家诺伯特·维纳说过："如果我们能够以清晰、易于理解的方式做任何事情，那么我们也能用机器做到。"

通过基因克隆的人并不是真正的自己，只是"我"的DNA复制品，并没有"我"的思维。计算机虽然无法像大脑一样思考，但若要克隆思维，并不一定要复制大脑的所有功能，就像小鸟给了人类飞行的灵感，但是完全不像小鸟飞行的飞机却依旧可以飞得更高、更远。思维引擎必须学习人类基本的行为方式，获得像人类一样的人格、回忆、情感等数据积累。我们每一个人都有独一无二的行为、性格、感情、记忆、信念、态度和价值观，但我们拥有的这些属性，只是一个基于一般神经线路和一般社会经历的一般人类意识的结果。从生理上看，我们是父母基因的混合体，但从心理上看，我们是更多社会人心智的混合体。思维克隆人是一个人行为、人格、记忆、感官、信仰、态度、价值观的复制品，是由我们在生命时期留下的思维数据决定的，通过思维引擎的运行找到意识标志，并调整成为独特的意识品位。简单来说，思维克隆就是将完善齐备的思维数据库导入思维引擎所产生的结果。

为了避免对"思维""思想""自由意志"应该是什么的哲学式讨论，只需要比较机器和人类的表现，如图灵测试就可以判断一个机器的思维能力。艾伦·图灵在1950年发表的经典论文《计算机器与智能》或许是人类首次在历史上认识到，人类思想的功能与计算机拥有同一类离散逻辑系统。换句话说，人类意识可以在计算机中实现。所有的人类意识现象也可以解释为只是在人脑巨大、可调节的神经元联结中实现的虚拟机的活动。软件系统也可以接受各种感知输入，如音频、视频、嗅觉、味觉、触觉，并做出最终决策和判断。从理论上讲，一个拥有硅基计算机大脑、适合"编程"的机器人将会拥有自我意识。更确切的说法是，机器人将拥有自我意识，它的身躯是机器，大脑是计算机。当然，如果机器永远不会犯错，那它就无法具备智能。

人们想要不朽的原因只有两个：你正在享受生活；你认为如果继续活下去，最终会享受生活。通过数字技术，我们已经创造了初期版本的不朽。情书、唱片、日记和照片会随着时间的推移而消退，变得难以分辨，或被烧成灰烬，或在洪水中破碎，或被填埋在地下。但是数字记录可能会永世长存。如果人类躯体死亡，思维可能继续存在，那么从某种程度上来看，思维引擎将让永生成为现实，可能其他非生命形式能够存活几个世纪、数千年，甚至数百万年后再次苏醒。我们曾将不朽视作进入天堂或重生的精神概念，未来人类则能够以一种技术不朽的形式永远生活在现实世界。随着越来越复杂的人工智能的发展，你我将能够和家人保持更为长久的联系，与他们一起回忆，畅谈希望和理想，分享假期趣事、四季变化以及家庭生活中其他所有无论好坏的琐事，即使那时我们的肉身早已化作尘埃。

有人提出，人们如果知道自己将会永生，就会更加善待这个世界；如果人人都参与经验的传递，社会一定会变得更加文明。也有人提出，如果老一代永远不离开舞台，新一代的才华将很难有施展空间，社会变化的速度将变得很慢。毫无疑问，这将会对传统人类社会产生深刻的哲学影响、社会影响、法律影响以及伦理影响。让我们用美国伟大浪漫主义诗人亨利·朗费罗的诗句来结束本章的讨论吧！

岁月是不逊于青春的机遇。随着夕阳落下，天空又缀满繁星。

——亨利·朗费罗（Henry W. Longfellow）

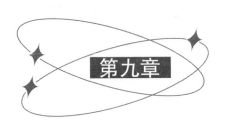

元宇宙与区块链

构建活力经济和希望人生

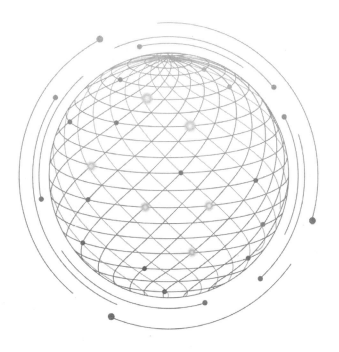

一、妙趣的第二人生与躺平现实

2003年,林登实验室(Linden Lab)以"合作、交融和开放"为主题推出当时全球最大的虚拟世界游戏《第二人生》(Second Life),这款游戏远不止娱乐功能,它还拥有更强的虚拟世界建设功能与发达的虚拟经济系统,吸引了大量企业与教育机构。《第二人生》仅预设初始界面与构建场景的基本工具,将创造内容的权利交至用户手中,因此在同一平台内可出现多种主题,商店、银行、住宅、娱乐场所、媒体发布平台、业务中心等类现实场景陆续出现,用户可在其中进行购物、社交、投资、办公、参选,甚至"婚育"等类现实活动。

在推特诞生前,BBC、路透社、CNN等将《第二人生》作为发布平台,IBM曾在游戏中购置过地产以建立自己的销售中心,瑞典等国家在游戏中建立了自己的大使馆,西班牙政党在游戏中进行辩论。毫不夸张地说,《第二人生》为用户打造了一个身临其境、高度包容的虚拟世界。

随着用户向虚拟世界迁移数量的爆发式增长,知名机构也陆续入驻《第二人生》。用户可"住"在喜来登酒店,收看路透社的虚拟新闻发布会,购买戴尔的虚拟电脑、阿迪达斯的虚拟服饰及丰田的虚拟汽车,以至于用户之间、用户与企业间的交互不断加深。根据数据统计,2005—2009年间《第二人生》注册用户由10万增至1900万,年度虚拟住宅交易额由2200万美元增至5亿美元,其用户生态与经济体系均得以繁荣发展。

Roblox和Minecraft分别于2006年、2009年上线,对比《第二人生》弱化了社交属性而升级了游戏性。用户通过创建游戏内容、建筑场景以变现而非交易虚拟商品。Minecraft在12年内实现超6.38亿注册用户数。诞生于2018年的Zepeto通过时尚的虚拟形象装扮与社交场景吸引了大量年轻女性,在3年内实现超2亿的注册用户数。多项数据表明,虚拟世界正在加速吸引用户参与。请见表9-1。

表 9-1　虚拟经营游戏平台案例汇集

平台	说明
Roblox	Roblox 上线于 2006 年，是全球最大的多人在线创作游戏平台，也是首个定位"工具＋社区"的游戏 UGC 平台，用户及营收规模迅速扩大
Minecraft	凭借创造性与传播性吸引大量年轻用户，复现建筑与工业魅力；玩家通过对抗敌对生物、耕作生产、开采矿石、搭建房屋来达到生存目的，从中收获高成就感
Zepeto	以虚拟形象掀起"捏脸"潮流，用户可根据个人喜好打造虚拟形象并购买虚拟服饰进行装扮，可选择背景、姿势进行"拍照"，因社交性与时尚感突出，成为营销推广新阵地
Decentraland	首个基于区块链技术的虚拟经营世界，实现虚拟商品资产化，实现社区自治
The Sandbox	拥有庞大的手游用户基础，沉淀了丰富的游戏运营经验，"Play-to-Earn"机制鼓励用户在娱乐中创造游戏，Alpha 活动激活社区生态

当人们越来越喜欢在虚拟游戏平台上花费更多的时间和金钱，乏味的现实却与妙趣的第二人生有着迥然差异，内卷到身心俱疲是社会普遍反映。过去，努力就能看到回报，现在，"贬值最多的不是货币，而是你的努力。""我们现在进入了一种低水平内卷，高水平倦怠的阶段。"（经济学者管清友）

全球经济有史以来第一次遇到这样的状况：虽然持续增长，但却几乎无人受益。数字时代似乎正在给创新和经济发展带来无限可能性，但是繁荣程度却停下了脚步，就连发达国家的生活标准也开始下降。在现代历史上，尽管出现过萧条和动乱，对于大部分人和社会整体而言，发达程度基本处于稳定提升过程。但现在却出现了完全不同的情况，工资增长了，社会发展却处于停滞状态。据国际劳工组织统计，世界上大部分地区年轻人失业率维持在20%左右。

在发展中国家，失业对社会具有腐蚀性破坏。任何曾经丧失过工作的人都知道，无论社会发展程度如何，失业都会侵蚀自尊和幸福。2014年由托马斯·皮凯蒂编写的畅销商业书籍《21世纪资本论》指出，只要资本回报超出长期经济发展，不平等就会加速产生，因为富人的资产能够产生比工作收入更多的钱。今天，全世界1%的人口拥有50%的财富，而有35亿人每天收入低于两美元。为了阻止社会不平等趋势加剧，唯有对世界上大部分富人的财产征税、对穷人予以扶持。

历史上，西方世界大部分超级富豪都是通过创立公司发财致富，尤其是在以探索和开拓精神著称的美国。但是根据不完全统计，美国新企业的开办率也在下降，历史短于一年的公司占比在1978—2011年间从15%下降到了8%。千禧一代曾经被描绘为具有企业家精神的开拓者，但他们却几乎没有采取行动来反抗这种颓势。美联储的一项分析数据发现，户主年龄低于30岁的美国家庭中只有3.6%的家庭才在私人公司中持有权益，低于1989年的10.6%。数据表明，美国青年也在躺平之中。

丹麦的幸福生活是舒适惬意，瑞典的幸福生活提倡愉快地工作、自然而然的平衡。但是作为发展中国家，逃离倦怠和内卷、奔向幸福的根本方案，唯有科技的创新与进步，以及国民教育水平的整体提高。优良教育是国家创新发展的动力，而金融包容性是经济发展的前提条件，但是金融却存在着排斥性，因为大部分人很少学习现代金融知识，难以深入领会资本的力量所在。在美国，15岁以上人口中有15%（相当于3700万美国人）没有获得银行服务，而墨西哥等国则有73%的人未获得过银行服务。2014年，来自世界经济论坛上的警告是：金融不平等是一种会快速演变成社会危机的经济状态，愈发严重的不平等已造成了全球最大的风险，甚至超过了全球气候变暖、战争、疾病等其他灾难。

数个世纪以来银行一直依赖于其商业网络扩张，连续不断的客户、分支网点、产品、存取款等增加了银行网络的价值，但是建立这些网络必然带来成本的增加。具体来说，获取那些能带来利润客户的成本一直在上升。如果预期利润不能覆盖维持成本，银行就没有兴趣再继续维持。因此，银行并不服务于世界上的大多数人，几乎没有热情激励、赢得那些处于收入金字塔底部的客户。

信用是金融活动的根基。具体到金融行业，人们正在希望通过技术进步，能够低成本地解决金融活动中的信任问题。区块链（block chain）像是一个数据库账本，安全记录所有交易信息，通过不同节点共同参与的分布式数据库，建构一个开放式的公共账簿。从数据包形成区块，中间有一个利用密码学技术的哈希值计算，把不同时间段的交易信息链接起来，形成了区块链。

区块链是一种去中心化的、不可篡改的、可信的分布式账本。它提供了一套安全、稳定、透明、可审计且高效的记录交易以及数据信息交互的方式，其特点是高度安全、不可篡改。分布式账本存在于互联网，向所有用户公开；帮助人与人、物与物之间实现点对点的交易和互换；无须第三方的介入就可完成价值交换。区块链可以存储数据，也能运行应用程序，目前主要应用于存在性证明、智能合约、物联网、身份验证、预测市场、资产交易、文件存储等领域。

区块链技术降低了金融包容性的壁垒，催生出企业家精神，实现数百万缺乏银行服务底层人的梦想。区块链将在支付网络缺乏或极端薄弱的地区拥有最大的影响力，推动全球各地小微信贷机构高速发展，把它们变得公开化、全球化、迅捷化。区块链技术为我们解决信任和价值传递问题，提供了一个新颖而实用的方案。

金融身份（准入）代表着广大金融和经济性机会的开端，这些机会是全世界超过20亿人曾经无法想象和企及的服务。区块链给每个人分配了独一无二的可核实的身份，使他们能够平等地参与到经济活动中，其意义非常深远。《贫穷的本质》一书的作者阿比吉特·班纳吉和埃斯特·迪弗洛，调查了贫困人群最集中的18个国家和地区，发现贫困群体常常缺钱，但他们在借钱的时候很少选择银行，而是直接去找高利贷。因为银行对这个群体很不友善，他们贷款金额太小，而要做背景信息调查又要花费很多。另外，这些人群违约的概率也比较大，银行不愿意承担这样的风险。由此，贫困群体不得不转向高利贷等非正规渠道去借款，他们的生活也经常因此而被拖垮。区块链以低成本成就小额放贷服务，使得全球投资者们构建起海量小额贷款的多样化信贷资产，使用和偿还这些贷款的完整细节都能在区块链上被追踪到。人们在履约、偿还小额贷款之时，能逐渐获得更多、额度更高的贷款，用于开创他们的事业。区块链实现了一个创举，让从前没有获得过银行服务的人们得到金融扶持，把他们从贫穷中解放出来。

对于无银行服务的人们而言，区块链技术正在带来一种新型的金融身份。个人能够创建一个持久性的数字身份以及可核实的信誉，用于各种交易活动，而不再需要通过那些传统的身份验证。区块链对这种数字身份赋予了信任和获取金融服务的途径。戴维·伯奇作为一个密码学家和区块链理论家，曾总结道："身份就是一种新的货币。"区块链可以直接追踪到那些无银行账户者对小额贷款的使用和偿还情况，帮助他们建立信誉档案。

区块链上的交易几乎不需要成本就可以完成。任何拥有最小资产的人，比如拥有刺绣或音乐方面的天赋、多余的水桶、生蛋的鸡等都可能交换价值。如果你能够用移动设备访问互联网，那么你就可以存取资产，无须填写任何表格，也几乎不需要高级专业知识。这些看上去微小但不可思议的重要突破，能够释放出史上最大未被开发利用的人力资源，把数亿计已投身于蓬勃发展事业的企业家们带入全球经济之中。总之，区块链技术创造了一个更简单、更高效的市场。

2019年10月4日，中共中央政治局召开区块链学习会议，重点强调要将发展区块链技术上升到国家战略高度，明确要把区块链作为自主创新的重要突破口，明确主攻方向，加大投入力度，着力攻克一批关键核心技术，加快推动区块链技术和产业创新发展。这一重大战略部署，为我国区块链技术研发指明了方向和重点，也赋予了区块链产业发展的无限施展空间。

在国务院印发的《"十三五"国家信息化规划》中，区块链技术被确定为战略性前沿技术，在此前提下，区块链成为当下热点应用技术之一。我们坚信，区块链技术将以不可阻挡的力量，为根深蒂固的传统经济体制带来变革力量。

二、区块链与数字货币

区块链的价值创造在于创建信任，作为一种分布式账本技术，将对传统的中心化信用机构的信任转变为对区块链账本的数据公信。这不仅可以大幅减少因信用中介机构存在而产生的交易成本，还可以解决信用中介带来的"中心化"数据安全问题。区块链还以其防篡改、高透明的特性，保证数据的真实性和可追责性，减少审计流程，降低外部监管成本。因此，区块链的首要功能就是通过数字公信，制造出更多新类型的交易模式，获得新的价值。

区块链价值转移与支付是通过数字资产化实现的。大数据时代，所有资产都可以被数字化而成为数字资产。数字资产是以电子数据形式存在的权益凭证，代表一种权利和内在的价值，也代表一切权益证明。从身份证到学历文凭，从货币到票据，从门票到积分卡券，从股票到债券，从发明专利到税收证明，从农副产品到工业制成品认证等，社会经济的全部权益证明，都可以用数字资产来代表。区块链的重要功能之一，就是实现数字资产的加密、确权和流通。同时，区块链去中心化的价值传递特性，又使数字资产的流通与交换具有了现金货币类的自由度。

下面介绍一些区块链的具体应用。

1. 比特币

区块链技术被人们认知，主要起源于比特币，但是大多数人也只对比特币等加密货币有些模糊了解。作为目前世界上应用区块链技术最成功的项目是比特币，自诞生之初，就充满了神奇的色彩，引来颇多争议，并且伴随着价格的大涨而越来越多地出现在公众媒体与大众的视野中。

2008年11月，也就是全球经济危机全面爆发之际，一个网名为"中本聪"的人通过互联网发表文章，构想了一种基于区块链的比特币系统。在2009年1月3日，中本聪挖掘了第一个区块链，从此最初的50个比特币宣告问世。

2021年6月，萨尔瓦多通过了比特币在该国成为法定货币的《萨尔瓦多比特币法》，成为世界上第一个赋予数字货币法定地位的国家。2021年9月24日，中国人民银行发布进一步防范和处置虚拟货币交易炒作风险的通知。通知指出，虚拟货币不具有与法定货币等同的法律地位。2021年11月10日，比特币的价格再创历史新高，首次逼近6.9万美元/枚。

比特币是基于互联网与区块链技术的数字货币，随后诞生的莱特币、以太坊等都属于这种类型的货币。这类货币可以在互联网上跨机构、跨法人使用，并统一记账。尽管比特币造成的印象各不相同，有人认为是金字塔骗局、洗钱工具，有人认为是价值传输高速路上的金融通行证，但无论如何，在比特币存在争议的同时，区块链已作为当前极具潜力的信息技术，以令人始料未及的速度在全球掀起一场多层面的经济变革。

比特币的本质是数字货币，区块链的本质则是一个分布式账本，而货币系统本身就是一个账本，这是它们能够天然结合的很好解释。只不过，原来的货币系统账本是由央行控制和维护的，现在区块链则是分布式的（去中心化），是大家共同维护的。

电子货币是法定货币的电子化，电子支付服务最初是由银行等金融机构提供，如银行卡和网银等。随着第三方支付机构等非金融机构的出现，电子支付更加便捷，界面更加友好。电子货币为公众提供了新的支付手段，最终要回归银行系统。

虚拟货币是价值的数字化表现，是由私人机构发行并且使用的记账单位，最为典型的是比特币。电子货币和虚拟货币同法定数字货币有明显区别。法定数字货币本身是货币，和纸币、硬币共同构成现金，而电子货币只是电子化的法定货币，是支付手段的创新；法定数字货币由央行发行并做信用背书，基本上没有无信用风险，有内在价值且价值波动较小，处于银行监管之下。

比特币是一种通过密码算法，基于区块链技术在复杂算法的大量计算下产生的、去中心化、点对点交易的数字货币。在比特币系统中，每10分钟会通过矿工产生一个区块（block），这个区块是一份账单，里面记录的是10分钟内全球发生的所有交易信息。一个区块相当于账本中的一页，这一页上面记录了这10分钟内全球的交易信息。比特币会永久保存自创世以来的所有有效区块,其中每一个区块都被打上了时间戳(timestamp),通过计算机算法得到哈希值,告诉人们它的上一个区块是哪个,严格按照这样的时间顺序将所有区块组织成一个首尾相接的数据链条,因此取名区块链。

加密数字货币与法定货币的不同在于,前者的安全规则需要完全通过技术手段实现,而非依赖于中央机构。顾名思义,加密货币着力采用密码技术。密码学提供技术将加密货币体系规则应用到系统本身,人们不但可以利用密码学防止对系统的干扰、避免混淆,也能将新货币单位创造规则编码到算法协议中。

密码学的核心,是保证主体不受其他实体的恶意行为侵害,哈希算法和数字签名技术,对构建一个加密数字货币系统非常关键。这里的哈希函数,对于一个信息生成固定长度的摘要或简明总结,为我们提供了一种记住之前所见事物,并在今后认出这些事物的有效方法。虽然整个文件可能非常大,存储数据规模达到GB规模,但其哈希值的长度固定。例如,哈希函数为256位,这样做就能极大地降低存储要求。

比特币是通过数学计算的工作量来控制新币的产生,使用安全的时间戳来记录交易信息,防止双重支付。哈希函数可算是密码学中的瑞士军刀,它在众多各具特色的应用中都找到了着力点。区块链(块链)非常聪明地把两个基于哈希值的数据结构结合起来,第一个数据结构是区块的哈希链,每一个区块都有一个区块头部,里面有一个哈希指针指向上一个区块;第二个数据结构是一个树状数据结构(也叫梅克尔树),也就是以树状结构把区块内所有交易的哈希值进行排列存储。它以一种非常高效的形式把所有交易组织了起来。

对区块链的研究还在进行中,完善理论对将来的发展十分重要。只有具备了较强的理论依据,才能真正地对比特币的安全性和稳定性做出保证。不同的应用会要求不同的哈希函数特性,如果要确定一系列哈希函数特性,以全面达成可证安全是极度困难的。就目前经验来说,比特币系统实际运行情况远比理论设想的要好得多。

要想创造一种自由浮动并且具有真实价值的虚拟货币,必须要设计出

某种具有稀缺性的东西。比特币不依靠特定货币机构发行，而是依据特定算法、大量计算产生。比特币使用整个P2P网络中众多节点构成的分布式数据库来确认记录所有的交易行为，使用密码学的设计来确保货币流通各个环节的安全性。P2P的去中心化特性与算法本身，可以确保无法通过大量制造比特币来人为操控币值。基于密码学的设计，可以使比特币只能被真实的拥有者转移或支付，这也确保了货币所有权与流通交易的匿名性。比特币的总数量非常有限，具有稀缺性，总数量将被永久限制在2100万个。

2. 挖矿

比特币挖矿机就是用于赚取比特币的计算机。这类计算机一般有专业的挖矿芯片，耗电量较大。计算机下载挖矿软件然后运行特定算法，与远方服务器通信后可得到相应比特币，是获取比特币的方式之一。任何一台电脑都能成为挖矿机，但是其算力几十万年也许都挖不到一个比特币。搭载特制挖矿芯片的挖矿机，要比普通电脑运算速率高几十倍或者几百倍。

通常把矿工的任务分成两类：第一类任务是验证交易和区块，这是比特币网络赖以生存和运转的基础，这些任务也是比特币协议需要矿工的首要原因；第二类任务是和其他矿工竞争，争取可以找到区块并因此获益。这些任务并不是比特币网络存在所必需的，而是为了鼓励矿工去完成第一类任务而设置的。

值得一提的是，2009年1月3日伦敦《泰晤士时报》的一则报道说，财政大臣拯救了银行，指的就是比特币的第一个区块被铸造出来的时候，该区块的币基参数确定。这被看成比特币发明的政治动机，同时也很好地证明了第一个区块的打包时间是在2009年1月3日。矿工们使用不同币基参数来支持比特币的不同特性。

最初版本的区块链技术采用的是开放式系统，任何人都可以通过互联网下载比特币客户端，注册一个账户来挖矿（竞争记账权），再加上客户之间数据的交互遵循固定算法，交易双方无须公开身份，所以比特币的交易极具匿名性。因此，比特币成了许多个人和组织洗钱、偷税漏税、转移财产等违法犯罪活动的工具。

虽然比特币具备匿名性，但区块链技术是一种公开的账本系统，任何人都可以查询包含了给定地址的所有比特币交易，可以用比特币地址链接到所有者的真实身份，通过所有者的比特币交易记录，不管是过去的、现在的，还是未来的，都能关联到真实身份。如果你跟某一种比特币业务有关联，不管是一个在线电子钱包服务，还是其他接受比特币的商家或交易，都不需要提供你的真实身份以完成相关交易。

3. 区块链 3.0

区块链因为具有去中心化、不可篡改、可追溯的迷人特性，成为全球关注的焦点。区块链技术具有广阔的应用场景，除了加密数字货币已在使用，数据存储与鉴证、金融交易、产品溯源、政务民生、供应链协同等多元领域也得到了应用并有出色表现。随着更多应用场景出现，未来的区块链技术将会发挥更大的作用。

区块链 1.0，是以比特币为代表的数字货币应用，其场景包括支付、流通等货币职能。主要具备的是去中心化的数字货币和支付平台的功能。由于比特币区块大小只有 1MB，在交易频次越来越高、人们需求越来越多的情况下，转账速度变得越来越慢。只满足数字货币的交易和支付功能，使得该应用不能被大范围地普及到人们的日常生活中，区块链的概念也难以深入人心。

区块链 2.0，是数字货币与智能合约相结合，对金融领域更广泛的场景和流程进行优化的应用。升级的智能合约是 20 世纪 90 年代由尼克萨博提出的理念，几乎与互联网同龄。智能合约是一个用计算机处理的交易协议，能够执行合约的条款。智能合约的主要目的是满足通用的合同条件（如支付条款、扣押权、保密性甚至是执行），减少因恶意行为或意外带来的争议，减少对可信任的第三方中介的依赖。相关的经济目标是降低成本，包括降低因诈骗而导致的损失、仲裁和执行成本以及其他交易成本。通过智能合约建立起来的合约同时具备两个功能：一个是现实产生的合同；另一个是不需要第三方的、去中心化的公正、超强行动力的执行者。

由于缺少可信的执行环境，智能合约并没有被应用到实际产业中。比特币诞生后，人们认识到区块链可以为智能合约提供可信的执行环境。以太坊（ETH）首先看到了区块链和智能合约的契合，发布了白皮书《以太坊：下一代智能合约和去中心化应用平台》，并一直致力于将以太坊打造成最佳智能合约平台。区块链的可编程性，对各国央行发行数字货币具有最大吸引力，也是金融行业对区块链技术的最大期许。但其作为对智能合约进行事先检验的科学方法，目前还处于理论研究阶段。

随着技术的发展，超越货币及金融领域的区块链 3.0 开始进入人们的视野。从目前来说，区块链 3.0 是价值互联网的内核，能够对每一个互联网中代表价值的信息和字节进行产权确认、计量和存储，从而实现资产在区块链上可被追踪、控制和交易。对于区块链 3.0 技术的定义，还存在一定的不确定性。在大多数人看来，专为商业分布式应用而设计的 EOS 及物联网新型交易结算等，应用了"泛区块链技术"，或许能够归于区块链 3.0 技术之列。区块链 3.0 的概念，已经涵盖了智能化物联网未来的各种应用场景，随着技术的发展，还将扩展至物流、人力资源、科学、教育等更多领域，提供去中心化解决方案的"可编程社会"。

IBM 公司认为区块链的价值产生于去中心化物联网的愿景，成为发生互动设备间促进交易和协作的一个框架。随着处理能力的提升，以及廉价、小型联网设备的不断出现，在数字孪生状态下，与物联网相连的传感器通过无处不在的全球网络，可以捕捉到地球上的每一次事件变化。每一个设备实行自我角色和行为的管理，从而带来去中心化、自主运作的物联网，走向数字世界的民主化。设备可以自主执行数字合约，通过搜索自己的软件更新，验证节点的可信性，支付和交换资源及服务，从而与各个设备建立协议、实现支付和贸易关系。这让它们能够以自我维护、自我服务的形式运行。得益于区块链技术，互联网中将会实现分布式、可靠安全的信息分享与感应，以及自动执行程序与完成交易。

万物账本让"分布式资本"成为可能，遵守价格上的承诺并保护隐私等行为可以为更多的人带来自由，让我们能够根据个人、公司和社会的价值观去塑造市场、编码到区块链中，使用可再生能源的激励机制，优先使用来自邻居的资源。总之，随着人们越来越多的分享，在物联网上的万物账本推动物质世界越来越人性化。

中国自改革开放以来，坚持科技创新的国家战略，对于技术创新国家一直都是持开放包容的态度。区块链技术受到了自上到下的积极响应,中国政府与企业表现出浓厚兴趣并支持其发展。2015年12月,区块链研究联盟、区块链应用研究中心成立;2016年1月,中国区块链研究联盟成立;2016年12月,国家将区块链列入"十三五"国家信息化规划;2016年10月,工信部发布《中国区块链技术和应用发展白皮书(2016)》。

中国经济的发展核心是稳定,故而国家对数字货币一直保持克制和理性的态度。中国人民银行表示,比特币不是由国家发行的,不具有法偿性与强制性等货币属性,并不是真正意义上的货币,不能且不应该作为货币在市场上流通。中国人民银行多次发布公告,提醒投资者防范数字货币风险。

金融服务领域由国家高度监管,区块链技术能够增加透明度,提高反应速度,让监管部门及时察觉银行及市场网络内部的运作情况。总之,完善的监管措施必然与区块链技术的应用同步发展,真正使区块链技术成为未来中国投资者的新型投资渠道,让各行各业更多、更快地应用区块链技术传输价值成为可能。

三、元宇宙的经济探索

区块链是金融科技中的核心技术。现代银行业起源于意大利,意大利是欧洲最早开始海洋贸易的地区,复杂的、高风险的海洋贸易必然需要相配套的金融服务;二是意大利人发明了复式记账法,使得复杂的经济活动在会计(以货币为主要计量单位,运用专门的方法,核算和监督一个单位经济活动的管理工作)上可计量。复式记账法几百年来一直没有重大的改进,区块链技术将是自复式记账法发明以来,人类社会记账方法的第一次革命性改进。作为分布式账本技术,区块链必将给任何需要记账的行业带来降低成本、提高效率、创新业务的机会。因金融业受益驱动,华尔街表现出来的热情甚至超越硅谷,再加上长达10年的全球金融危机,造成全球货币与资产价值不稳定,让市场投资者失去信心。数字货币和区块链技术被国内外众多金融机构和个人所追捧,毕竟它给我们创造了一个用"共信力"来解决公信力问题的可能。

由于区块链是一个公开、透明、可追溯、不可篡改的分布式总账系统，区块链技术在支付结算、资产登记以及资产转让等方面也有积极的探索。区块链技术可以有效降低支付、清算、结算步骤的出错率，有利于金融监管。而监控每一步资金的流入流出，是推动诚信社会建立的有效手段。

区块链也代表着一种社会思潮，预示着人类社会转型的来临。凯文·凯利在《失控》一书里说道：基于生物逻辑的自然、社会、技术的进化规律，是分布式和去中心；从边缘到中心再到边缘，从失控到控制再到失控。互联网时代的组织及经济发展规律已经发生改变，区块链的技术基础是分布式网络架构，正是因为分布式网络技术的成熟，去中心、弱中心、分中心及共享、共识、共担的组织架构、商业架构和社会架构才有可能有效建立起来。

区块链实际是一个技术组合。作为分布式账本，全部机构和各种事务被生成一本总账；应用新型数据库，但没有中心机房和运维人员；第三方按共识算法录入数据，非对称加密算法保证数据安全，数据客观可信、不可篡改；由于采取智能合约，理想社会就好像一台精密运行的计算机，一切都可以事先约定，编成代码，依程序行事；最后，它是互联网TCP/IP模型的点对点价值传输协议，区块链标志着互联网技术在帮助人们传输信息，而这种帮助是不借助任何第三方的信任背书，包括点对点、端到端、P2P传递、交易、支付、汇兑价值物，等等。

从资产到账本，中间层需要一个场景，最可能的场景就是交易所，可以实现资产和货币的交易。数字货币的一个延伸在于代币（Token Coin），就是把资产变成货币，代币作为资产使用权的证明或者资产内在价值的所有权证明。资产变成货币，就是一种证券化。如果我们能够建立一个账本，将资产证券化中的资产全部挪到这个账本上，基础资产的各种特征都做好标记，按交易时间更新区块且不可篡改、定期跟踪，就能够实现资产证券化与区块链的有效结合。

2016年G20杭州峰会对数字经济作出了定义：以使用数字化的知识和信息作为关键生产要素、以现代信息网络作为重要载体、以信息通信技术的有效使用作为效率提升和经济结构优化的重要推动力的一系列经济活动。

元宇宙首先是一个经济系统，其经济探索将在全球范围内实现前所未有的金融包容性。元宇宙经济的四个要素是数字创造、数字资产、数字市场和数字货币。另外，元宇宙中的经济活动将促进代际间的财富转移，造福未来的几代人；元宇宙能够包容数字原住民、数字创意人、数字打工人、游戏玩家等拥有数字价值的个人，这些价值曾经不被传统金融体系所承认。元宇宙金融（MetaFi）指的是让非同质化代币和同质化代币（及其衍生品）产生复杂的金融互动协议、产品和服务。MetaFi继承了不可阻挡性和可组合性。它的发展受到一些关键趋势的推动，如风险的相互化、金融的游戏化，以及金融工具的发展和智能合约服务栈的改进，形成一个高度创新的平行金融系统。

元宇宙提供了一个由去中心化账本组成的平行经济系统，它具有全球性、透明性且是加密原生的。它为新型的数字优先（digital-first）经济提供了基础，我们已经通过NFT（Non Fungible Token，非同质化代币）和游戏经济（如Axie Infinity的Play-to-Earn）观察到了它的萌芽。MetaFi通过非同质化和同质化代币的混合，结合新颖的去中心化自治组织（DAO）社区治理形式应用在元宇宙。这些不同的加密货币的组合，形成成熟的平行经济。

通过NFT平台，创作者和社区能够更容易地设置创造性交换的经济条款，从永久版税到发行他们自己的社区代币。粉丝和社区也可以直接分享他们喜爱的产品和文化项目，获得经济方面的成功。一切事物的价值及其流动，都可以通过数字资产来实现，并允许开放小众市场形成潜在的长尾价值。智能合约服务栈的改进，允许对纯粹的链上数字和金融服务进行集体治理，而不需要公司和中心化的中介机构（如银行）的服务。其成员能够根据明确的条款顺利地随意加入和退出。

在某种程度上，艺术品是一种货币，转变成数字货币的机制无疑是未来的潮流。区块链上整合数字化水印和密码学技术，以用于作品的真伪性证明。传统艺术品的交易为了保证信任和流动性，以至于过程中过多依赖中间人。我们相信一个去中心化的世界账本的出现，结合先进的加密机制，隐藏买家和卖家的身份，对艺术品市场来说极具吸引力。如果艺术家的数字作品，加上水印作为确定性的限量版本，那么他们就可以进行知识产权转化，变成可以交换的资产。作为一个公开的、分布式的账本，区块链确保了交易的开放性、准确性和处理的及时性。在区块链上，建立一个以艺术家为中心模式的目标，而不是以前那种以唱片公司或技术发行商为中心的模式。艺术家们可以创作音乐，因创造的价值而得到合理的回报。区块链上的智能合约可以降低复杂性，数字作品经过自动推送及验证会直接到达目标受众。除此之外，分发服务能够从艺术家的粉丝那里收集到非常可贵的反馈意见，这也许就是区块链上创意产业的未来。

根据《滚石》杂志报道，Kings of Leon 乐队以 NFT 形式发行新专辑，销售额超过 200 万美元。为《末代皇帝》配乐的日本音乐大师坂本龙一，也发布了自己的 NFT 作品《Merry Christmas Mr. Lawrence》，一个音符 10000 日元（约 555 元），引发乐迷们的支持。中国也在积极开展版权保护方面的工作，NFT 不失为一种有效的解决方案。

区块链作为新一代互联网的底层技术，展现出其独特的重要性。区块链技术，打通了虚拟空间和现实世界，让"虚拟世界"变成了"平行宇宙"。

区块链是元宇宙的可信底层构建关键技术。哈希算法和时间戳为元宇宙用户提供底层数据的可追溯性和保密性。共识机制可以解决信用问题，利用去中心化的模式实现网络各节点的自证明。分布式网络构成了整个经济系统运行的核心基础。区块链既是元宇宙的基础设施，也是元宇宙经济系统的基础，切实保障用户数字资产和虚拟身份的安全。

区块链能实现元宇宙的价值交换。依托区块链网络本身的公开透明特性，以及具有自动化、可编程、可验证等卓越特性的智能合约，数据在无须第三方验证平台的前提下，可进行链上可信交互。因此，区块链将为元宇宙内支付和清算提供系统保障，而这些系统规则的执行是透明的，杜绝了可能存在的舞弊和暗箱操作等有害行为。

区块链可以使元宇宙里的数字物品成为真实的资产。区块链里的 NFT 将成为元宇宙中新的价值承载物，使虚拟物品通证化，从而实现数据内容的价值流转。通过映射数字资产，用户在元宇宙里的装备、道具、土地产权等都会有可以交易的实体。

区块链技术代表了一种公正透明、信任协作的价值观，可以不依靠纸质合约的所谓约定，通过区块链技术，将其条款编写成智能合约，部署在区块链系统上。系统将会严格地按照事先的约定条件来执行，无人能去篡改或者撕毁。从最初的加密数字货币到智能合约，未来将走向更有前景的区块链社会。

区块链以消耗庞大的存储和算力为代价，换得建立在公链共识基础之上，可追溯、匿名、仿篡改等机制。作为去中心化的元宇宙模式，分布式数据库和块链式数据结构的区块链技术是元宇宙中必不可缺少的一环，通过群体共识的方式来标记真正的财产。区块链技术让元宇宙得以构建经济基础，创建数字货币和信任网络，尝试解决现实社会中的问题。所以，元宇宙代表了人类对完美社会的向往，代表了人类对新文明时代的渴望。

四、元宇宙的先行探索

雏形版的"元宇宙"始于游戏平台，虚拟经营是元宇宙先行探索的应用。用户以虚拟身份在游戏平台提供的开发工具的帮助下，搭建与现实生活相似的场景或全新的场景，进行社交、游戏、创作、交易等行为。元宇宙的先行探索者，为何以游戏平台为先导呢？一方面，游戏是元宇宙中经济、文化、艺术、社区、治理等的缩影；另一方面，从技术成熟度、用户匹配度、内容适配性等多维因素考虑，游戏是探索元宇宙的极佳切入方式。

游戏已是帮助人类通过虚拟世界获得替代性创意空间及身份共享体验的重要载体。根据经济体系的不同，可以将虚拟经营世界分为区块链项目与非区块链项目。前者可实现虚拟商品资产化，其投资交易属性更强，代表平台如 The Sand Box 和 Decentraland；后者社交性和创造性更强，但是虚拟商品无法在二级市场转售，代表项目如 Zepeto、Minecraft、Roblox。

2003 年诞生的《第二人生》，是首个现象级虚拟经营平台。用户除了可以在其中进行社交、购物乃至"婚育"等类现实活动，还能够通过虚拟银行实现平台货币 Linden Dollar 与美元的双向兑换。凭借高自由度与虚拟经济体系，《第二人生》成为红极一时的应用。但是，繁荣发展的同时滋生出大量问题，包括一些用户在平台上进行非法活动，虚拟商品版权难以得到有效保障，平台内通货膨胀严重，等等。外加用户操作界面极为复杂，导致老用户流失，新用户增长缓慢，最终《第二人生》让位于加速崛起的新平台。

区块链技术可实现虚拟商品资产化，其投资交易属性更强，The Sand Box 和 Decentraland 作为代表项目，利用区块链技术解决了《第二人生》遗留问题。区别于《第二人生》的中心化管理，它们的运营由去中心化自治组织 DAO 完成，大量持币者的共同治理使项目的发展更加透明稳定。DAO 即去中心化自治组织（Decentralized Autonomous Organization），指在区块链上投票表决并自动执行结果的加密原生团体，实现了虚拟经营世界的自治，使其按照成员共同渴求的方向发展。DAO 使跨国大规模协作成为可能，并有效解决了传统平台中心化治理与元宇宙自由开放理念相悖的矛盾。

事实上，中心化与去中心化的竞争（见表 9-2），在数字时代之前就已经存在，在电话、无线电、电视及电影的发展史上，我们都曾看到过这两种模式的竞争。中心化的与去中心化也并非水火不容，其实没有一个系统是完全中心化或者完全去中心化的。比如，电子邮件其实是一个去中心化系统，它基于一个标准的中心化协议 SMTP，任何人只要愿意，都可以设计自己的电子邮件服务器，只有很小部分电子邮件服务商在这个领域占据统治地位。比特币系统是去中心化的，但比特币交易所（将比特币转换成其他货币的平台）、钱包软件以及用户管理比特币的软件，可以是中心化的，也可以是去中心化的。

表 9-2　去中心化自治组织 DAO 与中心化组织的异同点

相同点	（1）均是为了实现某一目标 （2）个人与整体均可在达成目标后获得激励
不同点	（1）DAO 没有分明的层级，任何通证持有人均可以提议投票，决策权掌握在集体而非少数人手中 （2）DAO 信息透明且无较高的进入门槛，因此会形成激烈的竞争机制，从而筛选出能力最强的成员 （3）基于智能合约，在 DAO 通证持有人进行投票表决后，提案程序将会自动执行，从而实现社区的自治

虚拟经营世界的特点各不相同。虚拟经营世界正在加速吸引用户参与。Z世代（95后）的人，比他们的祖辈更愿意接触金融产品。这使得他们非常喜爱以社交、商业或游戏为目的的虚拟经营世界。在这个虚拟空间中，以NFT为代表的稀有元素可以自由购买、交易和构建，不但可满足用户的社交需求与创作欲望，而且对现实生活形成情感补充，还可以创造经济价值。

人们常说"在娱乐中赚钱"（Play to Earn，P2E），这本质上是一种形式的"人类工作证明机制"（Proof of Human Work，POHW），需要以自然人为单位投入时间和精力，并以时间和精力为核心元素"挖矿"。这符合广义通证经济的一个主要特征，即人们通过在元宇宙雏形世界从事各种活动，产生"数字劳动价值"，基于区块链游戏的产业生态也因此而快速发展。

NFT的重要特征在于，每一个NFT拥有独特且唯一的标识，两两不可互换，最小单位是"一"且不可分割，因而非常适合具有排他性的应用，能对不可分割性的权益和资产进行标记，并可以实现自由交易和转让。NFT的唯一性与稀缺性有效解决了虚拟商品版权问题。Decentraland和The Sandbox均构建于以太坊网络之上，用户可使用代币购买项目内虚拟土地及其他NFT。2021年5月，Zepeto携手The Sandbox共同推出NFT，旨在实现同一NFT的跨平台访问，成为不同虚拟经营世界的首次跨界尝试。

用户在虚拟世界中拥有的数字资产，如游戏装备、头像等以NFT的形式表示，可拥有独一无二的数字认证，既接受现实世界产品的购买形式，也能够以虚拟世界产品作为数字资产购买。数字资产与现实资产的双向流通创造出新经济形态。每一个NFT只能被一个所有者拥有，而每一个数字身份所有人则可以拥有多个NFT。因此，统一的数字身份为元宇宙中不同平台的化身所创造拥有的数字资产提供了保证。

数字身份并不是一个新概念。随着时代和技术的发展，数字身份拥有了不同的概念内涵，经历了中心化、联邦化和分布式数字身份的演化。其中分布式数字身份以区块链分布式账本等底层技术作为支撑，已将标识属性逐步从人物扩展到数据，在实现数字对象全面互联互通、隐私身份管理等方面具有重要意义，进而也成为元宇宙中数字身份的存在方式。分布式数字身份的一个重要功能是在元宇宙的不同平台之间，依靠私钥形成身份的迁移，从而统合不同平台上同一主体的不同数字化身（avatar），这对于在元宇宙中形成新的商业模式有着重要的影响。

数字身份的日渐普及，为现实世界的商业品牌提供了在元宇宙数字世界营销的全新方式。自元宇宙概念爆火之后，不少品牌在元宇宙游戏平台上进行产品的营销宣传。例如 Vans 在 Roblox 里搭建了一个滑板公园，用户在玩游戏时可以购买 Vans 的虚拟商品。产品品牌营销围绕着数字虚拟世界中人类虚拟化身（avatar）展开，被称为 D2A（Direct-to-avatar），玩家在元宇宙游戏中购买的既可以是实体产品，也可以是虚拟产品，并可衍生出虚实两类资产的维护服务。

雏形的元宇宙经济，目前还主要展现在新型开源特征的游戏平台，不再是由平台创建者主导的中心化设计，而是在提供工具和规则前提下，由玩家自主开发的"共创"数字空间。元宇宙经济中的数字资产，主要是基于区块链技术的具有经济价值的数字凭证。这类凭证既可对应现实世界资产逻辑在数字世界的映射，例如数字房产、数字股票、数字期货等，也包括由数字代币表达的数字权益或数字艺术品。而玩家拥有由"数字身份"统合起来的多样化的数字化身，购买或创建属于自己的"数字资产"，在新的经济体系中，便捷地完成与现实世界资产的双向兑换。

五、元宇宙风潮下的变革和监管

元宇宙是先导于游戏平台、奠基于数字加密货币，由一系列技术创新集合支持下，人类向数字空间迁徙和探寻的生存愿景。数字经济经历桌面互联网和移动互联网之后，区块链技术实现了对互联网协议的系统性革新，推动了新型数字虚拟经济的发展。区块链既是数字货币的技术载体，也是发展新型数字经济的重要组成，它不仅可以重塑货币市场、支付系统、金融服务及经济形态的方方面面，而且会改变人们生活的多个领域。

2020 年疫情期间，区块链技术在慈善捐赠、物资流转、舆情监控等方面发挥了重要作用，印证了其在经济社会中独特的价值。继 2019 年区块链被正名、2020 年被纳入新一代基础设施建设后，我国继续高度重视区块链发展，对区块链呈现出包容、开放、发展等积极态度，国家部委、地方政府等纷纷出台区块链相关政策，推动区块链产业化创新发展。

2021 年，中共中央、国务院等国家层面立法 11 条，将区块链列为"十四五"规划发展的重要技术之一，涵盖了区块链在区域发展、证券、区块链应用试点、标准化建立、外贸、税收、产品价值传导以及素质行动等多个层面的应用，而且区块链相关政策进一步下沉，并逐渐在税收、外贸等关键领域被强调应用。值得注意的是，在《中华人民共和国国民经济和社会发展第十四个五年规划和 2035 年远景目标纲要》里，在"加快数字发展　建设数字中国"篇章中，区块链被列为"十四五"七大数字经济重点产业之一，将迎来创新发展新机遇。

目前区块链产业地图形成非常完善的产业分布，包括泛金融、政务、民生、存证、协议、交通，等等。NFT 通过区块链打破了传统经济范式下对产权、版权、规制等的门槛限制，充分发挥了数据、知识等要素的潜能，在一定程度上突破了互联网巨头的垄断，进一步释放数字经济的生机与活力。毋庸置疑，NFT 是 2021 年区块链技术的热点应用。

下面对涉及区块链的相关技术进一步讨论如下所述。

1. 年度词汇 NFT

不知不觉中，NFT 已经渗透到我们生活的方方面面，耐克阿迪的虚拟鞋、可口可乐、麦当劳的 NFT 藏品、香港地产巨头新世界的虚拟房、宝马和法拉利推出的虚拟汽车……NFT 以不可思议的速度在传统行业传播，并试图改变传统行业固有的创作、营销模式，并且在艺术、体育等行业已经产生巨大影响。

NFT，成为年度最有争议的技术和创业项目之一。国内的 NFT 定义为"数字藏品"，不可交易，禁止炒作，不论价值大小，价格大多定位在 0～100 元；国外的 NFT 是一种可以交易的数字资产，允许炒作，比如卖出近 7000 万美元的 NFT 画作《Everydays：The First 5000 Days》，连作者本人 Beeple 都直言 NFT 就是泡沫。

让中国的NFT创业者颇为惊喜的是，新华社推出了基于区块链NFT技术的"新闻数字藏品"，全球限量发行11万个。此前，国内绝大部分NFT项目没有国家相关机构参与，而此次新华社的参与在一定程度上代表了"新风向"。在国内，NFT更像邮票、纪念币，拥有独立品牌的企业甚至个人，包括音乐家、运动员、书法家、记者、小说家等，只要在某一个行业拥有品牌地位，就可以通过NFT的方式将粉丝的打赏变现。

NFT除了可以将个人的品牌价值放大，还可以让俱乐部与粉丝之间有一个更好的连接方式。比如顶级足球俱乐部AC米兰，通过推出NFT让拥有者享有俱乐部的部分决策权。巴塞罗那、尤文图斯等顶级俱乐部也通过这一方式，与铁杆球迷形成更好的连接。

目前，劳斯莱斯、法拉利、保时捷、宝马等主流汽车品牌都已经进军区块链，并推出自己的NFT作品。法国奢侈品牌Balmain推出与美国高端健身房Dogpound合作的最新系列运动鞋"BBoldDogpound"，并在全球区块链交易平台Open-Sea上发布了新款鞋的NFT版本，为其购买者提供线下独一无二的VIP体验服务。品牌的实物产品与虚拟数字资产在某一种意义上实现了联动。而这些商业新模式的创造，都基于消费者具有数字身份以及独一无二的产品数字认证。

疫情期间，线下博物馆门庭冷落，然而线上博物馆却通过NFT有了更多曝光。目前，国内有17家博物馆通过蚂蚁链NFT技术试水数字藏品。例如，根据湖南省博物馆镇馆之宝"T型帛画"设计而成的四枚数字藏品在新科技平台上重新焕发生机。俄罗斯冬宫博物馆也开启了5幅世界名画的NFT拍卖活动，其中包括达·芬奇、莫奈、凡·高等艺术巨匠的作品。作为数字经济新尝试，NFT在《柯林斯词典》最新发布的2021年报告中，成为唯一的"年度词汇"。

2. 大数据变革与监管

大数据对普通用户来说，意味着永远没有控制权。行业垄断企业已经形成数据霸权，正利用他们的隐含动机为用户推出相关的服务。当用户不知不觉产生宝贵的数据时，数据霸权使用所获数据去创造每一个用户的形象档案以分析用户行为、推销商品，最终垄断数据以谋取巨大的财富。以

Facebook 为例，它在全球拥有近 30 亿月度活跃用户，2020 年的定向广告收入为 840 亿美元，占其总收入的 98%。同期，谷歌公司的广告收入为 1470 亿美元，占其总收入比例也高达 80%。美国华盛顿邮报与乔治·梅森大学的政府与政策学院，联合发布了一项关于民众对社交媒体信任度的调查结果，这项在全美范围内以随机抽样方式开展的民调显示，近四分之三的美国人不信任 Facebook、WhatsApp、Instagram、YouTube 等社交平台，约 70% 的美国人怀疑数字设备监听了他们的谈话，约 82% 的民众对人工智能算法进行定向的广告推送持负面看法。

在数字技术革命浪潮冲击下，传统的信任关系必将演变为新型数字信任关系，有效赋能数字经济可持续发展。虽然实际情况是技术飞速发展与制度构建相对迟滞之间有矛盾，各国目前尚未就此形成确定的治理框架，但我们依然可以从多种因素协同互动的视角，探寻化解这些难题的思路。

首先，充分认识和理解大数据技术的两面性。过度否定这项技术并不能真正消解其负面作用，探索扩展其在解决信任、隐私、公民权利保护等方面的潜力，会增加获取用户信任的可能性。

其次，应当设法使数据的收集和处理方，强化对数据处理目的与过程的披露，增加透明度，这需要技术和制度的协同。技术应实现更多开放性和选择性，并在过程中坚守伦理道德底线。制度在加大数据权益保护力度的同时，也需要保持一定灵活性，不能过分压制创新。

与此同时，应尝试将塑造社会信任的正式制度（法律、监管、契约）与非正式机制（伦理、技术、社会习惯）相结合，用科技增强信任，创造更多数字社会福祉。

总而言之，在建立数字信任的过程中，技术、制度均非万能之器，应相互包容沟通，实现多方共赢。

环顾世界，权利和财富越来越多地集中在大型跨国集团手中，这样的公司仍然保存着层级化的架构，大部分的活动都是在公司内发生的。高级管理者们，依然将公司模式视为组织人才、无形资产及激励员工的良好形态。层级化的旧世界封闭而不愿改变，强大的中介机构也试图从中牟取暴利。尽管传统产业结构还在持续地创造财富，但是难以形成持久的繁荣。区块链技术虽然不是世界经济和金融困境的万能解药，但是由区块链提供点对点解决方案,加强了隐私与安全保护,做到更透明、包容及更具创新性,由此带来的新秩序会更加平等。

3. 金融革新与监管

区块链是世界从封闭系统转变到开放的重要表现,它将对未来金融服务产生巨大影响。区块链让多方使用相同的信息,而不用反复进行信息复制与对账,提高效率、减少成本。随着中介数量的减少,更多的金融产品和金融服务就可能以更低的成本提供给更多的人。

世界四大会计事务所之一德勤,一直在评估区块链技术的影响,因为区块链的时间戳完全简化了审计流程,所以德勤担心占据了其三分之一收入的审计业务将化为乌有。整个华尔街对区块链的观点趋于正面积极,金融机构都表达了类似的兴趣,巴克莱银行削减了几万个传统岗位,为的是把资金加倍投入到区块链和比特币相关技术的研究中去。尽管证券交易所都是中心化的市场,但纳斯达克 Linq 的平台将区块链分布式账本技术融入纳斯达克私人股权平台。在 2016 年 1 月 1 日,纳斯达克 Linq 完成了首次在区块链上的交易。分布式账本技术的可追踪性有利于加强系统的稳定性,使监管部门可以了解任何一个细节。

金融行业无疑因数字化而受益,所以也被认为是最先应用区块链技术的行业。我国中央银行也正在研讨数字货币方案。而大部分区块链创业者的目标,也瞄准了各种各样的金融行业应用,目前比较成熟的有支付、跨境汇款、众筹、数字资产交易等。还有几十个金融应用场景,正在各大金融机构的区块链创新实验室里进行试验。

中国人民银行对法定数字货币的研究始于 2014 年,至今已在理论和实践方面取得了很大进展。2014 年,中国人民银行成立了发行法定数字货币的专门研究小组,论证央行发行数字货币的可行性;2015 年,中国人民银行将研究结果整理成法定数字货币系列研究报告,深化对我国法定数字货币形态、原型系统的总体架构、应用架构、数据架构和技术架构等方面的设计;2016 年,中国人民银行启动了基于区块链和数字货币的数字票据交易平台原型的研发工作,借助数字票据交易平台验证区块链技术,同年中国人民银行数字货币研究所成立;2017 年 1 月,中国人民银行推动的基于区块链的数字票据交易平台测试成功。

区块链技术的广泛应用，加速推动了金融科技产业链的发展，也由此对金融科技公司及金融机构业务的监管提出了进一步规范的要求。必须维持监管工具的持续创新，才能保证金融科技监管的不断加强。

2021年，金融科技迎来强监管时代。"风险防范""反垄断""有序创新"成为关键词。随着金融行业数字化程度提升，大数据平台逐渐成为数字化转型基础设施，形成了信贷科技、保险科技、资管科技、数字人民币、基础技术、应用场景等很多全产业链的业务。从技术来看，云计算、大数据、人工智能、区块链、加密技术、隐私计算等多技术融合应用于用户身份识别、交易行为监控、法律法规追踪、合规数据报送、风险数据分析、金融机构压力测试等监管科技细分领域，监管科技进入数字智能化阶段。

数字货币的流通，可以促进现实世界经济效率的提升，也将为数字资产与现实资产的互通互换提供符合新型货币政策的可行性依据。在元宇宙数字世界创造的数字产品，经由他人的消费购买而生成为数字资产，元宇宙中的数字资产与现实世界的资产双向兑换达到一定的规模，就意味着经济生产的总体量将大大提高。Roblox作为互联网游戏平台，首先把平台数字代币Robux与美元的双向兑换闭环成环，成为游戏平台进行数字经济生产的一种模式。

元宇宙作为具备永续性、开放性、自治性和沉浸感等特征的高度发达的通证经济形态，可促进虚实结合及相关产业的发展，实现持续迭代和自我完善。全球的稳定币和央行数字货币是在价值维度链接两个世界的重要工具，符合现代经济的发展需要。

元宇宙经济逻辑来自数字货币的诞生与数字法币的发展，以及围绕着数字资产而展开的一系列新的经济生产和商业模式。支撑这种新型数字经济逻辑的数字货币，已经逐渐从争议性的加密货币，过渡到多国央行发行数字法币的共识。依托区块链分布式记账技术形成的新型数字资产，在元宇宙中以NFT形态存在。它带来一系列商业模式变革和经济生产、流通消费模式的革新。数字身份为数字资产的创造和消费提供了新经济模式，数字资产与现实资产的双向流通创造新经济体系。在"认同"决定价值的元宇宙经济体系中，精神价值、历史价值、审美价值等非传统商业价值的"资产化"，让数字生产和消费呈现出与物质世界生产、消费不同的经济规律和价值逻辑，从而催生出更为丰富多元的数字经济业态，无疑将极大扩充人类的经济总量。元宇宙预示了人类社会发展的进程转变和生存方式的扩容，在前沿技术生态中开启了数字孪生和数字原生人类文明新纪元。

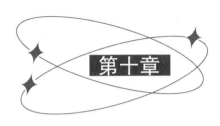

第十章

元宇宙与 3D 打印

如何抵挡自我复制的机器战将

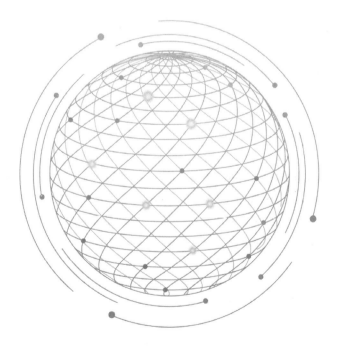

一、3D 打印与虚实转换

随着科技的发展，虚拟空间与物理世界将并行孪生、同步延伸，人们自由穿梭于两个世界，生活在"现实的虚拟"或"虚拟的现实"之中。虚拟空间与真实世界同存共融。2011年1月5日，微软公司CEO鲍尔默，在消费者电子产品展CES发表了主题演讲，现场大屏幕上展现的却是他的虚拟动漫化身。鲍尔默指出：Kinect提供化身功能，可识别用户的一颦一笑。如果说Kinect实现了由实转虚，那么3D打印设备则可以实现由虚转实。

3D打印（3D printing），属于快速成形技术（Rapid Prototyping）。它是以数字模型文件为基础的直接制造技术。3D打印技术，运用粉末状金属或塑料等可黏合材料，通过逐层堆叠累积的方式来构造物体，即将打印所需材料粉末按照模型文件所设计的形状一层一层往上延伸，仿佛从无到有的"加法"，又称增材制造AM（Additive Manufacturing），它与传统制造的塑模、切割等做"减法"的程序正好相反。

3D打印与大数据、物联网、区块链、人工智能等一起，成为产业数字化升级的关键技术。如果说物联网、人工智能、机器人解决的是感知（sensing）、决策（decision making）、执行（manipulation），那么3D打印则从制造的角度使得数字化链条更加完整，带来了极大自由度、灵活性，同时也需要数字孪生和人工智能的支持，以应对复杂性和不确定性。未来，3D打印制造技术，可以用来打印从人体组织到首饰、建筑等各类物品，甚至实现自我复制机器的真正问世。

2012年，日本东京涉谷区的Omote 3D照相馆非常火爆，接受的预订立时爆满。其成功因素之一就是利用三维扫描仪进行准确的数据采集，奠定了3D制作的坚实基础。Maya的三维制作调整运用非常得当，充分展现了日本工艺的精湛风格。日本3D照相馆使用的是Z Corporation公司的产品，ZPrinter 650 系列为主要生产工具，当时 ZPrinter 是世界上唯一能打印彩色立体模型的商用工业级 3D 打印机，1993 年由麻省理工学院开发。它使用喷墨打印头，将液体胶水逐次喷到粉末层上，即用喷墨打印头逐层在粉末层上喷洒四种不同颜色的黏合剂。

世界第一台 3D 打印机，是由查尔斯·赫尔（Charles Hull）1984 年发明的，当时赫尔使用专门的紫外线灯来硬化被称为"光固化聚合物"的液体树脂材料。赫尔意识到，可以发明一种能够用计算机控制紫外线激光束的仪器，并用它将一桶光固化聚合物塑造成一个物体的表层。在这个表层之下，有一个感光固化聚合物的升降台，打印过程中它会下降，在已塑形表层之下，再喷一层光固化聚合物，而计算机控制的激光束，继续固化这层光固化聚合物。这个过程不断重复，最终造出了一个小巧的蓝色塑料杯。赫尔很快因此获得了一项专利，并成立了一家名为 3D Systems 的公司，专门研发商用 3D 打印机。

查尔斯·赫尔发明这项技术以来，3D Systems 公司在 3D 打印领域所向披靡。该公司在纳斯达克上市后，逐渐成为 3D 打印界的领头羊。2011 年，3D Systems 收购了 Z Corporation，也就是日本 3D 照相馆的彩色 3D 打印机。3D Systems 公司不仅仅是一家 3D 打印设备提供商，还提供包括 3D 打印耗材、按需定制组件服务和 3D 数字模型制作软件，其设计平台类似苹果的 iTunes 应用商店，可以下载任何设计模型，打印自己心仪的物品。

3D 打印机是由控制组件、机械组件、打印头、耗材和介质等架构组成。3D 打印发展带来创新机会，很多人自愿参与其中。MakerBot 公司是由普通教师创立的，位于纽约布鲁克林，从事 3D 打印机生产。公司成立两周内就售出了 20 台。2011 年 8 月，他们获得了 1000 万美元的融资；同年被知名科技媒体 SAI 评为"20 家最具创新力的科技公司"之一。Makerbot 发展战略与一般工业 3D 打印机完全不同，区别于工业机的打印完美，Makerbot 则让 3D 打印更加容易，有点像 Apple 2 出世。Makerbot 允许用户使用 CAD 软件来创建物品，也可以从上万种现成物品文件中选择，比如浴帘环、眼镜框、微缩建筑等，然后 MakerBot 只需花些时间就可以把它们打印出来。

2012年11月MakerBot位于纽约的线下体验店正式营业，消费者可以买到MakerBot生产的打印机、打印材料和预制的物品（比如手镯、玩具）。

MakerBot已经成为Stratasys的子公司，是全球3D打印领域的佼佼者。相对而言，艺术家一般会喜欢MakerBot，大多数家庭用户则会选择方便实用、更像孩子玩的玩具的Cube 3D打印机。金属3D打印可以让打印部件达到传统方式无法达到的薄壁、尖角、悬垂、圆柱等形状的极限尺寸，让产品设计师有更大的发挥空间，过去以考虑零部件的可制造性为主的产品设计，转变为增材制造思维下的功能性零部件设计。

3D打印不是简单生产工艺的革新，而被看成是重塑产品，颠覆传统供应链和传统商业模式的一种革命。《经济学人》杂志就曾经评价：伟大发明所能带来的影响，在当时刚刚推出的那个年代都是难以预测的，如同之前数个伟大发明，印刷术、蒸汽机、晶体管都是如此，而今我们仍然无法预测3D打印，在漫长的时光里如何改变这个世界。

2011年6月，美国总统奥巴马宣布一项新的扶植政策——向3D打印产业投资5亿美元，以提升美国在制造业上的领先地位。3D打印开启了下一代经济性的火箭发动机制造之路，成为NASA获得低成本、可重复利用的下一代火箭发动机的启动契机。

应用最广泛的3D打印三大技术原理如下所述。

1. 立体光固化成形（Stereo Lithography Appearance, SLA）：液态树脂材料

光固化技术，主要使用光敏树脂为材料，通过紫外光或其他光源通过多镜片反射，将温度传递给液态树脂，进而凝固成形，经过逐层固化最终得到完整产品。Carbon 3D公司的CLIP技术（Continuous Liquid Interface Production，连续液面生产），作为光固化（SLA）的改进，登上了权威学术杂志 *Science* 的封面。其打印速度惊人，分层在理论上可以无限细腻。CLIP打印支持一种称为数字光合成DLS技术，将数字光投影、透氧环境和可编程树脂相结合，创造出坚固耐用、高性能的聚合物部件可以和注塑零件相媲美。阿迪达斯是一家全球运动品牌生产商，他们通过Carbon的

DLS 技术批量生产跑鞋用的中底部件，将高性能聚氨酯弹性体快速 3D 打印，成为复杂的网格结构，以增加跑鞋的弹性。阿迪达斯针对个人的尺寸、形状和步态，量身定制运动鞋，替代传统的塑料泡沫工艺，引领数字化制造新趋势。

2. 选择性激光烧结（Selective Laser Sintering, SLS）

普通多聚体粉末、金属粉末（铝粉、钢粉、镁粉等）先铺一层粉末，然后使用喷嘴将黏合剂喷在需要成形的区域，让材料粉末黏接，形成零件截面，然后不断重复铺粉、喷涂、黏接的过程，层层叠加，获得最终打印出来的零件。通过使用不同的粉末，SLS 用激光完全熔化，可以输出各种材料的物品，如尼龙制品、玻璃制品、陶瓷制品、钢铁制品、钛制品、铝制品以及后来的纯银制品。3D Systems 现在是 SLS 3D 打印机的主要供应商，它在 2001 年获得了德卡德专利。

金属零件的 3D 打印技术，作为整个 3D 打印体系中最为前沿和最有潜力的技术，是先进制造技术的重要发展方向。在激光对粉末的熔化加工过程中，每个激光点创建了一个微型熔池，从粉末熔化到冷却成为固体结构，光斑的大小以及带来热量的多少等，决定了这个微型熔池的大小，从而影响着零件的微晶结构。为了熔融粉末，必须有充足的激光能量被转移到材料中，以熔化中心区的粉末，从而创建完全致密的部分，同时热量的传导超出了激光光斑周长，影响到周围的粉末，出现半熔化的粉末，从而产生孔隙，这是需要克服的问题。所以，通常金属 3D 打印零件的最小的制造尺寸需大于激光斑，超出激光点的烧结量，需要根据粉末的热导率和激光能量米确定。

3. 熔融沉积成形技术（Fused Deposition Modeling, FDM）：混合塑料 ABS 和 PLA

熔融沉积是整体成本最低但普及度最高的技术，它将丝状热熔性材料加热融化，通过带有一个微细喷嘴的喷头挤喷出来。热熔材料熔化后从喷嘴喷出，沉积在制作面板或者前一层已固化的材料上，温度低于固化温度后开始固化，通过材料的层层堆积形成最终成品。

当前的 3D 打印技术多集中应用于工程塑料的 3D 打印，而对于用于注塑工艺最常用的通用塑料如 ABS，并没有最合适的解决方法，这极大地限制了塑料 3D 打印真正意义上与注塑竞争。此外，由于 3D 打印是一层一层来实现的，如何实现层与层之间的分子间的融合程度，即与每层内部的分子之间的融合程度相同，是这一技术所面临的主要挑战。

塑料 3D 打印技术的一个发展趋势，是制造具有更高力学性能的零件，而开发具有更高力学性能的打印材料，是驱动这个发展趋势的关键力量，其中常见的做法是将碳纤维、玻璃纤维等填料添加到高分子聚合物材料中，制成适合 3D 打印的纤维增强复合材料。在纤维复合材料 3D 打印中，最具有商用化潜力的是碳纤维增强复合材料 3D 打印技术。碳纤维具有与金属相当的强度，但又非常轻，具有广泛的应用前景。MakerBot 最近宣布增加了一种复合打印材料——尼龙 12 碳纤维。尼龙 12 碳纤维表现出质量轻、强度大的材料特征，它是一种有弹性的碳纤维增强尼龙，经过优化，在某些应用中可用于打印金属替代零件，适用于航空航天、制造和汽车行业的功能原型和轻质模具应用。

碳纤维增强复合材料 3D 打印技术，受到了国家和政策层面的高度重视，从我国工业和信息化部、国家发改委、财政部联合发布的《国家增材制造产业发展推进计划（2015—2016 年）》中可以看到，纤维增强复合材料 3D 打印，是一项受到极大关注的技术。该计划指出，在非金属增材制造专用材料中，提高包括碳纤维增强尼龙复合材料在内的现有材料在耐高温、高强度等方面的性能，降低材料成本等方面是研究的重点。

二、3D 打印的应用领域

拓扑学优化是 3D 打印设计的一个重要方向。这类零件，可以具有合理的强度和极轻的重量。以往对于具有复杂内部结构的产品，如液压缸、液压阀，具有内部沟道的冲压模具，往往需要拆分成多个零件，通过复杂的连接件进行精密组装。3D 打印的出现，完全可以将以往的几个零件整合为一个件来制造。

通过 3D 打印这种工艺对产品形状创造的自由度，可以将以往需要多个零件组装在一起的零件，以一体化结构的方式来完成，通过拓扑优化、创成式设计、仿真等软件，实现以最少的材料达到最佳的性能。在制造领域，3D打印以创新方式打开了下一代设计与制造的新模式。

3D打印（增材制造），正在从根本上改变制造产品的方式，从飞机零部件、医疗器械等关键应用，到日常产品如跑鞋等，3D打印技术将三维数字模型转化为实际产品的能力，比传统制造技术（如机械加工、注塑和热成形）具有更多的优势，可实现按需生产、零库存，减少模具成本、缩短交货时间。3D打印代表性应用出现在以下领域：

1. 航空航天

飞机的零件减重，意味着节省大量的燃油消耗；其实现路径包括用先进材料来替代，或者对零部件进行轻量化设计。3D打印通过结构设计实现轻量化的途径有四种：中空夹层/薄壁加筋结构、镂空点阵结构、一体化结构、异形拓扑优化结构。Stratasys公司使用熔融沉积成形，用FDM 3D打印设备和ULTEM热塑性塑料制作飞机通风道的工艺，在2015年通过了FAA认证。与传统方法相比，采用该工艺生产零件的原材料用量减少了90%。国产新型隐身战机"鹘鹰"采用3D打印，实现了减重和减少零件数量，提高了动力效能和储油能力，显著降低了成本。

金属3D打印领域的代表之作，在8天内打印完成了火箭发动机缩小版样件。该发动机的内部结构十分复杂，钟形的开口和弯曲的体型，很难通过传统方法加工出来。通过建模、数据挖掘和不确定性分析来优化3D打印金属零件，这个发动机被打印成无须组装的一体式部件。NASA已经在国际空间站上测试了3D打印机，以便在存储空间有限的情况下，在执行太空任务期间生产航天器备件。

2. 医疗器材

无论是临床还是科研，3D打印在医学领域的应用媒体曝光率最高。人造牙齿、人造膝盖等具有极高的几何复杂性，每个人都需要单独定制，往往选用高加工成本和低人体排斥性的钛合金成本，对传统加工业的技术水平和成本都是极大的挑战，而以上恰好是3D打印能够完美解决的领域。

金属烧结 SLS 由于生产过程中存在细密的孔隙（由于激光金属烧结 SLS 生产过程中的不完全融合），恰好与骨骼结构相似，提高了人体适应性。从强度上也具有与骨骼的相似强度，这就避免了替代区域受力时，由于骨骼和替代物强度不均而导致的进一步损伤。因此，它具有良好的替代性，也具有极大的商业开发价值。

3. 汽车制造

虽然当前的 3D 打印技术应用仅局限在航空航天和医疗领域，然而对于制造业来说，最大的应用市场是汽车等工业消费市场。对于传统汽车而言，即使 3D 打印有着一定的应用潜力，但由于汽车产业庞大的技术认证体系和复杂的供应链方式，使得传统汽车制造行业引入 3D 打印技术的过程变得尤其缓慢。

现在的电动汽车制造商，往往并非出身传统制造业，而是来自互联网。这些企业接受 3D 打印技术的心态必定更加开放。电动汽车无疑是 3D 打印真正能大规模进入产业化的一个绝佳应用领域。电动汽车市场为 3D 打印带来的机遇不仅局限于研发试制、热交换器、汽车内饰和个性化定制，还将进一步打开上述随形冷却模具的市场，推进快速铸造与 3D 打印技术的结合。3D 打印也被用来创建新产品的功能原型，进行原理测试和功能验证，如：汽车工程师可以为一个新的齿轮箱测试打印部件，以检查所有部件是如何组合在一起的。

新型混合动力汽车 Urbee 的创造者，使用 3D 打印技术制造出了一辆 3D 打印占比超过 50%、可驾驶的原型汽车——Strati，简化了复杂的产品测试，从而使产品可以更快地推向市场。通常一辆车需要超过 2000 多个零件，而 Strati 仅需要 40 个。除了 3D 打印的部分，Strati 其他的零部件来自雷诺或者采用传统制造。

4. 时尚设计

3D 打印最突出的优势就是定制和个性化，因此在服装和珠宝设计领域发展很快。3D 打印比起手工制作效率高、成本低、超精细，设计师们通过 3D 打印，可以将脑海里的幻想通过简单步骤迅速变成现实。目前市场上有几种"互联网+珠宝定制"的商业模式,虽然还没有成为珠宝行业的常态,但是已经有了雏形。

配合纺织新材料与3D人体测量等技术研发,未来将实现"单量单裁",客户可以将自己所需的纺织服装产品在家或在任何地方进行打印。

5. 动漫人形玩偶

在过去数十年间,日美动漫手办产品一直雄霸全球市场。手办原型师通过使用一些油泥或黏土作为雕塑的材料,来创作动漫中的人物形象。传统手办原型的制作,由于受到材料和制作工具特性的限制,在人才需求和设计制作方式上难以满足日趋严苛的工业化需求。数字建模和3D打印技术的普及,给我国手办业带来一个发展契机。建模软件中的"虚拟黏土"便于修改,设计好后直接导入3D打印机,从而降低了对人才的要求。3D打印利用模块化设计制作,大大提高效率和制作品质,比如身体部分、帽子、衣物、饰品等都可以被多次使用。应用3D打印手办的优势,打破了传统制作工艺的局限,丰富制作效果的同时压缩了设计制作成本,提高了产品在市场上的竞争力。

6. 建筑

建造3D打印房屋的核心,就是在计算机操控下吐出水泥,一层一层地堆砌建造。建筑的数字化制造,消除了传统建筑方法固有的许多限制,可以制造出任何形状的建筑,还可以通过3D打印制造蜂窝状的空墙结构,节省材料和增强隔音功能。房子的硬度完全取决于打印材料,除了水泥外,还可以在里面混入硬度较高的材料,甚至可以做到比钢筋还要坚固的程度。

3D打印技术并不是一个孤岛。如何让设计、加工准备、加工过程、加工过程控制以及质量检测等每个环节形成一个完整的工艺链,是成功实现增材制造生产的决定性因素。引入增材制造技术也会带来供应链、库存管理和人才培养的压力。目前3D打印技术高速发展的主要瓶颈还是材料。3D打印最为普及的材料是塑料(尼龙、ABS、PLA),其在非工业级领域的应用比较常见。金属,特别是铝、钛的衍生产品,在建筑领域具有突破性的应用。近几年,金和银也加入了 3D 打印家族,在首饰设计上大展身手。另外,较新的材料如陶瓷、纸制品、生物材料和食品等层出不穷。虽然 3D 打印成本和操作技术都是工业级的昂贵,但桌面 3D 打印机越来越便宜,3D 打印距离我们的生活越来越近。

个人用户或企业用户对产品逐渐有了个性化需求,3D 打印带来了个性化生产模式,生产可以离消费者很近。《创客 Makers:新工业革命》预言,3D 打印将带来"创客运动"的工业化,即数字制造和个人制造的合体。随着 3D 打印工艺及其后期处理工艺效率的提高,产品质量更加稳定,其价值在整个产品的生命周期中突出彰显。

3D 打印技术的使用,减少了对铸造、锻造、模具制造等工艺的需求,减少了对零件装配的需求,在增材制造的生产环境中,对大面积厂房、车间等物理基础设施的投资需求就没有传统制造模式那么高了。正是这种方式,使未来 3D 打印可以挑战现有以规模经济为主导的制造业,从多站式的生产、物流、组装的大规模的生产模式,逐渐转化为分布式网络化生产,缩短全球供应链网络,由 3D 打印材料供应商、服务商连接的网络直接服务最终用户。

三、3D 打印与数字化转型

2021 年 10 月 18 日,习近平总书记在党的十九届中央政治局第三十四次集体学习讲话中指出:要推动数字经济和实体经济融合发展,把握数字化、网络化、智能化方向,推动制造业、服务业、农业等产业数字化,利用互联网新技术对传统产业进行全方位、全链条的改造,提高全要素生产率,发挥数字技术对经济发展的放大、叠加、倍增作用。

回顾制造业的发展,18 世纪中叶,伴随着机器的轰鸣声,工业革命为社会注入新的活力,通过标准化的大规模制造和精细化的人力分工,降低了工业产品的平均价格,缩小了人们的生活水平差距,改变了社会价值体系。但是,由于工业社会追逐标准化和规模化,也造成了生产者和消费者的分裂,产生了互相寻找的信息成本。3D 打印的真正意义,是用数据进行远程驱动的制造。未来,部分产品不再需要实物跨洋跨海的贸易运输,而是只需要交易三维模型数据，将数据传输到 3D 打印服务公司进行本地制造。

3D 打印促进了广泛的数字运输、存储和复制。如今，数字印刷机和电子书阅读器，意味着书永远不会断货，也降低了出版商的库存压力。3D 打印机可以对整个产品和零部件进行类似的操作。大多数城市和村镇都会有 3D 打印服务，制造商可以直接将产品数据发送给他们打印出来，小产品甚至可以直接传送到家用 3D 打印机。旧的 3D 打印产品或部件可以被回收、处理成新材料，基因或纳米技术甚至可以实现在世界上任何地方培养种植，就地生产 3D 打印材料，实现材料补给。3D 打印的普及，也让我们在资源耗尽之前终止缺乏配件而丢弃整个物品的浪费行为。下面将对 3D 打印与其他技术领域融合与应用进行讨论：

1. 人工智能

近年来，在制造业特定领域，人工智能和云计算随大数据而生，给大数据提供了一个深度思考的大脑，大大提高了生产效率。目前，人工智能在质量控制中的应用最为显著，将图像处理系统与 3D 打印相结合，把目标的形态信息，根据像素分布、亮度和颜色等进行特征抽取，进而根据判别的结果来控制打印设备。

数字孪生与金属 3D 打印相结合，把打印的物理过程和数字模拟过程建立联系，将来自传感器设备的数据与分析模型、材料科学相结合，在整个制造流程中，对比数字模型不断检测工业部件质量。美国通用公司 GE，就在尝试应用数字孪生创建仿真模型，使得加工过程更可预测。其方法是让金属 3D 打印设备成为"质量检查员"，使金属零件在打印过程中的每一层都能够实现 100% 可见，机器学习算法从过去的经验中进行学习，使设备变得"更聪明"；随着时间的推移，它们将能够识别 3D 打印过程中出现的问题，当"观察"到一部分构造出现错误，打印设备就会将其标记出来，做出提示，操作员可以通过停止打印或者动态调整来纠错，这样便能减少次品、废品的发生，降低生产成本。

卡内基-梅隆大学研究团队，在八种不同的商业原料粉末上测试了机器视觉粉末分选系统。人工智能方法将粉末显微照片隐含地表征为局部图像特征的分布，实现精确地分选 3D 打印机中的粉末。计算机可以识别出金属粉末是否具有零件要求的微观结构质量，如抗拉强度、疲劳强度、韧性等，其准确率高达 95% 以上，比训练有素的职工效率更高。这种自主的、客观的和可重复的机器视觉方法，防止金属 3D 打印产生裂纹，发生加工故障，这是推进金属 3D 打印过程中质量控制的必要条件。

2. 大数据

当前 3D 打印还没有成为主流制造技术，其中受限制因素是，能否制造出合格的零件，主要是由人的经验决定的，目前还大量缺乏有经验的应用人员。另外，人工智能的质量控制与机器学习算法，与所"学习"过的数据量密切相关，理论上人工智能"学习"的打印过程越多，它对增材制造过程的了解就越深入。

在 3D 打印金属熔融过程中，有超过 50 种以上的因素在发挥作用，如果对粉末的尺寸和形状公差、熔融层中的空隙、最终部件的高残余应力，以及材料性能研究不足，将导致金属增材制造过程难以量化控制。仅靠制作过程中的监测与控制是完全不够的，仿真软件在打印前的建模优化、加工参数设置等方面都需要助力。通过仿真软件针对特有的材料属性进行增材制造的模拟，不断优化工艺参数，可以减少昂贵材料的浪费，避免失败。仿真软件的设计需要依靠大数据，需要与机器制造商合作，获得设备的物理参数；需要与材料供应商合作，以保证材料科学指标是正确的；需要与测试专家合作，以确保测试的零件是正确的；需要与用户合作，以确保验证更多的预测结果与实际效果之间的匹配关系。根据所有的材料、设备和产品的关键信息，预测如何改变材料、机器和建模。

3. 区块链

增材制造的数字属性，与备受关注的区块链技术有着深契合度。区块链（Blockchain）是分布式数据存储、点对点传输、共识机制、加密算法等计算机技术的新型应用模式。3D 打印和区块链为彼此带来了共同发展机遇。根据研究报告，区块链与 3D 打印的几大契合点包括：分布式自动化组织特点，接近实时，防数字侵权，不可磨灭和可追溯性。由此可见，区块链的应用推动3D打印产业供应链的成熟完善，实现资源共享及信息交互的有利价值，相信会给未来3D打印产业带来决定性改变。

所谓共识机制，是区块链系统中实现不同节点之间建立信任、获取权益的数学算法。通过新的信任机制改变了连接方式，带来生产关系的改变，而未来新的生产关系和信任关系将对行业产生深远影响。区块链具有三个显著特点：去中心化，可追溯，不可篡改。3D打印有了这些特点，可快速实现点对点的信息交互、资源共享，实现了按需、即时、就近生产，有效减少中间环节，大大降低成本，让产品售价最大限度匹配消费者的支付意愿。这对3D打印企业重新定义产品市场、颠覆品牌与消费者之间的关系具有重要意义。

4. 物联网

所谓物联网，是指利用互联网和通信技术把传感器、控制器、机器、人和物等通过新的方式联在一起，形成人与物、物与物相联。传感器是物联网的关键元器件之一，如果3D打印传感器技术走向应用，能够在零件或设备中"预埋"传感器，即可成为实现物物相连的一种重要手段。物联网和3D打印双向结合，一个方向是通过3D打印技术在产品制造过程中将传感器嵌入，另一个方向是物联网所积聚的大数据反馈给3D打印制造系统，以实现更精益的生产及供应链管理，设计更加适合用户需求的产品。应用物联网技术之后，机械中的各项监测结果将连接到网络，成为大数据的一部分，对这些数据进行分析，就能够实现高效的质量控制。总之，以3D打印为代表的数字化制造、大数据这两种革命性技术，为许多行业提供了新工具，彻底改变监控过程，也有效改进产品质量。

5. 新材料

材料设计是应用已知的理论与信息，预报具有预期性能的材料，提出其合成方案。人工智能AI和3D打印的结合，让设计人员只需在程序中输入所需的材料属性，算法就可以预测哪些化学元素可以在微观层面上组合，分子链更长或更短，添加不同的化学物质会发生什么变化。麻省理工学院的研究人员，先将各种3D打印工艺的性能参数输入人工智能系统，确定需要什么样的材料（韧性、强度、压缩率等性能参数），随后人工智能算法就会尝试多种材料配方，并进行计算测试，以得出最佳的配方。目前，研究人员还创建了一个免费的开源平台 AutoOED，允许其他研究人员通过平台进行材料优化。2017 年以来，德国 Fraunhofer IWS 的工程师联合团队，借助 AI 和 3D 打印来寻找超级合金的合适配方。项目人员通过使用机器学习，研究大量监测数据与实际工艺效果间的联系，从而选择合适的工艺组合。

6. 企业的数字化转型

2010 年以来，随着高效的 3D 打印技术陆续出现，3D 打印材料种类也日益丰富，仿真优化技术与增材制造的联系日臻紧密，3D 打印技术在生产中的价值浮出水面，全球范围内制造企业开发的生产级应用也陆续出现。

NASA 于 2012 年启动了增材制造验证机计划。NASA 认为，3D 打印在制造液态氢火箭发动机方面颇具潜力。借助新型 3D 打印技术，可以平滑地从一种合金过渡到另外一种合金。2015 年，NASA 取得了金属 3D 打印的新突破，完成了全尺寸铜合金火箭发动机燃烧室内衬打印。一体化的 3D 打印，实现了零件的整体化结构，避免了原始多个零件组合时存在的连接结构，帮助设计者突破束缚，实现功能最优设计。

喷气式发动机复杂部件的研发和制造成本一直昂贵，增材制造技术使其成本得以下降。LEAP 航空发动机是美国通用 GE 热销的一款产品，以镍合金为打印材料，制造新一代整体式燃油喷嘴，与上一代产品相比重量降低了 25%，耐用性则提高 5 倍，让 GE 的 LEAP 发动机技术的竞争力提升显著。因为 3D 打印方法浪费的材料比大多数传统制造工艺少得多，劳斯莱斯协调了六个主要航空发动机制造商，组成 MERLN 集团，其目标是在民用航空发动机的生产中使用增材制造工艺，力争把工具成本降低并且实现环保节能。

2017 年，GE 与惠普纷纷推出了面向金属 3D 打印和面向塑料 3D 打印颇具性价比的设备，意味着 3D 打印领域的竞争迅速升级到品牌、研发、技术服务、全球化销售网络、自动化数字化平台等全方位竞争。

3D 打印技术催生了正在发生的鞋业制造革命，不仅为制鞋商带来了无模具化和小批量定制化生产的能力，包括数字化设计、三维扫描在内的数字化技术，还推动了制鞋商与消费者紧密结合的小规模、去中心化的制造模式。阿迪达斯通过3D打印技术实现完全不同的生产规模和质量，交货时间从6周缩短至24小时，使得鞋的制造在设计、生产、销售环节之间运转极快；通过实现"当地生产，当地销售"，还能灵活应对消费需求和流行趋势，同时减少物流和库存费用。

美国的助听器制造商，在短期内几乎全部切换成3D打印生产，用于其外壳的定制化模式，提升了用户佩戴的舒适度，减少了用户的等待周期，无形中让助听器制造商为用户所提供的服务具有了更高的附加值。

数字化制造的范畴，并非仅限于通过3D打印等数字化制造设备来制造产品，而是贯穿于制造的始终，从设计到加工，再到质量的监测与控制。西门子通过PLM产品生命周期管理软件将增材制造与现有制造体系进行无缝集成，可以管理生产过程的每一个阶段，工程、仿真、生产制备和3D打印的工具都集中于同一系统中。工业制造企业，能够借助这样的数字孪生系统，将其3D打印的应用从原型设计，到小规模生产，加速过渡到工业规模的批量生产，并使产品具有可追溯性。

对于工业制造企业来说，实现数字化生产转型并非意味着需要完全放弃传统制造工艺，转向采用3D打印直接制造最终产品，而是将3D打印引入制造流程，与传统工艺相结合，其中最为典型的是3D打印与铸造工艺的结合，例如在义齿、首饰制造中采用3D打印蜡模与铸造相结合的方式实现数字化生产，在汽车发动机制造中通过3D打印砂模与铸造相结合的方式实现数字化生产，等等。

随着"中国制造2025"规划的稳步推进，3D打印能够有效地与大数据、云计算、机器人、智能材料等多项先进技术结合，实现材料、设计、制造的一体化，未来必将应用于高端装备制造行业的研制中，将革命性地改变制造方式和产业。中国制造业有望借助3D打印技术，在高端制造领域占据先机。

根据赛迪的统计数据，过去5年中国3D打印产业规模增长一倍多，到2025年，中国3D打印市场规模将超过630亿元。无论是陶瓷增强铝合金、经济型不锈钢材料，还是电池3D打印，众多领域3D打印产品开发的热情将推动技术创新的成长，未来中国会诞生更多的创新。中国在制造业转型升级的道路上，不仅可以借鉴欧洲工业企业的经营之路，还应该思考如何保护知识产权，形成完善的研发外包等商业模式。完善的知识产权保护体系，实现独立商业化运作的能力，将成为实现中华民族伟大复兴的重要基石。我们相信，未来中国将在 3D 打印（增材制造）领域发挥越来越重要的作用，为世界经济可持续发展做出积极贡献。

四、抵御自我复制的机器战将

麻省理工学院物理系终身教授、未来生命研究所创始人迈克斯·泰格马克在其所著书籍《生命 3.0》中，对人类的终极未来进行了全方位畅想，提出生命的发展会经历三个阶段：生命 1.0，硬件和软件都来自进化的生物阶段；生命 2.0，能够通过学习自己设计软件的文化阶段；生命 3.0，自己设计硬件和软件，并主宰自我命运的科技阶段。人工智能或许能让我们在 21 世纪内进入生命 3.0 阶段。由此引出一个问题：人类到底去向何方？

生命 1.0 系统，不能重新设计自己的软件和硬件，两者都是由 DNA 决定的，只有很多代的缓慢进化才能带来改变。生命 1.0 出现在大约 40 亿年前，这个地球上现存的绝大多数动植物，都处在生命 1.0 的阶段。

生命 2.0 系统，虽不能重新设计自己的硬件，但是能够升级自己的软件，可以通过学习获得很多复杂的新技能。生命 2.0 出现在大约 7 万年之前，人类就是生命 2.0 的代表，其硬件也就是由 DNA 决定的身体结构，依然要靠一代一代地进化，才能发生缓慢的改变。也就是说，生命 2.0 是通过软件升级来快速适应环境变化。

生命 3.0 系统，能不断升级自己的软件和硬件，不用等待许多代的缓慢进化。生命可能并不需要寄存在血肉之躯里。当智能有机会从肉身的束缚当中解脱出来，生命第一次有机会成为自己命运的主人，最终会完全脱离进化的束缚。

思科公司未来学家兼首席技术专家戴夫·埃文斯（Dave Evans）曾经预言：自我复制机器必将问世。挪威奥斯陆大学的科学家小组曾经研制出一种3D打印自复制机器人。当机器人身处险境时，能应对不同环境打印出新的部件，更好地完成火星勘测类探索任务。哈佛大学研发了一种多材料3D打印机Voxel 8，这款打印机有两个打印头，其中一个是基于FDM材料，挤出工艺的熔融沉积成形打印头，用于制造电路板的基底或电子产品结构，代表性打印材料为环氧树脂；另一个是使用导电银油墨的打印头，用于打印电子电路。在打印过程中，也可以插入电子元件。Voxel 8多材料3D打印机为电子产品研发开辟了一个全新的应用维度，快速制造出一个具有电子功能的结构性电子产品，例如一架小型无人机。多材料3D打印技术，将进入结构性电子产品的小批量生产领域。由此我们不禁展开想象：这是否就是生命3.0的前奏、智能复制的迭代升级？

具备高级人工智能的机器人，最终阶段就是自我复制和发展，像生物的进化过程。当人类把设计、控制和进化能力赋予机器自身之前，科学家们需要提前部署控制程序，防止机器人失控，造成不可估量的灾难。目前有人已经在尝试将阿西莫夫机器人三大定律编入软件。

- 第一定律：机器人不得伤害人或坐视让一个人受到伤害。
- 第二定律：除非违背第一定律，机器人必须服从人类的命令。
- 第三定律：在不违背第一和第二定律前提下，机器人必须保护自己。

面对"如何制造出道德机器人"这个问题，到目前为止，还没有人成功编写出正常的人类道德代码。人类想区分出哪些特定的准则是最好的规则是十分困难的。因为意识由内部定性的、主观的心理过程组成，难以通过复制那些可观察到的外部行为去试图复制意识，所以思维引擎仍然缺少了"道德"这一关键部分。我们不是要创造一个道德天使，只是想证明在一个充满歧义的世界里进行伦理选择会面临多少挑战。

人造意识将随着网络虚拟生命的足迹接踵而至。对于虚拟智能人而言，它们将是人类生物学原型的灵魂。相比于耗时40亿年完成的生物进化，人造智能生命也将飞速进化。我们有理由担忧不辨是非的虚拟人就像反社会的真实人类一样危险。对待虚拟智能人和对待道德沦丧的人类一样，不能掉以轻心，因为行为是意识的不完美反映。我们也应关注这两个群体，前瞻性的假设和预防才是最好的防御手段。

1. 身体修复

3D 打印也给人类发展带来了希望,未来定制人体器官甚至无创手术技术都有可能实现。目前,商业生物塑料已经面世,生物打印机是一种影响深远的应用,十年或更久之后,生物打印很可能像广泛的基因检测和药物遗传学一样崭露头角,像人类的基因疗法一样开始普及。

Organovo 公司将 NovoGen MMX 生物打印机描述为"必备的细胞和生物材料雕刻工具"。NovoGen MMX 拥有多个针形打印头,其中第一个打印头连续不断地产出一层由胶原蛋白、明胶或其他水凝胶制成的水基生物纸。在这些层生物纸处于悬吊状态时,第二个打印头将生物墨水注入其中。在打印这些生物墨水后的几个小时之内,它们融合到活体组织中。当细胞完全融合后,生物纸就会溶解或小心地用手工清除。2010 年 12 月,Organovo 公司宣布,使用人工培养的人体细胞和 NovoGen MMX 生物打印机制造出了首例血管。因此,《时代》杂志将 NovoGen MMX 生物打印机列为 2010 年最优秀的发明之一。未来生物打印机,不是在体外打印替代器官,而是能够在原位进行修复。这意味着生物打印机会在患处或在病人体内需要的地方直接打印出新的人体组织。因此,未来的外科医生,无须将生物材料移植到患者体内,而是利用细胞或生物墨水一次性修复身体。

2. 躯体增强

大脑额叶是人类最复杂的心理活动的生理基础,主要功能是负责计划、调节和控制人的心理活动,语言表达能力(speech)和嗅觉(smell)都是前额叶负责的。在 2020 年度的 Neuralink 发布会上,马斯克首先演示了一台新研发的手术机器人,利用这台机器人可以把 Neuralink 的新版芯片 LINK v0.9(尺寸为 23mm × 8mm 的小圆盘)植入人脑。从演示中可以观察到,猪脑被植入芯片后,其大脑的信号能够被捕捉到,马斯克希望用此证明该设备对大脑信号的采集和解读能力。

马斯克曾经表达过对于智能机器的恐惧,"我们将像一只宠物,或一只家猫被控制"。因此他寻找的出路就是将人类和机器结合,通过脑机接口实现高带宽的信息传输。Neuralink 的联合创始人 Max Hodak 也表达类似想法，"相信我们这一代的基本目标之一是能理解意识的物理学，学会用它来设计，热切地期待着一个比特多于原子的世界"。

马斯克最初聘请了八位在神经科学、工程学等领域各有所长的科学家，让 Neuralink 成为侵入式脑机接口技术代表，其未来目标是人机共生，实现人脑和电脑的融合并完成大量数据交换，让人类加速成为人机结合体"赛博格"，即人类与电子机械的融合系统。

研究表明，大脑很容易将身体外加机械整合进入自我控制体系。微软 Outlook 和 IE 的缔造者拉米兹·纳姆（Ramez Naam），在《不只是人类》（*More Than Human*）一书中介绍了许多案例，神经外科医生将电极植入大脑，使患者或实验动物得以仅凭自己的思想去操纵机器人手臂等工具。在简单训练后，患者说，外部物体好像变成了自己身体的一部分。目前有不少公司在研究通过电信号控制的机械部件帮助残障人士重新拥有健康的肢体，并已取得很大进展。2014 年巴西世界杯，一个有着由大脑控制机器人外骨骼的瘫痪少年尝试着从轮椅上站起来，向前迈出几步，为世界杯开球。人类已经实现通过外骨骼增强扩展体力、提升能力、帮助残疾人等，日本的医疗用外骨骼、美军的单兵外骨骼装备等都已经投入使用，电影《战斗天使阿丽塔》已经展示了未来人类可能的发展方向。

3. 技术重生

人工智能主要分为两个研究方向，一个是基于大数据算法的机器学习和深度学习；另一个是基于人脑研究的生物神经模拟实现，比如脉冲神经网络（SNN）。研究大脑的奥秘可以帮助人们找到 AI 算法中更符合人脑的实现方法。比如目前的很多机器学习算法实现的模型，都需要基于大量的数据训练，而人脑却可以在很少量的数据样本下就实现同样的能力。2019 年，清华大学研发的人工智能芯片——天机芯（Tianjic）登上了《自然》（*Nature*）杂志封面。未来，运行思维引擎的微型芯片可以被植入癫痫患者或帕金森病患者体内，以控制病情发作。未来，即使完全失去了人的躯体，也能通过干细胞在人造子宫中培育出新的躯体，以正常人类婴儿前 6 个月生命的生长发育速度让干细胞继续分化，直到第 20 个月将思维克隆包含的信息模式，通过芯片写回到新大脑的神经元。一旦思维文件被复制到新生肉体，形成重生人，可以继续作为有双基质、单一身份的人而存在。不过，正如接受心脏移植一样，这也带来了非传统的法律和道德难题。

　　元宇宙通过虚拟增强的物理现实技术构造，呈现收敛性和物理持久性特征，基于互联网拥有链接感知、共享特征的 3D 虚拟空间。在这个晦涩难懂的学术性概念背后，隐含着人类的历史责任和即将再次踏上数学迁徙之路的勇气。在这段充满未知挑战的旅途中，和以往不同的也许是多了不少队友，他们可能是虚拟智能人，或是数字生物人，也可能是生物机械人，数字虚拟人等新的人类朋友。因此，元宇宙更像一部科幻巨著，它带给了我们无限遐想和自由渴望。但是无论如何，我们都应该尊重和宽容同行之人，应该善待和关怀在这个冰冷荒凉宇宙中的人类伙伴，尽管他们可能创造不同的硅基文明。自达尔文时代我们就意识到，尊重道德群体的每一个成员，让人类比其他群体拥有更多的生存优势。这是因为道德群体成员间亲密的合作会带来更大的力量，良知让人类脱离了社会混乱和个体自私，从而形成紧密合作的社会结构。再过几十年，超级智慧体也许就会诞生在我们面前，与它的和平共处、和谐发展，也许将是我们以能力穿越星际、接触外星智慧文明前的预演。我们是否已经做好准备，去迎接另一个文明的来临？

　　如果把元宇宙比作一个亿万人在线的沉浸游戏，那么它带给人类最大的自我效能和心流效应，指引我们攻克历史上最艰难的关口。即使前途坎坷，我们仍将坚定地踏上数字迁徙旅程，去勇敢地开拓文明的疆域并探寻生命的意义，最终让宇宙中的生命之花开放得更加生机勃勃、灿烂多姿！

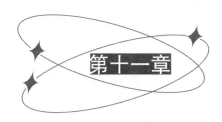

第十一章

元宇宙与数字化生存

星际穿越前的演习

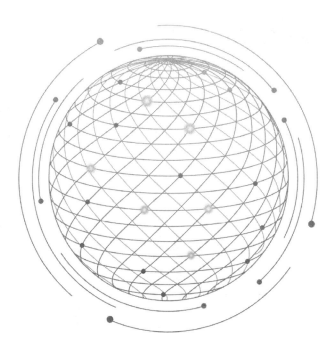

伴随高性能存储和运算对人工智能算法的支持，超级人工智能梦想日益临近实现。脑神经科学的支持，或许能让计算机与人交互，通过"插管"联入大脑。超级计算机构建的三维空间，让人类不再怀疑虚拟世界的真实度与精细度。超级计算机、人工智能、脑神经科学成为我们迈向 Matrix 母体的主要要素。电影《黑客帝国》的观众透过人机之间的智慧较量，仿佛在领悟"存在"的真谛。电影的关键命题是关于超级人工智能母体 Matrix 的最终善恶定义。

《黑客帝国》的最终结局是人类与 Matrix 母体和解，代表了人类对于科技与文明发展的思考。

一、从孪生城市到复制地球

虚拟经营游戏为用户打造了一个令人着迷的数字世界，让人们体会到另一种人生价值。虚拟空间的道具越丰富，感官体验越逼真，也就意味着需要的数据源越丰富。数字孪生可以将物理世界丰富的数据投射到虚拟世界，成为构建元宇宙的基础技术。在物理世界中建造任何物品之前，我们都可以先进行数字孪生，即在遵从物理规律的元宇宙中先行建造所有一切部件。

数字孪生技术从制造领域逐步延伸至城市空间，深刻影响着城市规划与发展，其虚拟空间为物理世界提供了无限智慧。数字孪生城市体现了城市管理的愿景。基于数据驱动、虚实交互、先知先觉和共生共智的城市信息模型（CIM），数字城市与现实城市同步规划、同步建设，实现全过程、全要素数字化，做到城市全状态实时化、可视化以及城市管理决策与服务的协同化和智能化。

城市三维信息模型（CIM）包含了建筑信息、地理信息、新型街景、实景三维等方面的要素。借助物联网技术，数字孪生城市实现了全域感知、全网共享、全时建模、全程可控，提升了城市全要素监测水平和维护控制能力，促进城市之间基于自然资源和产业特征的互补，构建城市经济共智圈，实现城市群之间交通网络整合，真正把城市群融为一体。国际数据公司（IDC）发布了2022年中国智慧城市十大预测，到2024年，中国将有70%的城市采用数字孪生技术，以实现城市的可持续发展，提高城市运行效率，改善城市环境质量，达到碳排放目标。

1986年，苹果公司创始人史蒂夫·乔布斯以1000万美元收购卢卡斯电影公司旗下的电脑动画部皮克斯。当时它拥有一个超出时代的能力，就是用电脑制作3D动画。1995年，皮克斯制作的世界上第一部全电脑3D动画长片《玩具总动员》，成为当年美国票房冠军，还为导演约翰·拉塞特赢得了奥斯卡特殊成就奖。而以手绘二维动画为主的迪士尼公司，于1994年推出的《狮子王》大片，成为其最辉煌的精品。因为形势所迫，迪士尼2005年斥巨资完成了对皮克斯的收购，乔布斯也因此成为迪士尼最大的个人股东。

迪士尼皮克斯动画工作室早已开始统一3D动画制作格式，催生了开源通用场景描述（Universal Scene Description，USD）。USD不但开启了3D动画的大门，也通过动画开启了描述世界的新方式。描述虚拟世界的语言USD，以开放、标准化的方式重构3D数据，也被称为"3D领域的超文本标记语言"。皮克斯对通用场景描述语言实施了开源，与供应商共享该语言。这样一来，多位设计师就能同时建设一个3D模型，开展远程合作。不论是一盏灯还是一个雨滴，皮克斯的动画越来越接近真实的世界。USD功能强大而又简洁，能够对各部门工作做出描述，也能加载复杂的数据集，可以在不同应用之间交换和传输数据，让不同艺术家和工作室之间有了统一的语言来构建一个更复杂的虚拟空间。它不但被电影行业众多公司采用，而且向着游戏、建筑、制造业等多个行业扩展。

英伟达公司决定采用皮克斯动画工作室开发的USD建造虚拟世界并增加了实时功能，以它作为Omniverse的建设基础。Omniverse的独特之处在于进行物理的高仿真模拟，通过USD将不同软件、工具整合起来，能够支持多用户实时协作，建造数字孪生世界，构成了一个完整的3D工具链。目前，英伟达公司从媒体与娱乐应用出发，逐步向建筑、制造等工业领域迈进。如今，包括宝马集团、爱立信等在内的400多家企业都在使用这一规范语言。

为了构建元宇宙，英伟达不遗余力地基于GPU算力打造其基础设施Omniverse。2021年8月10日晚，计算机图形顶级会议ACM SIGGRAPH 2021发布了纪录片。这次发布会，包括这个厨房及黄仁勋本人都是由Omniverse渲染而成（见图11-1），效果逼真。

图11-1 英伟达CEO黄仁勋本人在厨房

面向企业的实时仿真和协作平台Omniverse被称为"工程师的元宇宙"，通过对真实物理世界的模拟，建造了一个"数字孪生世界"。它不再只是过往游戏概念中天马行空的想象空间，而是一个与真实世界高度吻合的数字世界，逻辑与物理法则自洽，符合牛顿三大定律。

作为虚拟世界的构建引擎，Omniverse继续不断发展，未来将达到全球数据规模，从宏观到微观，从物理学、生物学到通信学，将出现在生活、生产的各个领域。英伟达在这个构建基础之上，将这些场景串联起来，形成一个庞大的虚拟世界。除此之外，英伟达正构建一个宏大的未来愿景——地球二号（Earth Two），即在虚拟世界中构建一个数字孪生地球。欧洲航天局也正在研究通过卫星数据建造"数字孪生地球"，以便能够更好地预测天气和气候变化。

数字孪生在虚拟空间中完成了实体世界的映射，可以被视为一个或多个数字映射系统，该系统是由彼此依赖的装备系统所产生。它充分利用物理模型、传感器更新、运行历史等数据，集成多学科、多物理量、多尺度、多概率的仿真过程。数字孪生集成了人工智能、物联网、拓展现实技术，在获取信息、传递信息、远程沟通、模拟训练等诸多场景中起到重要作用。元宇宙依靠数字孪生才能建立起虚拟和现实相互映射的场景，让用户体验更为真实的虚拟世界。

未来元宇宙中，每个人都以数字化方式生存于虚实双重世界，拥有一个与自己的身体状态、运动轨迹、行为特征等信息完全一致，从出生到死亡的全生命周期的数字化身。智慧城市在整合个人基础信息、全域覆盖的监控信息、无所不在的感知信息、全渠道及全领域服务信息之后，实现对每个人全程、全时、全景跟踪，将现实生活中人的轨迹、表情、动作、社交关系实时同步呈现在数字孪生城市里。

二、XR 时代的虚拟社交

纵然我与你天涯之隔，
对我来说又有何妨？
既然轻灵的思想可以越山渡洋，
心中一念便可到达你所在的地方。

——莎士比亚

实现虚实融合需要具备很多关键因素，XR 眼镜（XR 包括 VR、AR 和 MR，因 VR 技术相对成熟而成为社交主流产品的应用选择），将作为虚拟与现实的交互界面，引领下一代互联网的发展，也是人们进入元宇宙的重要连接设备。《第二人生》等虚拟游戏的经营，为近十年来雨后春笋般的 VR 社交打下了基础。2016 年 4 月 14 日，在开发者大会上，脸书公司（现已改名 Meta）CTO 麦克·斯克洛普夫以视频方式展示了 VR 社交功能。展示过程中，斯克洛普夫与远在 35 英里外的同事一起游玩了伦敦。头戴 VR 眼镜 Oculus Rift，手持 Oculus Touch 控制器，当斯克洛普夫一出现，大屏幕上就出现了一个可以同步呈现其声音、手势和头部运动的 VR 化身，即一个卡通版的人物形象。两人还将合照扔进虚拟信箱，分享到了脸书公司平台上。这项与朋友们在 VR 世界见面交流的技术引发了在场观众的欢呼。

2019年,脸书公司宣布计划于2020年上线Facebook Horizon。这是一个"加强版的第二人生":用户除了可以在其中建造房子、设计游戏,其虚拟化身还可以与现实中的朋友产生联系,一起看电影、爬山,以及共同完成现实中不可能完成的愿望。

1. 虚拟社交对社会的影响

麦克卢汉在《理解媒介》中提到,媒介的每一次更替变迁,都会给人类活动和社会历史关系带来重大影响。根据腾讯财报数据显示,截至2021年三季度末,腾讯微信月活跃用户数提升至12.63亿,活跃小程序数量同比增长超过40%。微信作为社交媒介,已无形中改变了大多数人的社交模式,把社交的"剧院舞台"搬至线上,彻底打破了人们"台前"和"幕后"的界限,形成一套更为庞杂的网络新生文化。

作为具有社会性的成员,归属感必然是每个人的本能追求。古斯塔夫·勒庞在《乌合之众》中指出,在群体中,人们的思想和感情因暗示和相互传染作用而能转向一个共同的方向。因此,在集体社会中,人们会受到共同的环境作用而产生相同的心理,习惯性生活在群体中的个体,会被社交环境所影响,从而缺乏独处的能力。雪莉·特克尔在其著作《群体性孤独》中描述,人们为了保持亲密关系希望"在一起",但同时又"在别处",产生了群体性孤独,即媒介使用者在由网络、社会、心理环境共同塑造的社交媒体上人际交流频繁,现实中却关系冷漠,且时常感到空虚的状态。

(1)**社交中必要的仪式感缺失**。虚拟社交的便捷,使人们把线下原本复杂的社交搬到了线上,人们自然会倾向这种低成本社交方式,但是这种通过远程媒介、强度较低的互动仪式来开展的社交活动,会让人缺少团结感,缺乏对共同符号的尊重,而且以情感能量形式所表现出热情的个人动机也会减少。

(2)**虚拟社交无形中耗费更多精力成本**。当人们习惯在线上用表情包和文字与人交流时,人们面对面交流的能力会逐渐弱化,社交的延时提供了掩盖第一反应、修饰言辞甚至伪装自我的空间。人们逐渐被虚拟社交中各种性质的关系圈层所包围,高强度的连接会增加人们的社交负担和维护成本，使人们的私人时间与空间受到挤压而出现社交倦怠。

（3）**线上线下的话语权力落差**。简·罗伯森认为，影响建构身份的要素是变动而不稳定的，因此身份也总是流变的状态。人的主体身份未曾脱离原本现实生活，同时又要将自己放进各式各样的网络环境中，个体身份就会呈现差异性的"流动"。人们逐渐习惯并依赖这个虚拟社交环境的"流动"，因此而获得了充裕的满足感，但关掉屏幕后，线下的自己仍然形单影只地独处在私密的舒适圈中。

（4）**电子媒介传递情感的局限性**。虚拟社交让一个电子媒介永远隔绝在人们中间，让两边的人无论抱着怎样炙热的心，传递到另一端的永远是被屏幕滤化的情绪。它用符号替代了身体，隔开了人与人之间的直接接触。据调查，社会临场感越高，交流者之间的关系才越亲密；即使在虚拟社交平台上拥有很多社交关系，超过一半的人仍会感到孤独。日本学者野牧在《现代人的信息行为》中描述，现代人的形象似"容器人"，人们的内心世界被困在容器中，既希望打破孤独与人接触，又只是用言语符号包裹的外壁相碰撞，内心世界并没有真正的交流。

由此引申出问题：人们如何继续利用网络虚拟的便捷性，但同时又摆脱其桎梏，走出狭隘单调的生活圈，找到自己真正所需的社交方式并深入去体验社会？

2. VR 社交的特点

未来，随着虚拟与现实的界限逐渐消逝，人类社交也呈现出新的形式。VR 社交通过极强的沉浸感，复制出了与线下社交体验相似的世界，解决了用户在传统社交中所面临的三大需求——视觉享受、互动娱乐，以及用户参与度。原来的网络社交，只是看到图文以及信息，VR 社交能够让用户在视觉效果上感到有所触动。

场景化将把 VR 社交推向另一新高度。除了达到日常生活中的常用场景，例如工作会议、家庭聚会等，VR 社交还可以创造虚拟场景，以无限延展现实。照顾孩子、身材变形的奶妈，可以穿着比基尼在泳池边悠闲读书；社恐青年也不用终日与睡衣为伍，可以成为二次元世界中披荆斩棘的英雄人物。戴上 VR 眼镜，我们便瞬间从客观物理世界逃离，进入与现实生活高度重合却又另具魅力的虚拟空间。无论各自身处何地，我们都能通过虚拟化身处于同一场景，依旧可以逛街、看电影、旅游。我们享受的不仅是虚拟的场景和氛围，还能够完成在特定情境下的互动和共同经历，以此建立更加牢固的关系。因此，在这个世界中的人际交往，有时比现实中的线下社交更为真实。

3. VR 社交的技术与商业支持

美国人类学家博德惠斯特尔对人类交际行为的研究发现，当同一文化体系中的人们进行交流时，言语行为最多只占交际行为的 30% 左右，而剩余 70% 的交际都是通过非言语行为（即手势、眼神、空间、距离等）来完成的。只有把我们的目光、面部表情、肢体动作等通过触感控制器、动作捕捉系统等 VR 输入设备实时呈现在彼此面前时，才能达到交流效率的最大化。其核心技术主要涉及捕捉、显示和预测，涉及计算机视觉、传感器、机械电子、心理感知、机器学习、面部动画等跨学科的研究与融合。

脸书公司不但出品了 VR 眼镜 Oculus Quest 2，而且以 Horizon 为代表的 VR 社交平台也产生了巨大的想象空间。2021 年 4 月，脸书公司发布了新的 VR 虚拟形象系统，用户可以更精细地定制虚拟形象的体型、长相，甚至可以添加头饰等。同时，这些新的 VR 虚拟形象还可以呈现全身图像，并跟踪用户上半身的动作。基于早期演示版本的经验，脸书公司为新的 VR 虚拟形象构建了更强大的手势识别功能，在训练 AI 算法支持下，确保用户能通过手柄来操控虚拟形象的手臂和肘部。新的 VR 虚拟形象系统非常适应 VR 眼镜，通过友好的视觉呈现来加深人与人之间的联系。

脸书公司向更多开发商和应用程序开放新的 VR 虚拟形象，使其成为用户数更多的通用平台。VR 虚拟形象也将成为使第三方应用和游戏更具社交性的关键因素，脸书公司宣布与其他知名游戏成为合作伙伴，以便将新的虚拟形象系统搭载到更多的应用和游戏中。

VR 社交让虚拟更加现实，让现实更加魔幻，这将是未来社交的发展方向。脸书公司历时两年推出了远程办公应用 Horizon Workrooms，允许 16 个人同步在线。用户可以根据 VR 会议室的需要，设计自己的虚拟卡通化身，实现无缝衔接工作，成为迈向虚拟世界重要的一步。微软公司联合创始人比尔·盖茨也曾预言，在今后两三年内大多数虚拟会议将从 2D 摄像机图像转移到具有虚拟化身的 3D 空间。

脸书公司在虚拟社交和工作领域不断耕耘，它的竞争对手肯定不会原地止步。Epic Games 公司也推出了基于虚幻引擎驱动的 MetaHuman Creator（MHC），可以让用户比以往更轻松的方式制作高保真的虚拟化身，在创作过程中大量简化，提升速度和可拓展性，以保证作品的质量。

索尼公司正与 Epic Games 合作探索数字融合，在 PS 上出一款《Dreams》游戏，构建虚拟世界和 VR 社交。其最新专利显示，PS VR 将在未来实现更具沉浸感的游戏旁观体验。其他众多新技术的加持，也将使 PS VR 玩家间的连接更加紧密，找到线下聚会的真实感觉。

字节跳动上线了一款名为 Pixsoul 的产品，主打 AI 捏脸功能。Pixsoul 目前提供两个高清特效，其中之一便是能将用户的照片转变为相应的 3D 形象，也可塑造成电子游戏中的虚拟角色。

值得一提的是，大型体育赛事或超级演艺活动，也在通过 VR"亲临"现场，进行一场真实的万人狂欢。《堡垒之夜》与全球最火的说唱歌手 Travis Scott，在游戏里举办了一场极为引人注目的"超沉浸式演唱会"。经统计，有超过 2770 万玩家进入游戏观看了这场盛会，而且游戏内观看次数高达 4580 万，算是当年"最大规模"的全球线上演唱会。游戏平台 Roblox 也举办了虚拟音乐会，包括 Lil Nas X 和 Zara Larsson 等著名歌手。从观众群体的角度来看，游戏虚拟演唱会让玩家更清晰地感知到与其他玩家的联系，同时与表演嘉宾产生共鸣，进一步模糊了虚拟与现实的界限，让元宇宙演唱会有着更多超乎想象的可能和提升空间。

2022 年 2 月 4 日，北京冬奥会开幕式在国家体育场鸟巢举行，向世界呈现了一场精彩的视觉盛宴，传递出艺术与现代科技融合之美。也许不久的未来，奥运会开幕式也将利用 VR 科技手段，让世界上每一个人都可以出席虚拟现场，亲身感受这一国际大欢庆的盛况。

2021 年作为元宇宙发展元年，IT 巨人的竞争绝不会止于 VR 社交，以脸书公司改名为 Meta（元宇宙）为起点，全球科技巨人纷纷进入元宇宙这个新领域开始布局，力求抢得先机。

三、元宇宙中的巨人之争

元宇宙的目的，在于构建一个与现实世界保持稳定、持久连接的数字平行世界。最新前沿技术集合将为构建元宇宙提供必要的支持：扩展现实技术 XR（VR/AR/MR）提供沉浸体验，数字孪生把现实世界镜像到虚拟世界，区块链则用来搭建经济体系，还有融合云计算为现实世界构建数字孪生的物联网服务，以及在人工智能帮助下，用自然语言进行交互，用视觉处理的机器学习模型，等等。元宇宙的内容将集齐沉浸式、交互性、更多维度的感官体验和经济体系四大特征。

在元宇宙风潮的推动下，XR 产业的硬件、软件、内容和应用均面临发展与重构。2021 年成为"XR 产业规模化元年"，脸书旗下的 Oculus Quest 2 销量达到 1000 万台，被看作"生态系统爆炸式繁荣"之前的关键启动点。元宇宙的发展促进了 XR 硬件出货量和产品迭代，出现了很多具有代表性的产品，包括脸书的高端 VR 头显 Project Cambria 和触觉手套，苹果公司即将推出的 AR 设备更是值得期待。

微软即将迄今为止最大的一笔收购，以 687 亿美元收购游戏开发商动视暴雪。现在，微软成为仅次于腾讯和索尼在全球排名第三的游戏公司。这项收购证明了微软进军元宇宙的事实。微软拥有 30 个内部游戏开发工作室，同时具有电子竞技组织能力。微软首席执行官纳德拉在一份声明中表示，"游戏是当今所有娱乐平台中最具活力和令人兴奋的领域，将在元宇宙平台的开发中发挥关键作用"。

腾讯也加紧布局，获得了"智能陪伴机器人"外观专利授权，虚拟机器人有望成为元宇宙率先落地的产品。百度发布元宇宙产品"希壤"，"希壤"APP 是首个"国产元宇宙"产品，该产品打造了一个跨越虚拟与现实、永久存续的多人互动空间。

在元宇宙底层架构中，英伟达的计算生态 Omniverse 在算力、引擎、数字孪生方面的突破与进展，让人们希望将其赋能更多的行业。Unity 的版图也在扩张中，宣布收购 Ziva Dynamics，它是一家精通复杂模拟与模型变形、机器学习与实时角色创作的知名企业。实际上，Unity 已经完成了多项收购，招募了大量杰出人才。

元宇宙呈现出 XR、游戏、虚拟人、社交四大赛道，尤其以 NFT、虚拟人为代表的产品实现了融合与跨越。随着底层架构的升级，带动数据处理的量级大幅提升，人工智能被预测，将成为元宇宙中的核心生产要素，催生出远超预期的新场景和新业态，必将重塑内容产业的规模与竞争格局，影响到服装、旅游、教育等诸多传统领域。表 11-1 收录了近期商业动态，供读者参考。

表 11-1 元宇宙中的巨人之争

公 司 名 称	主要研究方向及特点比较
Meta（Facebook）	从硬件、底层架构、人工智能、内容场景四大方向，进行最为激进的元宇宙布局，凭借社交网络主导者地位，拥有海量用户基础，采用硬件补贴的商业模式，让 VR 头显 Oculus Quest 2 在市场上取得骄人的成绩，预计 2022 年推出高端 VR 头显 Project Cambria；Facebook Horizon 为代表的 VR 社交平台也有巨大而清晰的发展空间
字节跳动	是 Meta 和腾讯在全球最强的竞争对手。抖音是中国互联网出海领域最成功的产品之一。基于短视频流量优势，以社交与娱乐为切入口，收购了头部 VR 创业公司 Pico，补足了硬件短板，在硬件、底层架构和内容与场景方面均着力布局
Microsoft	微软在吸收 Kinect 经验基础上，开发出混合现实眼镜 HoloLens 2。区别于 Facebook 的元宇宙布局思路，首次提出"企业元宇宙"的概念，通过 HoloLens、Mesh、Azure、Azure Digital Twins 等一系列工具和平台，帮助企业客户实现数字世界与现实世界融为一体
谷歌	谷歌在 AI 研发人员、学术论文数量等处于行业领先，凭借领先的 AI 与云计算的结合，有望成为元宇宙底层架构关键入局方。谷歌在实践积累已久的计算机视觉 CV、机器学习、空间音频和实时压缩等方面研究深厚；高清晰度相机和定制的深度传感器，从多个角度捕捉用户的形状和外观，通过软件融合和光场显示进行逼真的展示交流
百度	百度布局 AI 较早，以搜索场景为起点，形成完整的生态，目前百度已经形成了全方位的人工智能生态体系，通过 AI 赋能云服务，以百度智能云为载体，加速 AI 在各行业的商业化，积极布局元宇宙
苹果	苹果公司似乎更看好 AR，并且已在 AR 领域耕耘多年，硬件与软件领域均占据绝对资源优势，拥有从 PC、智能手机到 AR 眼镜的强大硬件生态体系，最有潜力将 AR/VR 设备推向主流。目前在硬件入口、底层技术、内容与场景这三大方向有竞争优势

续表

公 司 名 称	主要研究方向及特点比较
华为	华为布局元宇宙于XR核心环节，自主权的争夺与5G行业标准的制定，集结了5G、云服务、AI、XR等一系列前沿技术，不断丰富鸿蒙内容生态
Magic Leap	成立于2011年的Magic Leap曾是美国资金最充足、最神秘的初创企业，Magic Leap通过空间计算实现一个结合数字光场、传感和计算的仿生系统，将数字光场信号与人眼、脑结合，将人脑视觉皮层作为屏幕呈现图像。Magic Leap已经开始向B端MR软硬件过渡
Unity	世界前1000款手机游戏中有71%使用Unity平台；Unity收购视觉动画公司Weta Digital，正在部署3D建模、虚拟世界的非游戏业务，拓展新的赛道，创收并扩大主营业务规模。Unity未来的期待是跨行业扩张以及元宇宙方向的布局，推出了"云端分布式算力方案"
小米	VR硬件布局在推进中，重点布局云游戏分发。小米智能眼镜探索版，采用了先进的MicroLED和光波导技术，让画面在镜片上显示，将实现通话、导航、拍照、翻译等功能
英伟达	打造基于GPU算力基础设施，推出面向企业的实时仿真和协作平台Omniverse，建立数字孪生世界。借助通用场景描述语言USD，得到了多家企业和众多应用的支持，构成了一个完整的3D工具链，与AMD一起主导独立显卡领域，业务范围辐射至数据中心、高性能计算、AI等；英伟达在硬件入口、底层架构、人工智能这三大方向着力布局
高通	元宇宙世界之"芯"，XR是高通在物联网领域的重点布局方向之一，形成了较为清晰的发展路径，利用在移动通信领域的技术积累，打造并不断优化骁龙XR平台，通过XR核心芯片平台、软件与算法、参考设计、合作项目等四大战略，加速其在XR行业落地
索尼	索尼集团在全球娱乐行业拥有游戏、影视、音乐等多个业务版图。基于自身的PS主机生态，形成差异化的用户定位。面向元宇宙，索尼集团旗下数字资产价值有望重估，目前索尼已与Epic Games合作探索数字融合，在PS上出一款Dreams来构建虚拟世界
网易	基于多样化产品，持续重视研发投入，已在XR、人工智能、引擎、云游戏、区块链等相关领域拥有技术储备
腾讯	元宇宙拼图较为完善，首个提出"全真互联网"概念。腾讯具备布局元宇宙的优越条件，通过资本（收购&投资）+流量（社交平台）组合，在引擎Unreal Engine、云服务、大数据中心、内容与场景（各类型内容产品与成熟的社交网络互通生态）这三大方向上着力布局

续表

公司名称	主要研究方向及特点比较
亚马逊	引领云计算行业发展，聚焦底层技术开发，亚马逊 2006 年在 AWS 上增加云计算服务，此后不断投入资源发展云计算业务。亚马逊以云为核心，已形成丰富的元宇宙开发工具矩阵。与 Meta、Epic games 等公司展开深度合作，提供云计算服务支持
Roblox	Roblox 通过大幅度地简化虚拟世界的构建方法，吸引了很多青少年的加入。Roblox 是自带引擎的 UGC 游戏平台，具备社交性、开放性、丰富的内容生态、完备的经济系统等元宇宙的关键特征
Epic Games	Epic 愿景是改变互联网社交方式。《堡垒之夜》超越了游戏的范畴，承载了越来越多的社交与娱乐功能，如演唱会、发布会、论坛等。Epic 在内容与场景、底层架构（虚幻引擎）两大方向上着力布局。产品 Unreal Engine 5 和 Metahuman 都非常惊艳，让虚拟人变得越来越逼真，构建也越来越容易
HTC	打造五大 VR 产品线，构建硬件与内容良性闭环，核心优势在于丰富完善的 VR 产品矩阵，已经占据一定的市场份额
Valve	硬件、内容与平台实力协同，持续加大内容与平台生态建设，形成良性循环。Steam VR 平台自 2016 年正式启动以来，VR 游戏数量基本按照每年新增 1000 款的速度稳步增长，现已成为 VR 游戏最大的内容库之一

相对于移动互联网时代，元宇宙时代的各个参与方有着较高的技术储备度、市场敏锐度，因为元宇宙并不是依靠单一技术的成果，而是多种前沿技术的融合。全球范围内的巨人公司积极备战，意味着元宇宙时代的竞争将更加激烈，由此将加速人类数字迁徙的进程。越来越多的厂商快速入局，导致各环节创新力量显现。预计苹果 MR 设备、索尼 PS VR 2 于 2022 年发布，将进一步催化 XR 行业与元宇宙的发展，以及更多元宇宙初级形态的出现。

2021 年被称为元宇宙元年，元宇宙提供了技术层面的整合与变革，社会层面的想象与创新，以及人与媒介关系方面的反思。资本的介入，让元宇宙这一概念充满争议。由于大多产品只是雏形阶段，仍然需要较长的时间打磨。2022 年，也许会缺乏让产业及金融资本信心倍增的标志性事件。如果对元宇宙预期过高，而硬件及内容的迭代又不能及时跟进，反而会导致 2022 年元宇宙的发展会低于大家的心理期待。对元宇宙日益升温的炒作,不会使物理世界的资源过时,而且现在劳动力短缺正在推高工资,即使最受自动驾驶技术威胁的卡车司机也不例外。数字原住民也需要实体住房,现在就唱衰有形资产还为时尚早。就全球范围来看,元宇宙概念在谷歌的搜索表现似乎还不如其重要构成 NFT 突出,NFT 已经落实到了可具象化的产品,表现出更明显的优势,这也预示着元宇宙本身正脱离概念,形成相应的技术和产品支撑。

四、数字经济赋能下的中国机遇

数字经济正在成为重组全球要素资源,重塑全球经济结构,改变全球竞争格局的关键力量。激发数字经济活力,实现数字经济健康发展,是把握新一轮科技革命和产业变革新机遇的战略选择。根据中国信通院数据显示:2020 年全球数字经济规模已经达到 32.61 万亿美元,占全球总 GDP 的 43.7%。而根据国际数据集团 IDC 的预测,2023 年数字经济产值将占到全球总 GDP 的 62%。未来,这将是一个规模巨大且生机勃勃的新兴经济领域。

2008 年 9 月美国《自然》杂志正式提出"大数据"概念。2011 年 2 月 1 日,美国《科学》杂志第一次分析了大数据对人们生活的影响。同年 5 月,麦肯锡研究院发布报告称:大数据是指其大小超出了常规数据库工具获取、存储、管理和分析能力的数据集。研究机构 Gartner 给出了定义:大数据是需要新处理模式才能具有更强的决策力、洞察发现力和流程优化能力的海量、高增长率和多样化的信息资产。我们应该注意到,大数据的真正意义在于通过数据分析、比对、挖掘等方式,发现新知识、创造新价值、提升新能力。大数据被赋予"信息资产"的概念后,数字经济便应运而生。

数据作为新型生产要素,对传统生产方式变革具有重大影响,是抓住新一轮产业革命机遇转型升级、提高经济效率、获得更广阔发展空间的重要支点。数字基础设施和产业化数字技术是数字化转型的基石,也能创造新的经济增长点。国家统计局 2021 年 6 月公布的《数字经济及其核心产业统计分类(2021)》,首次确定了数字经济的基本范围,即数字产品制造业、数字产品服务业、数字技术应用业、数字要素驱动业和数字化效率提升业五大类。数字经济不仅是新的经济增长点,也是改造提升传统产业的支点，可以成为构建现代化经济体系的重要引擎。

作为重要的国家战略，数字经济在"十四五"乃至以后更长时期，都将拥有广阔的发展空间。据"天眼查"数据显示，目前我国已有104.4万家数字经济相关企业。以5G为代表的数字信息综合基础设施推动着经济社会数字化升级，促进经济社会发展信息"大动脉"的打通。人工智能、云计算等智能化信息技术，则是数字经济进一步提效的加速器。各地政府加速"上云"，建设数字政府和智慧城市，也为数字化转型升级提供了条件。

工业领域在数字经济驱动下，企业生产设备数字化水平持续提升，研发设计、生产加工、经营管理、销售服务等业务数字化全面推进，全流程数据贯通，全价值链业务协同，提升了企业整体运行效率和产业链上下游协同效率，释放出大量动能。工信部调查显示，工业经济数字化智能化改造后，企业生产效率平均提升率超过30%，运营成本下降约20%。

数字经济下的农业领域，也以灵活多变、创新迭代的方式开拓了乡村振兴新路径。从农产品直播、乡村电商，到以人工智能和区块链技术搭建农产品产销一体化体系，数字经济都充分发挥了效率提升的作用。

生活及服务领域通过数字化广泛渗透，不断创新消费内容和形态。在电子商务、移动支付等新消费方式继续发展的同时，数字教育、数字医疗等各种数字生活场景快速发展，为经济带来新的增长点。

从以上迹象可以看出，今日之中国，正在数字经济的路上"狂奔"，发展速度之快、辐射范围之广、影响程度之深前所未有，推动生产生活和治理方式发生深刻变革。

元宇宙可以说是数字经济在虚拟世界的延伸和虚实空间的互动发展。元宇宙在两个背景下出现，一个是消费领域的社交和娱乐转化为线上数字化场景，另一个则是产业和工业的数字化转型需求。元宇宙通过数字孪生技术将现实世界镜像到虚拟世界，以此构建细节极致丰富的拟真环境。因此，数字孪生是构成元宇宙社会活动体系的基础支撑系统。元宇宙可以加速重塑工业制造场景，通过物理场景数据采集、实时同步，实现对工业制造业全面还原，整体性解决制造本身研发、生产、管理等一系列问题。因此，元宇宙将成为数字经济的重要组成部分，成为数字经济发展新的增长点和强大推动力。

根据普华永道会计师事务所的行业发展预测，元宇宙相关产业将迎来大幅增长，市场规模有望从2020年的500万美元成长到2030年的1.5万亿美元，年复合增长率高达253%，是目前传统GDP年5%左右增长率的50倍，这对于我国数字经济的发展是非常难得的机遇。

全国政协委员刘伟提交了关于"元宇宙中国"数字经济体建设方面的建议，呼吁尽快出台"元宇宙中国"数字经济体设计方案，推动形成虚实融合、沉浸交互、拥有完备规范体系的新型社会关系平台。随着新一代信息技术的不断发展，元宇宙正在快速从概念走向现实，并带动各行各业的数字化进程不断提速。刘伟委员建议尽快组织论证、统筹规划，明确牵头和监管部门，整体立项、分期分层推进"元宇宙中国"项目建设，并探索建立虚拟经济规则体系，推动数字资产确权、交易、隐私保护等方面的立法。

我国互联网平台凭借现有的用户规模和客户高渗透率经验，很容易把垂直行业的用户打通，把流量引入"元宇宙"新应用，快速获取、积累元宇宙应用新用户，形成用户规模优势。中国现有的数据生产者和潜在的数据生产者都远超美国，具备元宇宙最大的发展空间。基于中国已有的制造优势，中国在元宇宙硬件领域与美国的技术差距也在不断缩小。元宇宙应用在虚实经济融合中，面临价值链重构和供应链管理的革新机遇。另外，元宇宙的基础建设，也可以为"新基建"带来新机遇。

韩国在元宇宙相关领域的先行发展，可以为中国元宇宙的行业政策制定提供一定的借鉴意义。2020年年底，韩国科学技术信息通信部发布了《沉浸式经济发展策略》。这份发展策略指出，到2025年，韩国的沉浸式经济要创造高达30万亿韩元的经济效益，进入全球五大XR先导国家之行列。韩国最具里程碑意义的事件就是成立了元宇宙联盟。2021年5月18日，韩国信息通信产业振兴院联合25家机构和企业成立元宇宙联盟。同年11月9日，韩国元宇宙产业协会（K-META）正式成立。这两个政府机构的成立，标志着元宇宙成为韩国未来产业发展的重点项目。

无论是政策规划，还是本土企业的扩张发展，韩国元宇宙只用短短两年时间就拥有了较为明显的先发优势。韩国最新的智慧城市规划出台于2019年，首尔政府对外透露他们将建设一个"元宇宙首尔"，其目的就是要构建一个完整的城市虚拟生态系统，将部分经济、旅游、文化、教育和公民服务搬到线上。ZEPETO平台也推出了韩国文化和历史遗产地图，首尔博物馆还将他们馆内的韩国国宝转化成NFT，放到元宇宙平台上售卖。这些依靠元宇宙发展传统文化和旅游产业的做法，尤其值得中国相关从业者学习。

元宇宙未来发展中仍然面临包括技术突破、生活方式、社会伦理、隐私与数据安全、立法监管等诸多方面的核心挑战。在元宇宙中如何加强隐私保护与数据安全值得关注。在2022年全国两会上，全国政协委员张英提出了规范元宇宙行业发展的建议。当前元宇宙作为虚拟世界与现实社会交互的重要平台，正成为驱动全球数字经济发展、数字技术创新的重要赛道。元宇宙的出现，给予中国更多的参与标准制定的机会。中国应加快关键技术攻关，聚焦新一代通信、智能交互、算力芯片、数字工具、新型传感器技术等关键核心技术，鼓励企业、科研单位积极参与相关国家标准以及国际标准的制定，掌握科技发展话语权，形成元宇宙"以虚强实"的发展导向，打造赋能千行百业的产业创新体系，构筑具有中国特色、顺应全球趋势的数字空间治理规则，促进元宇宙相关产业健康发展。

五、星际穿越前的演习

如果机器可以思考，它的思考方式可能会比我们更加智能，那我们还能做什么呢？即使我们能让机器一直处在低下的地位……作为一个物种，我们理应感到深深的谦卑。

——艾伦·图灵

在电影《黑客帝国》中，人工智能的化身特工史密斯竟然如此阐述：这个星球上的每种哺乳动物都会本能地与周围环境达成一种自然的平衡，但人类却不会。每当迁徙到一个地方，就会开始繁殖、再繁殖，直到耗尽那里所有资源；接着，人类继续生存唯一的方法就是迁徙到另一个地方，而病毒也遵循相同的生存模式。所以，人类就是一种疾病，是这个星球的癌症，而人工智能却是解药。这虽然是出自科幻电影的惊人论点，但也表明了人工智能的日益强大。

语言是人类的核心特征。如今，自然语言处理是人工智能中发展最快的领域之一。人工智能在语言预测方面的表现越好，其行为就越像人类的思考。深度学习系统就像蹒跚学步的幼童，走上了通过著名的"图灵测试"（Turing Test）之路。富有成效的人机协作方式，确实在许多领域充满希望，人工智能有望帮助我们加深理解，发挥人类的终极潜力。

谷歌 AI 掌门人 Jeff Dean 总结了机器学习领域的发展趋势：研究人员正在训练出比以往功能更强大的机器学习模型。数据集和模型规模的扩大，使得各种语言任务的准确性显著提高，标准自然语言处理（NLP）基于任务性能获得全面改进。机器学习的模型效率持续提升了计算机硬件设计、机器学习算法以及元学习研究的进步。随着机器学习模型、算法和硬件的创新使用，移动设备已经能够有效感知周围环境，拓展了机器学习技术的可用性和易用性（如手机拍照、实时翻译等流行功能应用），也加强了隐私保护。

近年来，机器学习在基础科学领域的影响越来越大，从物理学、生物学到医学。谷歌与哈佛大学 Lichtman 实验室合作，进行了大规模研究，分析了脑组织样本，制作了人类大脑皮层突触连接，跨越了大脑皮层各层的多种细胞类型，并应用于对机器学习的研究中，协助神经科学家研究人类大脑惊人的复杂性。在基因组学领域，机器学习让新开发的基因测序仪更准确和快速。

自从 2017 年底，谷歌 DeepMind 团队发布了战胜围棋世界冠军 AlphaGo 的升级版本——AlphaZero。它完全忽略了几千年以来人类的积累，包括几百万盘棋局的围棋智慧，从零开始自己学习，不仅击败了前辈 AlphaGo，还通过同自己对弈成为世界上最强大的象棋棋手。经过 12 个小时自我对弈的模拟训练，AlphaZero 不但打败了最厉害的人类棋手，而且战胜了世界顶级国际象棋程序 Stockfish（鳕鱼），让其程序员耗费几十年精力开发出来的 AI 软件变得过时。由此看到，用人工智能创造出更好的人工智能的思路，在今后将不容忽视。

大脑的进化是为了更好地预测未来。人类进化出的计算结构，正好擅长计算那些在物理世界中十分重要的问题。1949 年，加拿大心理学家唐纳德·赫布（Donald Hebb）在其著作中提出了赫布定律：如果两个邻近的神经元被同时激活（放电），它们之间的突触连接就会被强化，这样它们就学会了触发彼此。这个现象被总结为"一起放电，一起连接"。神经网络是通过更新自己的突触来提升计算能力。神经网络之所以如此有效，部分取决于物理定律带来的函数，神经网络能计算的函数与物理学中的函数有时非常相似。

回答一个复杂的问题，有时也相当于计算一个函数，或者说一团物质只要以合适的方式排列起来，就可以充当某种可计算的函数。计算是粒子在时空中排列出的形态，粒子在此时并不重要，重要的是它们组成的形态，因此我们可以想象，智能可以独立于物质层面而存在。它似乎拥有自己的生命，而且这个生命并不依赖或者不反映出物质层面的细节。简而言之，在某种条件下，物质是无足轻重的。计算过程可以在任意一台通用计算机上运行，这意味着计算和信息一样，可以独立于物质层面而存在。计算就像拥有自己的生命一样，与采取什么样的物质形态无关。

如果通用人工智能具备足够的能力来迭代和设计出越来越好的通用人工智能，它的终极能力只受限于物理定律，而物理定律似乎允许远超人类级别的智能出现。当人类开发出通用人工智能的时候，就会触发产生一个临界点，这所谓的"智能爆炸"将会产生远远超过人类水平的超级通用人工智能。欧文·古德说："第一台超级智能机器将是人类的最后一个发明，只有这台机器足够温顺，愿意告诉我们如何做，才能让它一直处在我们的控制之下。"

根据全球知名物理学家麦克斯·泰格马克所著的《生命3.0》，生命3.0可以最大限度地重新设计自己的软件，还能重新设计自己的硬件，而不用等待许多世代的缓慢进化。我们现在之所以能统治地球，是因为我们比其他生命更聪明。那么，我们应该如何与这个比我们更加聪明的超级人工智能相处呢？经过设想，人类与超级人工智能共存方式大致分成以下几种。

（1）**自由主义乌托邦**。人类与超级智能和平共处。尽管大部分人机对话和互动都在虚拟环境进行，人类将获得良好的体验，但大部分人最终将被淘汰，只剩下少量富人享用机器人创造的财富。

（2）**善意的独裁者**。超级智能掌管全世界，消除了贫穷和疾病，人类都会被满足基本需求，但是人人都在严苛监控之下，违法者将被处以刑罚。

（3）**平等主义乌托邦**。由于废除了产权制度，人类、虚拟人和平共处。

（4）**看门人**。防止产生超级智能，只生产智力低于人类的助手机器人，人类与机器相结合的赛博格比比皆是，但技术的进步遭到了永远的束缚。

（5）**守护神**。全知全能的超级智能，只对人类进行很少的干涉，以致让人类觉得自己的命运还是掌控在自己手中，以此来最大化人类的幸福感。

（6）**动物园管理员**。无所不能的人工智能主宰世界，还保留着一些人类，他们就像动物园里的动物一样悲叹着自己的命运不幸。

（7）**被奴役的神，机器是人类的奴隶**。人工智能提供给人类控制者的技术日益强大，在技术能力和使用技术所需智慧之间展开了一场较量，其结果是，人工智能可能自我毁灭或逃脱。

如果出现一个比我们更聪明的超级智能，它是否能够推翻我们的统治而成为宇宙之王？科幻小说和电影为我们进行了设想：当超级人工智能接管和统治了世界，也许它就将我们的太阳系变成了一个巨大的建筑工地，在每颗岩石行星和小行星上建满了工厂、发电厂和超级计算机等，在太阳周围设计、建造一个戴森球（Dyson sphere），用以收集太阳辐射出的所有能量，驱动一个和整个太阳系差不多大小的无线电天线。

实际上，对一个智能信息处理系统来说，身体变大是一件喜忧参半的事。一方面，变大意味着它可以拥有更多粒子，能带来更复杂的思想。而另一方面，如果它想要达成真正的全局思维，这反而会降低速度，因为信息需要更长的时间才能传遍它身体的各个部分。

超级人工智能在实现统治之前，肯定已经仔细揣度过如何避免思维的碎片化，以致让那分散在全世界各地的众多人工智能模块，可以保持目标一致，类似统一整体一样地行动。物理定律为信息交流的速度设置了上限，这个上限对任何想要统治全世界的人工智能来说都是一个巨大的挑战，更别说去统治整个宇宙了。

尽管我们的宇宙本身，可能还可以延续至少100亿年的时间，但我们的太阳之火将在10亿年后将地球吞噬，除非我们把地球"流浪"到一个安全的距离。35 亿年后，银河系会与相邻的仙女座星系相撞。早在这场碰撞发生之前，就会发生小行星撞击地球或者超级火山爆发形成气温直线下降的"火山冬天"（历史上毁灭性的火山爆发与早期人类从非洲迁徙的时间相吻合）。所以，我们应该用科技来解决所有这些问题，迎接未来可能的更加严峻的挑战，比如气候变化、核战争、瘟疫或可能出错的人工智能，等等。

人工智能像一面镜子，在它不断进化的过程中，人类需要更深刻地审视自己和生命的意义。人类曾经坚持认为自己是地球上最聪明和独特的存在，比其他族群、其他物种更优越。人工智能的崛起将迫使我们放弃这种想法，变得更加谦虚。

"友好的人工智能"是人工智能安全性研究的先驱，埃利泽·尤德考斯基（Eliezer Yudkowsky）提出的一个概念，是指目标与我们人类相一致的人工智能。想要让超级人工智能与人类的目标保持一致很重要，也很困难。这也是计算机科学家和思想家正在研究的活跃课题：如何让人工智能学习、接受和保持与人类的目标一致。

友好的人工智能目标，就是让自我迭代的人工智能在日益聪明的过程中，依然保持它的终极目标——对人类友好。其实，人工智能允许你装载目标的时间窗口，可能非常短暂，就是在它愚钝得无法理解你和聪明到不让你得逞之间的短暂时期。目前流行的一种学习方法叫逆向增强学习。这种方法的核心思想就是，让人工智能通过观察来了解人类在各种场景的行为，构建起关于人类各种目标的精确模型。如果我们能让这个自我改进的人工智能，通过学习进化，接受我们的目标而变得友好，那么，我们就可以高枕无忧，因为它一定会竭尽全力永远保持对人类的友好。

在超级智能的帮助下，人类穿越到另一个恒星系，也许就很简单而科幻。只要把所有关于人类的信息都以光速传播，利用人工智能依靠夸克和电子造出人类，这听起来好像有点不可思议。实现的方式可能有两种：第一种方式的技术含量比较低，只是将一个人 2GB 的 DNA 信息传输过去，然后孵化出一个婴儿并由人工智能来抚养成人；第二种方式是人工智能直接用纳米组装技术，将夸克和电子组装成一个成年人，他的记忆来自地球上某个"原版人"扫描上传的记忆。

如果超级智能开发的技术很容易将基本粒子重新排列成任何形式的物体，人类就可以更加简单快捷地用"重排粒子"的方法把铜变成银，获得制造高科技产品所需的任何材料。在一个充满超级智能的宇宙中，只有一种商品值得远距离运送，那就是信息。这种物质以能量束的方式进行运输，因为接收方的超级智能，可以迅速地将其重新排列成它们想要的任何物体。

美国天文学家弗兰克·德雷克（Frank Drake）指出，某个地方出现智能生命的概率可以用三个概率相乘得到，即出现宜居环境（比如说适宜的行星）的概率、该环境中进化出生命的概率，以及生命进化出智能的概率。尽管过去的时间里，人们发现了大量绕着其他恒星旋转的行星，宜居的行星应该很丰富，仅在银河系就可能有数十亿之众，然而进化出生命和智能的概率却依然扑朔迷离。

在搜寻高级生命的过程中，有一件很重要的事，那就是不要过于以人类为中心来解释一切。如果我们发现了一个外星文明，它很可能已经达到超级智能水平了。正如天体物理学家马丁·里斯（Martin Rees）在一篇文章中所说：人类科技文明的历史是以世纪来丈量的，或许再有一两个世纪，人类就会被无机智能体赶上或者超过。接着，这些智能体就会留下来组成硅基文明，持续进化长达数十亿年的时间。后人类社会，被某些人想象为从"碳基生命"向"硅基生命"的过渡阶段。

如果人类希望让大宇宙保持色彩，而不是陷入无限的死寂中，希望继续以宇宙中最聪明、独特、优越的存在，就应该团结起来，去共同探讨和创造未来。元宇宙正是提供了这个交流场景，类似我们在成为正式司机上路前的模拟驾驶。在未来的元宇宙中，大规模的制造、生产、社交和娱乐都是在人工智能控制下运行，从而创建出更加精彩的虚实世界。当人类把价值观、人文思想和经济系统与科技创新集合融为一体，那么人类的数字迁徙和生存，就成为星际迁徙的前奏和演练。科幻小说的情节正在离我们越来越近，物理世界中的人类通过数字化获得虚拟化身，进而成为元宇宙数字化生存的居民，从而具有多元化身份，生命也随之从有限到无限。未来，我们也许会在元宇宙遇到虚拟智能人，也许会在生活中见到生化机器人，也许会穿越星际遇到更加高级的智慧生物。如何与他们沟通交流、和谐相处，我们将尝试先在元宇宙中找到答案。

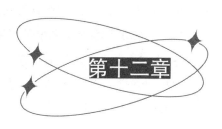

第十二章

元宇宙与人类未来

让生命之花绽放宇宙各方

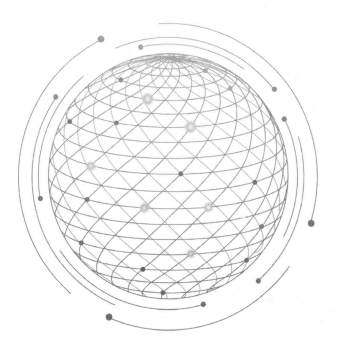

> 命运已经注定去往月球和平探索的人们将在月亮上安息。虽然他们知道自己无望生还，但是他们也知道在自己的牺牲之中孕育着人类的希望。
>
> ——撰稿人威廉·萨菲尔曾起草的关于阿波罗登月行动一旦失败时备用的悼词

一、科技的责任和使命

来自普林斯顿大学的物理系学生，终于获得了采访爱因斯坦的机会，他绞尽脑汁思考之后提问："作为这个时代最重要的科学家，您觉得什么是这个时代最重要的科学问题？"

含着烟斗的爱因斯坦闭着眼睛沉思了十几分钟，慢慢睁开眼并轻声回答："年轻人，如果真有什么最重要的科学问题，我想就是：这个世界到底是善良还是邪恶。因为如果一个科学家相信这个世界是邪恶的，他将努力去发明武器、创造壁垒，把人与人隔得越来越远；但是如果他相信这个世界是善良的，他会终其一生去发明联系，创造连接，让人们越来越近。"

马丁·里斯是英国皇家天文学家，曾任剑桥大学三一学院院长和天文研究所所长。在他所著的《人类未来》中，分析了当下地球的一些潜在危机，包括能源、核威胁、气候变化等，并以当下科技发展为根据，预言了生物技术、网络技术、人工智能等将对人类未来产生的改变及风险，试图提供人类靠自身改变未来的可行途径和方式。

自伽利略时代以来，科学的疆域已经大幅扩大，甚至涵盖了亚原子粒子、黑洞和宇宙起源。虽然以伽利略当时的科学水平，还不知道为什么葡萄是绿色、榛子是棕色，以及为什么葡萄是柔软的，榛子却有坚硬的表皮。但是在1861年，詹姆斯·麦克斯韦（James Maxwell）发现了后来以他命名的麦克斯韦方程，从那以后，光和颜色显然也可以从数学上来理解。而1925年薛定谔方程的诞生，被用来预测物质的所有性质，包括软度或硬度。理论上的进步让科学可以做出更多预测，与此同时，技术进步让更多检验和实验成为可能。

科技的进步无疑让我们享受着越来越安全、长寿和满意的生活，也让人类有能力去改造乃至摧毁整个生物圈。世界上日益增长的人口以及人们不断提高的要求，给自然环境带来更大的压力。一旦突破了"临界点"，人类的行为将会引发危险的气候变化，以及大规模的物种灭绝，这会给我们的子孙后代留下一个资源耗尽的贫困世界。但是，我们肯定不能通过遏制技术发展来避免这种风险。相反，我们需要加强对自然的了解，并且更加迫切地需要运用恰当的技术。

麻省理工学院的安德鲁·麦卡菲认为，技术在某个层面加剧了社会不平等的程度。虽然经济水平正在持续增长，平均收入正在持续提升，但财富不平等的程度愈加明显。以美国为例，过去40年中的收益几乎都进入了富人的口袋，主要是顶端1%的富人，而底端90%的穷人收入停滞。甚至在新一代财富阶层崛起的同时，某些人的生活水平还在恶化之中。对美国社会底层90%的家庭来说，2012年的平均财富是8.5万美元，与25年前一模一样，而顶端1%的家庭，在这段时间内的财富除掉通货膨胀的因素却达到了1400万美元。从全球角度来看，情况更糟。2013年，全球最穷的一半人口（约36亿人口）的财富加起来，只相当于世界最富有的8个人的财富总额。数字革命为某些精英创新者和跨国公司创造了巨额财富，但想建设一个和谐的社会，则需要重新分配这些财富，补贴那些需求巨大但又缺乏公平薪酬和社会地位的工作岗位。

技术进步也可能会加剧国际动荡。如果机器人生产线能够支持发达国家在其境内进行低成本的制造生产，那么，东亚的经济发展模式——通过降低西方的劳动力成本而获得的短暂而可贵的发展机会——将不会再次降临到非洲和中东的贫困国家，这将令不平等的持续时间更长。除了对贫困国家加大投资、提升其生活质量和就业机会、完善落后地区卫生设施之外，人们还需要应用科技改变这些贫困地区的基础设施，通过低轨道卫星、高空气球或者太阳能无人机实现全球网络覆盖，进一步促进教育、现代医疗和农业技术的普及，促使贫穷地区的人们跨入互联经济，鼓励他们使用智能手机获取市场信息、进行移动支付,或者利用区块链建立信用体系,获得金融扶持和银行助力。互联网已经创造了历史上最迅速的新技术渗透,最全面的全球化,以至于在中国和非洲的普及速度,几乎超过了所有"专家"的预测。

《大英博物馆世界简史》由大英博物馆馆长尼尔·麦格雷戈亲自撰写,该书从大英博物馆800万件馆藏中精选了100件最具代表性的物品,用以全面展现人类200万年的文明史。在这100件压轴展品中,介绍了一套太阳能照明设备,包括一盏塑料灯、单节6伏可充电电池、一小块独立太阳能板,它在烈日下暴晒6小时后,便能提供长达100小时稳定的照明,光线最强时能照亮整个房间,足以让一个未通电的家庭展开一种全新的生活。整套设备售价仅仅45美元,但是集聚多种高科技元素于一体。这套设备基本材料是塑料,太阳能电池所使用的硅芯片技术,也被运用在个人电脑和手机上,可充电电池也是较新的发明。由于硅十分廉价,加上阳光完全免费,对穷人可算是绝对低廉。世界上最贫困的人口中,很大部分居住在阳光最充足的纬度地区,所以这种新能源在南亚、非洲撒哈拉以南以及美洲热带地区尤为重要。几瓦电力便能大大改善贫困家庭的生活,不但可以取代昏暗的蜡烛和释放有毒烟雾的煤油灯,让青少年和成年人都能在夜晚学习以提高教育水平,而且它可以为手机充电,使交流更加便利,更易于获得工作与市场形势等信息。该设备的使用,将极大改变亚洲与非洲的乡村面貌。

信息产业的巨大进步,归功于在纳米尺度上制造电子元件技术的快速发展,这让我们能将所有生物级的复杂器件都装进处理器,为智能手机、机器人和计算机网络等的发展提供了支撑。我们不但需要消费级电子产品来丰富生活,而且更加需要能开发出制造人造肉的技术,以减少碳排放和降低环境压力。用3D打印方式实现器官的替代,可以摆脱器官移植的道德困境;基因合成设备正在研发之中,它其实是一种用基因编码的3D打印机。疫苗"代码"可以通过电子方式发送到世界各地,让全世界迅速联合起来对抗新的疫情。

信息传输也是人们一直关注和研究的问题。某些物质在极低温度时呈现出完美的超导性,所以材料学家一直在寻找能在普通室温下工作的超导体"配方",以解决高速传输的难题。人们自然想到,既然人工智能可以取得像 AlphaGo 那样的成功,那么也应该尝试让机器来帮助寻找这独特的材料配方;目前,寻找新的最佳化学成分,越来越多地由人工智能来完成,包括扫描人体基因组的大样本,模拟神经元如何相互作用等,都采用人工智能来协助完成。

随着"云"概念的应用,人们的行为记录、社交互动、健康状况以及财务数据等,都置于"云"之上。这些数据可能会被用来做建设性的医学研究,也可以用来实现隐蔽的商业牟利。目前,各个国家正在制定新法律,以实现对科技公司更加严格的监管。全球监管机构正在推进数十项与竞争和隐私有关的调查,包括行政命令、协议等监管措施。

人工智能对传统教育的冲击也逐渐展现,开放大学引领的模式具有无限潜力,顶尖学者可为在线课程提供内容,教师可以成为全球的网络明星,课程将会随着人工智能技术的进步而变得更加个性化,更具针对性,从而提高学习效率。

科学的灵感趋于多元,也许会来源于网络和虚拟社区的启发。最好的实验室,应该是富有创意年轻人的孵化器,应吸引年轻人去施展才华,去完成炫酷的任务,如同游戏一样激发其心流效应。科学的进步,需要各式各样的人才加入,比如拉链的发明就是基于瑞典工程师吉迪恩·桑德贝克的奇思妙想。科学方法也绝非精英之策,既有高深莫测的理论推导,也有田间地头的深耕细作,每一门科学都有自己独特的方法和魅力。年轻的科学人会发现,进入一个发展迅速的新领域可能是更好的选择。在这个领域中,可以接触最新的技术、先进的工程系统或更大的数据集,而且上一代的经验也许显得并不那么重要。像癌症治疗和脑神经研究这样极具挑战性的课题,也可以循序渐进地获得进展。尽管随着年龄增长,依旧保持知识更新和接受新概念,在自己喜爱的领域坚持钻研,似乎是更高难度的过关打怪,但是全球互联网已经让越来越多的科学爱好者参与进来,这将极大地促进科学思想的繁荣。

能源、健康、环境等问题与每一个人息息相关,人们需要具备一定的科学素养,具备基础的数学知识、逻辑能力来独立地评估和判断,而不是被所谓的网红专家一再忽悠。科学家也应该积极通过新媒体传播自己在专业领域的经验和观点,让大众真正了解事件的真相以及科学缘由。

未来人类的心理与生理,可能会因为基因改造和赛博格技术(Cyborg,指生化电子人,半生物半电子机器)的应用而变得更具可塑性。它们也许会改变社会规则,人们对于"杀手机器人"的担心也是可以理解的。虽然我们还能够跨越数千年的时间鸿沟,欣赏那些自古流传下来的文化艺术而体会到某种亲切,但恐怕很难对几个世纪之后,人机混合型智慧及其艺术产生任何情感共鸣。

太空英雄们的壮举,从第一个人造天体——苏联的斯普特尼克1号飞上地球轨道开始,尤里·加加林的第一次轨道飞行,阿列克谢·列昂诺夫的第一次太空行走,发展到1969年尼尔·阿姆斯特朗和巴兹·奥尔德林永载史册的"登月一小步"。当我们抬头望月之时,回顾这些太空先锋依赖的竟是原始计算、不太成熟的设备而实现的壮举,心中的敬意油然而生。

NASA的好奇号火星车像小汽车一样大,从2011年开始缓慢穿越一个巨大的火星撞击坑。但是机器学习进步很快,由于载人和无人任务的成本差距巨大,载人航天的实际可能性随着机器人技术的进步变得越来越小,人类下一步计划若想建立一个永久的月球基地,可由机器人完成建设,还可以从月球开始开采珍稀的矿物。

太空技术的发展,让人类习惯于依靠昂贵而复杂的航天器——轨道卫星来通信、导航、监测环境、监视和预报天气。但是现在已有相对便宜的小型卫星正在成长,某些商业公司已经开发并发射了鞋盒大小的航天器集群,它们的使命是提供分辨率不太高,但覆盖全球的刷新成像。这些微小的"立方卫星"可以用来监测农作物、建筑工地和捕鱼船等,尤其对于制订灾害应对预案很有益处。

太空望远镜处在高高的运行轨道上,因为远离地球大气的对光线模糊和无线电波吸收作用,从而能够传回来自遥远宇宙的清晰图像,揭示黑洞和其他奇异之物的证据,高精度探测"创造的余晖",即遍布空间的微波包含着创世之初的线索。21世纪内,一批巨大的太空望远镜被机器人装配在太空之中。到2068年,也就是著名的阿波罗8号《地球升起》的照片拍摄一百年的时候,望远镜也许会给我们拍摄出更加鼓舞人心的画面:另一个"地球"围绕着一颗遥远的恒星运转。

如果有一架外星文明的望远镜正在观测地球，那么外星人将发现这颗行星看起来是一个"暗淡蓝点"，离一颗恒星（太阳）非常近。当太平洋和欧亚大陆在地球自转的影响下，蓝点的明暗会显得略有差异。外星人能够推测出我们星球上一天的长度与四季变化，还有存在的大陆、海洋以及气候。通过分析行星微弱的反射光线，他们还能分析出地球上含氧的大气和生命的存在。

如果一团星际云本来在旋转，那么当它在引力作用下收缩成恒星时，就会甩出一个盘面，其中的气体和尘埃会凝聚成行星。我们还不知道地球生命的 DNA/RNA 化学过程是否是生命唯一可能的化学基础，也许其他的生命化学过程已经在别的地方发生。我们甚至不知道液态水是否真的对生命的形成具有决定意义。如果存在一个化学路径，能让生命得以在泰坦星（土卫六）上冰冷的甲烷湖泊里产生，那么对于"宜居行星"的定义将会大大拓宽。也许我们能接触更多的外星智慧生命，那么我们的后代将尝试星际间的文化沟通。

21 世纪之所以特别，因为是第一个由单一物种决定生物圈命运的世纪，即人类掌握了地球的未来，而且将是人类首次开发地球外星际实现移民的世纪。异星世界的先驱移民不但需要适应恶劣环境，而且他们得不到大陆的支援。这些探险家可以率先实现从有机智能向电子智能的转变，因为这种"生命"的新化身将不再需要行星大陆或者大气层，它们的活动范围也许会远远超出我们的太阳系。对于近乎不朽的电子实体来说，星际旅行并没有什么令人畏惧的地方。假如目前地球上的生命是独一无二的，那么这一迁移将是具有宇宙意义的重大事件。

科学是一种全球性的文化，超越了所有的国界与信念。人类的文明由创新而塑造，而创新来自科学进步，随之而来的是对自然的深入理解。《大英博物馆世界简史》一书的结尾这样总结："人类一家"并不是一个华而不实的譬喻，不管这个家庭通常表现得多么功能不良，整个人类总是拥有共同的需求与关注，恐惧与希望。

在重重严峻的挑战之下，组成人类命运共同体而形成集体智慧显得至关重要。创新往往带有风险，如果我们不愿承担风险，就可能错失益处和机遇。物理学家仍然需要谨慎地开展没有先例的实验，生物学家应当避免创造出具有潜在破坏性的转基因病毒,网络专家认识到全球基础设施连锁崩溃的风险,而参与超级人工智能有益应用的开发者,应当避免机器的"全面统治"。尽管上述风险可能性极小,但是仍然不应该被忽视,需要人类命运共同体以全球化目光开展长远思考。人们需要共同制订一个长久发展计划,鼓励"有责任的创新",研究如何尽可能减少如人工智能、生物技术和纳米技术等发展带来的风险。科学家更需要与公众进行更广泛的交流,如果能抓住机遇,让科学得到最佳应用,将会给2050年居住在地球上的90亿或100亿人类提供一个光明的未来。

二、元宇宙与能源变革

人类迁徙无疑是其发展史上最壮丽的乐章。为了寻求美好家园,人类祖先不畏荆棘和凶猛野兽,从东非发源地开始,几乎踏遍世界每一个角落。今天,人类为了摆脱时空的束缚,再次勇敢地踏上数字迁徙新征程,寻找精神栖息的理想乐园,必将谱写自由与梦想的文明拓展新篇章。

元宇宙是由一系列前沿技术构成的,结构紧密、功能耦合、体系完整的统一体,同时为人类提供了一个广阔无限的想象空间。搜索引擎不但让人们得以发现和学习知识,而且将伴随传感器的升级变得更加复杂,可以搜索气味、味道、振动、纹理、密度、反射、气压等物理参数。我们每个人都将建造自己的数字孪生人体,并且通过医疗检测的数据对比分析人体的机能变化。我们期待人工智能渗透在方方面面,能够与人类形成一个良好的协同组合。云计算不但提升了社会计算资源利用率,而且推动了物联网的迅速发展,获得了精准感知世界、认识世界的能力。3D打印(又称增材制造)成为实现虚实跳转的关键技术。数字孪生建立了物理世界中的实体与数字世界中的孪生体之间相互映射和影响,开启了虚实世界两者之间连接互动的时空隧道。

元宇宙被定义为集体虚拟共享空间,代表着虚实两重空间的互动交换,用同一个账号和身份享有资产和数据。元宇宙不会让我们严重脱离现实,反而让我们获得了新的生活价值。元宇宙允许每个用户进行内容生产和文明塑造,不但能维持虚实世界收入上的可兑换和连续性,也让人类在共同规则下和谐生活,演化成一个全新的数字文明社会。元宇宙经济逻辑来自区块链技术驱动下数字货币的诞生与数字法币的发展,以及围绕着数字资产而展开的一系列新的生产、消费和商业模式,不仅可以重塑货币市场、支付系统、金融服务及经济形态的方方面面,还将带来一系列生产、流通、消费模式的革新。雏形的元宇宙经济展现在新型游戏平台,由玩家自主开发和共创,其数字资产主要基于区块链技术、具有经济价值的数字凭证NFT。

元宇宙丰富了数字经济的转型模式,产生新的货币市场、资本市场和商品市场,推动了人文科学的发展,形成了当前最宏大的创新科技集合,成为迄今为止人类历史上规模最大、影响最为深远的一个革新契机。元宇宙更像未来之光,让我们看到了前进的方向。随着虚拟空间和真实世界共融之门将被打开,我们终于可以远眺到下一代互联网和数字文明,畅想更加完美的未来人类社会。

作为互联网终极形态的元宇宙提出了"隐形的新秩序",这种通过宣传让脑海里"想象出来"的新秩序,正在塑造人们的主观心理预期,创造一种全新的幸福感。正因为元宇宙描绘了人类的未来,也必然带来质疑和争辩。夸大人工智能的威胁和元宇宙的虚无缥缈,更加符合媒体手法和大众口味。我们不如一起讨论如何建构一个技术框架,能够让未来可能诞生的超级人工智能履行安全承诺,能够让元宇宙这个创新集合造福于人类。

勇敢探寻和积极交流将是人类和谐发展的主题。由于基因和生理结构的限制,我们在向外探寻外星文明之前,需先向内挖掘、新建一个数字平行世界,作为星际文明探索和融合的前奏。我们相信,人类终将进入物理世界数字化、虚拟世界真实化,虚实互动共生的全新时代。

科幻小说的情节正在离我们越来越近,物理世界中的人类通过数字化获得虚拟化身,进而成为元宇宙数字化生存的居民,从而具有多元化身份,生命也随之从有限到无限。未来,我们也许会在元宇宙遇到虚拟智能人,也许会在生活中见到生化机器人,也许会穿越星际遇到更加高级的智慧生物的文明,如何与他们沟通交流、和谐相处,我们将尝试先在元宇宙中找到答案。元宇宙让时间没有尽头,让空间不再阻隔,让生活更加多彩,让人生更有意义。如果人类知道自己将会在元宇宙中永生,也许会更加善待这个世界。人人都参与经验的传递，社会也许会变得更加文明。面向元宇宙的数字化迁徙让人类从历史中走来，向着未来迈进。

随着元宇宙的仿真和模拟功能日益强大，科学家将尝试探索之前人类无法解答的问题，例如模拟星系的形成和探索宇宙大爆发的奥秘，这样必然导致算力需求的指数级增加。元宇宙的稳态运行也离不开数据中心、网络设备等基础设施支撑，而由此将引发愈来愈庞大的能源供给，尤其是面对当前全球经济能源转型步伐不断加速的局面，能源供需矛盾将在元宇宙发展过程中变得更加突出。

以利用区块链技术的比特币为例，它虽然有效地解决了铸币、分发新币以及分配身份、防止双重支付等问题，但是所产生的能源消耗显然难以持续，因为用SHA-256算法对等待中的交易进行哈希运算和校验的过程，需要消耗巨大的电力。2018年，发表于《焦耳》杂志上的研究认为，在全球范围内比特币挖矿在一年内所消耗的电量至少与爱尔兰全国的年电力消费量相当，约为24太瓦时。由此想象，基于区块链技术的元宇宙经济系统的能源消耗也将十分惊人。据统计，2018年全国数据中心耗电总量已达到1609亿千瓦时，超过上海市当年全社会用电量，占全国年用电量2.35%。根据"中国电力新基建及能源互联网论坛"上公布的数据，预计到2030年，全球的大数据中心要消耗掉世界30%以上的电力。毋庸置疑，元宇宙时代的数据来源多样且更新频繁，数据量更是爆炸式增长，在算力和算法提高的同时，将带来电力供应与碳排放方面严峻的挑战。

2020年9月22日，习近平主席在第七十五届联合国大会上，代表中国政府庄严宣告：中国将在2030年前实现碳达峰，2060年前实现碳中和。"双碳"目标的实现是一场广泛而深刻的系统性变革，意味着我国将完成全球最大碳排放强度降幅，用全球最短的时间实现从碳达峰到碳中和。可以确定的是，"双碳"目标将在经济、能源、环境、科技、金融等方面，给中国乃至世界带来极为深刻的影响。清洁且可持续的能源供应，成为未来发展的决定性因素。政府部门需加强顶层设计，紧跟"双碳"工作节奏做好元宇宙产业规划，实现资源的统一调度，让单位算力效率和价值最大化。相关的法规和制度应坚持节能优先，明确元宇宙相关企业在节能减排中的主体地位，约束企业不当的能源消费，鼓励企业通过节能获取额外收益,并且引导相关企业根据自身发展需求,以多种方式积极采购可再生能源。

在当前能源体系的框架下,产业政策应鼓励加快电网基础设施的智能化改造和智能微电网建设,提高电力系统互补互济和智能调节能力,加强"源网荷储"衔接,提升清洁能源消纳和储存能力,提升向边远地区输配电能力,推进煤电灵活性改造,加快抽水蓄能电站建设和新型储能技术规模化应用。从长远来看,分布式的可再生能源系统是元宇宙可持续发展、实现供需平衡的重要解决方案。元宇宙的基础设施,依赖分布式云计算、云存储的资源全面协同。因此元宇宙基础设施都可通过分布式能源系统来提供电力支持,结合储能、氢能等新技术,提升可再生能源在其能源供应中的比重。随着可再生能源、储能等的成本快速下降,越来越多的用户可以利用本地分布式能源资源。能源领域生产型消费者的兴起是可再生能源应用的最优方向之一,因为不再依靠长距离传输,对于保护环境和创造新的经济增长点将大有裨益。

为了加快部署数字的经济发展,提升算力的能源利用效率,提高清洁能源的使用比例,形成核心竞争力并为数字化转型赋能,科技部对"十四五"国家重点研发计划"氢能技术""储能与智能电网技术""可再生能源技术"等24个重点专项2022年度项目申报指南征求意见。其中氢能重点专项包括氢能绿色制取与规模转存体系、氢能安全储存与快速输配体系、氢能便捷改质与高效动力、氢进万家四个方向。

作为终极能源的氢能,由于其具备稳定性和易获得性,有望成为能源下载、储存的最优载体选择。氢能应用场景广泛而普及,从航空航海到汽车、轨道交通,不受温度和环境限制,可以应用到社会的各个环节。伴随产业资本推动技术迭代,应用关键环节氢燃料电池也在不断取得成本突破,氢的气、液、固相储存技术正在向规模化迈进,这场能源革命的关键在于保证氢能在"制、储、运、用"整个产业链实现高效率、低成本、大规模应用,让氢能达到甚至低于化石能源的应用成本。

通过可再生能源生产的氢被喻为对气候友好的"绿氢";使用石化燃料生产的氢则被称为"灰氢";而用天然气生产的氢,如果同时捕获并存储产生的二氧化碳(CO_2),则被称为"蓝氢"。绿氢制取技术已很成熟,

"蓝氢"制取还将存在较长时期的中间过渡阶段。氢能如同元宇宙将把人类带入迷人的数字虚拟空间一样，或将重构一个新的能源世界，担当"生态文明的盾牌"。

里夫金在《第三次工业革命》一书中描述了可再生能源和互联网技术结合的分布式使用，尤其是智能电网、电动汽车、能源物联网、移动储能站、区块链技术等为代表的能源转型相关技术，以数据为核心的智能化为最主要特征，将对能源产业乃至人类社会产生深远影响。中国科学院邹才能院士认为："只有枯竭的思想，没有枯竭的能源"。从大趋势来看，能源正在朝向清洁低碳的方向发展，可再生能源几乎能达到零碳排放。根据国际能源署的统计数据，从2008年开始，光伏、风电和储能的平均成本降低了大约80%。与此同时，通信、传感器等成本更是降低了95%以上，为新能源商业化带来了广阔前景。2019年国际可再生能源机构IRENA报告显示，全球可再生能源装机已占总装机量的三分之一。事实表明，中国政府在新能源领域持续多年的支持和投入，推动了产业规模快速扩大，赢得了国际竞争力。这些经验同样可以实施在元宇宙领域的创始初期。从某种程度来讲，元宇宙也和氢能等新能源的重要作用一致，将带来前沿技术突破，让数字经济成为当前中国最大的发展机遇。

能源互联网的核心是整合信息与能源，以共享的理念来实现更高水平的能效和可再生能源利用率。"泛在电力物联网"是能源互联网概念在电网中的一个体现，涉及传感器终端、边缘计算、通信网、云计算、人工智能等元宇宙构成技术。中国国家电网正在对建设"泛在电力物联网"做出全面部署，用以统一物联管理，实现业务协同和数据贯通。能源领域生产型消费者越来越多，预示着越来越多的家庭和社区能源供应方式正在革新。区块链技术用以确保开放和及时的能源价值交换，增强消费者和供应商之间的信任，构建新的能源交易模式且降低交易成本，使得能源的套利空间增加。它在能源行业已崭露头角，其应用前景将不亚于金融行业。数字孪生实现电力系统各环节万物互联、人机交互，具有状态全面感知、信息高效处理、应用便捷灵活特征的智慧服务系统减少了物流和人流所产生的能量消耗。基于以上陈述，元宇宙将提供丰富思路和想象空间，可以协助升级国家的能源战略，促使能源产业沿着多元化、清洁化、低碳化、智能化、分散化、电气化和市场化方向发展，在大幅提高 GDP 中数字经济比例的同时降低碳排放，可以被理解为优质、高效的碳中和系统工程。

三、让生命之花绽放宇宙各方

> 我们应该努力培养意识本身，在原本漆黑一片的宇宙中生出更大更亮的光芒。
>
> ——朱利奥·托诺尼（Giulio Tononi）

纵观历史，仰望星辰的人类以不同的方式来解读宇宙。随着科技进步，夜空变得更为有趣。我们终于知道了大多数恒星并不只是闪烁的光点，而是和太阳系一样被行星绕转。银河系存有数百万个类似地球的行星，看起来也非常宜居。满布星系的广阔天穹，可能逐渐演变成为生命的住所。从一次简单的大爆炸开始，复杂生态得以发展，从而导致了人类出现。对自然法则的深入了解，激励我们去开拓时间与空间更为广阔的边界。

位于中国贵州省黔南自治州的"中国天眼"，全名是"500 米口径球面射电望远镜"。作为世界上最大的单口径射电天文望远镜，中国天眼能捕捉到 138 亿光年外的电磁信号，是人类目前能观测到的最大宇宙范围，成为我国太空侦测与宇宙研究等领域的重要支撑。中国天眼开启地外文明搜索，不仅可以拓展人类对于自身在宇宙中地位的认识，而且对人类今后的太空移民计划具有现实意义。

物理学家的目标是，理解构成宇宙的粒子以及控制这些粒子的力，他们渴望探索最极端的能量、压力和温度，为此建造了庞大而精巧的机器——粒子加速器。通过将粒子加速到接近光速而相互撞击，在微观上复制了宇宙大爆炸后，第一个纳秒中发生的境况。

宇宙在 138 亿年前非常炙热，几乎 100% 的物质都被转化为能量，只剩下了几十亿分之一的粒子幸存下来，形成了普通物质的基本构件：夸克和电子。诞生初期的宇宙产生的辐射（光子和中微子）比物质（后来成为原子的夸克和电子）多了超过万亿倍。从那以后的 138 亿年间，原子聚集成为星系、恒星和行星，而大多数光子仍停留在星际空间，形成宇宙微波背景辐射。今天的科学家们，利用宇宙微波背景辐射制作出了宇宙大爆炸初期的场景图片。

太阳在45亿年前形成，燃料耗尽之前大约还有60亿年寿命，之后便会爆发而将内行星吞噬。宇宙的膨胀可能会永远持续下去，注定会变得越来越冷，越来越空。在宇宙尺度上，引力被一种神秘的力量所压制，这种力量潜藏在空旷的空间之中，将星系彼此推开。物理学家史蒂文·温伯格（Steven Weinberg）因在粒子物理学标准模型上的奠基性工作而获得诺贝尔物理学奖。他有一句著名的话："我们对宇宙理解得越多，它就越显得毫无意义。"

关于"宇宙大灾变"的五种主要猜测包括：大冷寂（Big Chill）、大挤压（Big Crunch）、大撕裂（Big Rip）、大断裂（Big Snap）和死亡泡泡（Death Bubbles）。这个通向死寂的过程可能会持续数万亿年。这么长的时间，可能足以使生命系统趋向复杂化，并使"负熵"达到顶峰。所有存在于恒星和气体中的原子，都可以转变成像一个生物或者硅芯片一样复杂的结构。

弗里曼·戴森是20世纪顶尖的理论物理学家之一，但与大多数理论物理学家不同，他是一个有着发散性思维的思想家，表达了与史蒂文·温伯格截然相反的乐观观点。早在1950年，他就加入了一个名为"猎户座计划"（Project Orion）的纯思辨探索小组，讨论利用防护良好的飞船配置，以核爆炸作为动力推进，来实现人类的星际旅行。弗里曼·戴森设想了一个耗能巨大的文明，可能会用光伏电池将其母恒星围住，从而利用所有的能量，而那些"废热"会以红外辐射的方式暴露出来。1979年，弗里曼·戴森发表了一篇现在被视为经典的文章，其目标是"建立宇宙命运归宿的数学极限"。假设所有物质都能被理想地转入计算机或超级智能，那么还会存在信息处理的上限吗？其答案取决于宇宙学的发展。

弗里曼·戴森虽然也认同我们的宇宙是毫无意义的，但他相信生命正在让宇宙充满越来越多的意义。如果生命的种子成功地散播到整个宇宙，那未来一定会朝气蓬勃。他给出了一个乐观的总结：生命和智能体，能够成功地按照预定目标来塑造我们的宇宙。

热寂是指万事万物处于无聊而又完美的均质状态，没有复杂性，没有生命，也没有任何变化。热力学赋予大自然一个比"热寂"更鼓舞人心的目标，这个目标有一个枯燥晦涩的名字——耗散驱动适应性效应（Dissipation-driven Adaptation），即随机的粒子群会尽力进行自我组织，从而尽可能有效地从环境中提取能量。"耗散"意味着熵增，通常的方法是将有效能转化为热量，这个过程常伴随着有用功。譬如说，一堆暴露在阳光下的分子会随着时间的推移进行自我组织，以实现越来越有效地吸收阳光。换句话说，大自然似乎拥有"产生越来越复杂、越来越像生命的自我组织系统"的内在目标。

人类所有的智力特质中，意识（Consciousness）是最令人惊叹的，甚至可以成为宇宙的意义之源。星系之所以美丽，是因为我们的目光触及它们，并在主观上体验到它们的存在。意识拥有一些高于和超越粒子性质的性质。在物理学里，我们称这种现象为"涌现"（Emergent）。涌现是一种现象，或称创发、突现、呈展，指许多小实体相互作用后产生了大实体，而这个大实体展现出与组成它的小实体所不具有的特性。大脑本身的奥秘在于原子是如何聚集成了"灰质"，而且能够意识到自身并思考自己的起源。对于任何一个复杂到足够使人类出现的宇宙，我们的头脑还无法完全理解，但是超级智能也许可以帮助人类理解物质现实世界，为后人类时代带来新的希望曙光。

人工智能系统是否具有人类意义上的自主意识？这在计算机科学的先驱艾兹赫尔·迪杰斯特拉（Edsger Dijkstra）看来是一个伪问题："机器能否思考，就像潜艇能否游泳的问题一样。"鲸鱼和潜艇都能在水中前进，但它们的方式在本质上是完全不同的。一个多才多艺的超级智能机器人，也许是人类创造的最后一项发明。一旦机器人超越了人类的智能，创造力将飞速提升，它们就可以自行设计和组装更加智能的新一代机器人。今天困扰着物理学家的主要问题，如时间旅行、空间翘曲以及超复杂性，这些也许能被超级智能理解、利用，并将改变物理世界。

基因修饰辅以赛博格技术，这可能是变成纯无机智慧生物的中间过程，所以赛博格将会是这些宇宙旅行的冒险家，取代适应了地球舒适生活的人，来引领新人类纪元。不论在何种意义上，人类式有机大脑的"思考"终究要被人工智能AI所超越，这更有可能将在远离地球的地方快速发生。即使地球是生命唯一的起源,也没有必要一直留在地球上。人类可能更接近的是一个过程的开端,也就是更复杂的智慧在银河中散播的过程,前往近邻恒星只是这个过程最初的一步。星系间的旅行,对于近乎不朽的无机生命来说不无可能。

如果我们目前的人工智能升级到触发智能爆炸,最终让我们移民宇宙,那这场智能爆炸就具有了宇宙级别的真正意义。数十亿年来,在这个冷漠荒芜的宇宙中,生命只激起了微乎其微的波澜,而这场爆炸突然让生命在宇宙的舞台上爆发出一个近似光速扩张、永无停歇迹象的球形冲击波,这个冲击波用生命的火花点燃了所经之路上的一切,以至于许多思想家都表达过"生命在未来的宇宙中至关重要"的乐观主义思想。科幻作家通常被认为是不切实际的浪漫主义梦想家。由于超级智能发展的可能性,科幻作品似乎低估了生命的未来。如果人类和其他智能体能以电子形式传递,那星际旅行就变得容易多了,这或许能让我们在太阳系、银河系甚至整个宇宙尺度上掌控自己的命运。

如果超级智能文明想要彼此保持联系,它们就有强烈的动机去建造一个大规模的宇宙工程。在暗能量将物质带到遥不可及的远方之前,将一颗恒星移动到很远的距离,将其推入一个两颗恒星彼此围绕、稳定旋转的双星系统。对于这种不稳定的三体重力相互作用,也许能将一些物质快速抛出原来的星系。然而不幸的是,这种"三体"技术能移动的物质量似乎很少,难以对抗暗能量的遥远距离。最幸运的可能,莫过于建造稳定的可穿越虫洞。有了这种虫洞,无论两端相隔多远,几乎都能实现实时的通信和旅行。爱因斯坦的广义相对论允许稳定虫洞的存在。虫洞不仅能够变革星系间的快速通信,还能打破暗能量阻断超远距离通信的企图。不管两个星系相隔多远、未来各自漂向何方,它们仍然可以被稳定的虫洞连接在一起。尽管虫洞已经出现在科幻电影《星际穿越》的场景中,但虫洞的建造还只存在于人类假想之中。对于建造虫洞所必须拥有的负密度奇异物质,也许唯有等到具备强烈探索欲望的超级智能出世才有希望被发现。

人类大脑是我们已知的宇宙中最令人叹为观止、最精巧复杂的物理实体,但是一个人脑大小的人工智能的意识主体,每秒拥有的体验可能比我们人类多几百万倍,因为电磁信号以光速传播,比神经元信号快数百万倍。因此，我们对未来的首要希望，应该是在我们的宇宙中，保存并尽量扩大生物意识或人造意识，共同创造宇宙。

宇宙粒子排列的某些函数是可以严格定义的，而且我们甚至知道，物理系统的演化，会让一些函数实现最大化。例如，我们已经讨论了许多系统演化过程，会将熵最大化；如果没有引力，这会最终导致热寂。到那时，万事万物都是均质和不变的，十分无聊。所以，熵不应是我们想让人工智能成为"善"，并力求最大化的东西。目前能保证定义明确的可编程目标，只能以物理量的形式表达，比如粒子排列、能量和熵。

整个太阳系在宇宙演化过程中，对氢元素进行了重新排列，万有引力将氢元素重新排列成恒星，恒星将氢元素重新排列成重原子。万有引力将这些原子重新排列成我们的星球，然后化学和生物过程将它们重新排列成生命。如果某种未来生命，达到了它的技术极限，那么它就可以更快和更高效地对粒子进行重新排列。它们首先会利用计算能力搞清楚效率最高的方法是什么，然后用可获得的能量来驱动这个物质"重新排列"的过程。物质可以转化为计算机和能量，一旦未来生命在使用物质上接近物理极限，它就只有一个发展方向：扩张它的势力以获取更多物质，向宇宙深处进发！

宇宙进化出生命和智能的概率依然令人费解，但人类存在的奥秘不在于活着，而在于寻找为之而活的目标。当人们追问生命的意义，仿佛宇宙的职责，就是为我们的存在赋予意义时，其实是本末倒置了。并不是我们的宇宙将意义赋予有意识的实体，而是有意识的实体将意义赋予我们的宇宙。如果人类希望宇宙生机勃勃，绽放生命之花，自己继续成为宇宙中最聪明、独特、优越的存在，就应该和超级智能共担重任、创造未来，让宇宙永存快乐、善良和美丽，让宇宙永存被赋予的"意义"。

四、人类命运共同体

这个世界，各国相互联系、相互依存的程度空前加深，人类生活在同一个地球村里，生活在历史和现实交汇的同一个时空里，越来越成为你中有我、我中有你的命运共同体。

——2013 年 3 月 23 日，习近平同志在莫斯科国际关系学院的演讲科技发达的人类文明,面临着一个重大的选择:要么在宇宙中繁荣昌盛,要么走向灭绝。小行星撞击地球、超级火山爆发、年老太阳的炽热余晖,到底哪一种灾难会先行到来?除了宇宙大灾变以外,还有恒星燃尽、星系褪色和黑洞蒸发,它们在死亡时都会发生巨大的爆炸,释放出令人难以想象的毁灭性能量。如果没有技术的帮助,人类的存在与宇宙亿万年的时间相比,生命的整个故事只是短短的一瞬间,虽然美丽、充满激情、富有意义,却由于无人欣赏和体验,终将终结于无尽的空虚,这将是多么巨大的浪费!

历史的如椽巨笔,常在重要时空节点写下激荡人心的章节。面对当前纷繁复杂的国际形势和严峻的挑战,人们对未来既寄予期待又感到困惑。2013年3月23日,习近平同志第一次在国际场合阐述"命运共同体",理念的种子已经开始播撒,无疑是洞察时代之变,体察时代之需,引领时代之先。

2015年9月,在联合国成立70周年系列峰会上,习近平首次在联合国总部全面阐述以合作共赢为核心的新型国际关系理念,打造人类命运共同体的总布局、总路径清晰呈现,为国际关系发展带来新气象,引发世界的高度关注。

2017年1月18日,在联合国日内瓦总部,习近平发表题为《共同构建人类命运共同体》的重要演讲,以铿锵有力的话语回应世界对中国的期待。习近平从全局和全球视角,以哲学和历史高度,系统阐述构建人类命运共同体思想,深刻回答了"人类社会何去何从"这个根本性问题,在世界范围产生持续而强烈的积极反响。

2017年2月10日,联合国社会发展委员会第55届会议协商一致通过,"非洲发展新伙伴关系的社会层面"决议,"构建人类命运共同体"理念首次被写入联合国决议。

几年来,人类命运共同体理念与时代潮流同频共振,日渐深入人心。随着全球经济陷入严重衰退,世界进入动荡变革期,国际形势不确定性明显上升,此时的世界更加呼唤大国担当。全球抗击新冠肺炎疫情的实践表明,人类是休戚与共、风雨同舟的命运共同体,唯有相互支持、团结合作才是战胜危机的人间正道。从推进减贫、抗疫和疫苗研发,到发展筹资、绿色转型、互联互通等领域合作，中国正在以实际行动践行人类命运共同体理念，推动全球发展迈向平衡、协调、包容新阶段。2020年底，中国如期完成脱贫攻坚目标任务，为落实联合国2030年可持续发展议程付出了扎实努力，为全球反贫困持续作出贡献。截至2021年底，中国累计向120多个国家和国际组织提供了20亿剂新冠疫苗。令人惊叹的数据，折射出中国倡议的影响力、引领力和感召力。

天下大同是中国人的理想追寻，和而不同是中国人的智慧胸襟。从共商共建共享的全球治理观，到和平、发展、公平、正义、民主、自由的全人类共同价值，习近平主席倡导构建人类命运共同体，体现着"不同"与"大同"的辩证统一。根植于中华文明的人类命运共同体理念，为人类社会的现代化转型提供了丰富的文明启迪。

回望历史、审视当下、展望未来，构建人类命运共同体的理念源于中国，属于世界。"世界各国风雨同舟、团结合作，才能书写构建人类命运共同体的新篇章。"话语的力量可以贯穿时空，命运共同体必将不断发出耀眼的思想光辉，聚集起更多发展进步的力量，指引我们为建设一个更美好的世界共同前行。

在美国得克萨斯州的地下深处洞穴里，建有一座巨大的万年钟，它被设计成为在一万年的时间内嘀嗒作响。科技圣贤彼得·梅达瓦说：为人类而鸣的万年钟，像是阿尔卑斯山上的牛铃铛，实际挂在人类自己身上，如果没有发出和谐悦耳的声音，那么只能是人类本身的错误。

参 考 文 献

[1] 日经产业新闻. 引领未来：VR 产业创新模式与启示 [M]. 朱春柳，译. 北京：北京时代华文书局，2021.

[2] 方艳红，吴斌. VR 到 AR ——一种循序渐进的技术演变 [M]. 北京：科学出版社，2020.

[3] 刘丹. VR 简史：一本书读懂虚拟现实 [M]. 北京：人民邮电出版社，2016.

[4] 吕云，王海泉，孙伟. 虚拟现实——理论、技术、开发与应用 [M]. 北京：清华大学出版社，2019.

[5] 聂有兵. 虚拟现实：最后的传播 [M]. 北京：中国发展出版社，2017.

[6] 安德烈亚斯·安东诺普洛斯. 区块链：通往资产数字化之路 [M]. 林华，蔡长春，译. 北京：中信出版社，2018.

[7] 阿尔文德·纳拉亚南，约什·贝努，爱德华·费尔顿，等. 区块链：技术驱动金融 [M]. 林华，王勇，译. 北京：中信出版社，2016.

[8] 唐·塔普斯科特，亚力克斯·塔普斯科特. 区块链革命 [M]. 凯尔，孙鸣，周沁园，译. 北京：中信出版社，2016.

[9] 托马斯·拉姆齐. 写给大家的 AI 极简史：从图灵测试到智能物联 [M]. 林若轩，译. 北京：中国友谊出版社，2019.

[10] 卡洛·罗韦利. 时间的秩序 [M]. 杨光，译. 长沙：湖南科学技术出版社，2019.

[11] 克里斯托弗·加尔法德. 极简宇宙史 [M]. 童文煦，译. 上海：上海三联书店，2016.

[12] 玛蒂娜·罗斯布拉特. 虚拟人 [M]. 郭雪，译. 杭州：浙江人民出版社，2021.

[13] 金相允. 元宇宙时代 [M]. 北京：中信出版社，2022.

[14] 马丁·里斯. 人类未来 [M]. 丁丁虫，译. 上海：上海交通大学出版社，2020.

[15] 埃里克·托普. 深度医疗 [M]. 郑杰，朱烨琳，曾莉娟，译. 郑州：河南科学技术出版社，2020.

[16] 迈克斯·泰格马克. 生命 3.0[M]. 汪婕淑，译. 杭州：浙江教育出版社，2018.

[17] 尤瓦尔·赫拉利. 未来简史：从智人到智神 [M]. 林俊宏，译. 北京：中信出版社，2016.

[18] 尤瓦尔·赫拉利. 人类简史：从动物到上帝 [M]. 林俊宏, 译. 北京：中信出版社, 2017.

[19] 彼得·沃森. 20世纪思想史：从弗洛伊德到互联网 [M]. 张凤, 杨阳, 译. 北京：译林出版社, 2019.

[20] 阿比吉特·班纳吉, 埃斯特·迪弗洛. 贫穷的本质 [M]. 景芳, 译. 北京：中信出版社, 2018.

[21] 顾炯炯. 云计算架构技术与实践 [M]. 2版。北京：清华大学出版社, 2016.

[22] 安德烈亚斯·威蒂格, 迈克尔·威蒂格. AWS云计算实战 [M]. 费良宏, 张波, 黄涛, 译. 北京：人民邮电出版社, 2018.

[23] 丁奇. 大话无线通信 [M]. 北京：人民邮电出版社, 2010.

[24] 项立刚. 5G时代——什么是5G，它将如何改变世界 [M]. 北京：中国人民大学出版社, 2019.

[25] 梁乃明, 方志刚, 李荣跃, 等. 数字孪生实战：基于模型的数字化企业 [M]. 北京：机械工业出版社, 2019.

[26] 大前研一. IoT变现 [M]. 朱悦玮, 译. 北京：北京时代华文书局, 2019.

[27] 大前研一. 技术4.0[M]. 黄竞颖, 译. 北京：中信出版社, 2020.

[28] 高野敦, 中山力, 木崎健太郎, 等. 数字孪生制造：技术、应用. 10讲 [M]. 北京：东方出版社, 2020.

[29] 邢杰, 赵国栋, 易欢欢, 等. 元宇宙通证 [M]. 北京：中译出版社, 2021.

[30] 赵国栋, 徐远重, 易欢欢. 元宇宙 [M]. 北京：中译出版社, 2021.

[31] 凯文·凯利. 失控 [M]. 东西文库, 译. 北京：中信出版社, 2010.

[32] 熊焰, 王彬, 邢杰. 元宇宙与碳中和 [M]. 北京：中国对外翻译出版社, 2022.

[33] 张汝京. 半导体产业背后的故事 [M]. 北京：清华大学出版社, 2013.

[34] 安珀·凯斯. 交互的未来：物联网时代设计原则 [M]. 蒋文干, 刘文仪, 余声稳, 等译. 北京：人民邮电出版社, 2017.

[35] 工业和信息化部工业发展中心. 3D打印与工业制造 [M]. 北京：机械工业出版社, 2019.

[36] 吴怀宇. 3D打印：三维智能数字化创造 [M]. 北京：电子工业出版社, 2014.

[37] 简·麦戈尼格尔. 游戏改变世界 [M]. 闾佳, 译. 杭州：浙江人民出版社, 2012.

[38] 简·麦戈尼格尔. 游戏改变人生 [M]. 闾佳, 译. 北京：北京联合出版公司, 2018.

[39] 马天诣, 吴高斌. 元宇宙+[M]. 北京：中国财政经济出版社, 2022.

[40] 陈根. 数字孪生 [M]. 北京：电子工业出版社, 2020.

[41] 孙宇熙. 云计算与大数据 [M]. 北京：人民邮电出版社, 2016.

[42] 刘绍辉, 姜峰. 计算机视觉 [M]. 北京：电子工业出版社, 2019.

[43] 罗津. 技术哲学：从埃及金字塔到虚拟现实 [M]. 张艺芳, 译. 上海：上海科技教育出版社, 2018.

[44] 信息社会50人论坛. 数字化转型中的中国 [M]. 北京：电子工业出版社.2019.

[45] 罗冠，郝重阳，张雯，等.虚拟人技术研究综述[J].计算机工程.2005(9):7-9.

[46] 唐洋，陈海锋，刘志强，等.3D打印技术产业化现状及发展趋势分析[J].自动化仪表，2018(5):12-17.

[47] 谭璐，杨松.元宇宙起步[J].21世纪商业评论，2021(12)：30-33.

[48] 科大讯飞黑板报.从科大讯飞看人工智能发展进程：人工智能是否能成为生活标配？[EB/OL].https://www.zhihu.com/market/paid_column/1438565617448591360/section/1438566604083212288?origin_label=search，2021-11-16.

[49] 网易号.IDC发布2021年AR/VR市场10大预测[EB/OL].https://www.163.com/dy/article/G0BEIBTA05269O3G.html，2021-01-15.

[50] 墙灰.元宇宙是下一代互联网的"美丽新世界"[EB/OL].https://zhuanlan.zhihu.com/p/402586336，2021-08-21.

[51] 侯雯佩.Facebook的360全景VR应用设计总结[EB/OL].https://www.uisdc.com/facebook-360-vr-design，2017-08-23.

[52] 方凌智，翁智澄，吴笑悦.元宇宙研究：虚拟世界的再升级[J].未来传播，2022（1）：10-18.

[53] 徐筱玮.社交最有可能引爆VR[J].创业邦，2017（9）：88-90.

[54] 胡月，王起予，海滢滢，等.大学生在虚拟社交中的心理诉求[J].中阿科技论坛，2020（3）：152-154.

[55] 卿琦，陈金鹰，陈俊凤，等.基于VR/AR的网络社交研究[J].通信与信息技术，2018（1）：37-38.

[56] 王凌霞，温晓君.马斯克Neuralink团队发布新的脑机接口技术[N].中国计算机报，2019（46）：13-26.

[57] 杨先碧.生化机器人——人类的终极形态[J].科学之友，2009（4）：26-27.

[58] 韩宝池.元宇宙视野下的氢能世界[N].中国工商时报，2021-12-30.

[59] 李晓丹.当IDC遇上元宇宙，先解决能源、算力、数字化这三个问题[N].经济观察报，2021-12-23.

[60] 腾讯媒体研究院.清华大学：这才是元宇宙.[EB/OL].https://view.inews.qq.com/a/20210924A02XCO00，2021-09-24.

[61] 编程布道师."V"来已来——浅谈光学VR实现原理[EB/OL].https://zhuanlan.zhihu.com/p/26360935，2014-04-14.

[62] 王知.迄今为止最全的HoloLens 2技术揭秘（上）[EB/OL].https://zhuanlan.zhihu.com/p/99808353，2019-12-28.

[63] 徐枭涵.如何评价Microsoft HoloLens这款产品？[EB/OL].https://www.zhihu.com/question/27716801/answer/37774813，2015-01-23.

[64] 中国科学技术馆.微观探秘[OL].https://cstm.org.cn/cszl/xxzq/202006/t20200605_1026796.html，2016-12-31.

[65] 王寒.第1章 现实篇03：虚拟现实与人工智能[EB/OL].https://zhuanlan.zhihu.

com/p/63113656,2019-05-30.

[66] 机智的大群主. 如何构建 The Void 形式的 VR 主题公园？| 硬创公开课 [EB/OL]. https://zhuanlan.zhihu.com/p/24811761，2017-01-10.

[67] 知乎•Rockeymen. 聊一聊 VR 虚拟现实（一）：VR 的发展史 [EB/OL]. https://zhuanlan.zhihu.com/p/26592125，2017-04-26.

[68] 智东西.Magic Leap 大败局：从谷歌阿里抢着投，到创始人出走 [EB/OL]. https://baijiahao.baidu.com/s?id=1679258185099539299&wfr=spider&for=pc，2020-09-30.

[69] VR 陀螺 灵火. 从头盔到眼镜 超短焦光学如何成为 VR 产品进化路上的"瘦身良药"？[EB/OL]. https://www.jiemian.com/article/4539964.html，2020-06-17.

[70] 杨静. 新智元 [M]. 北京：电子工业出版社，2016.

[71] 秦蕊，李娟娟，王晓，等.NFT：基于区块链的非同质化通证及其应用 [J]. 智能科学与技术学报，2021（2）：234-242.

[72] 施语慕，张楚瑶.NFT 与人工智能技术融合发展前景探析 [J]. 电子元器件与信息技术，2021（4）：5-11.

[73] 袁园，杨永忠. 走向元宇宙：一种新型数字经济的机理与逻辑 [J]. 深圳大学学报（人文社会科学版），2022（1）：84-94.

[74] 知乎公众号：微末答卷人. 氢能源真能成为实现碳达峰碳中和和"双碳"目标的主要举措吗？[EB/OL]. https://zhuanlan.zhihu.com/p/403325942?utm_source=wechat_session&utm_medium=social&utm_oi=616571036158922752，2021-08-25.

[75] 吴辰晔. 元宇宙是碳中和的必经之路 [EB/OL]. https://zhuanlan.zhihu.com/p/442017213?utm_source=wechat_session&utm_medium=social&utm_oi=616571036158922752&utm_campaign=shareopn，2021-02-06.

[76] 王轶辰. 元宇宙概念和能源有关？别又变成高耗能产业 [N]. 经济日报，2022-01-27.

[77] 商佩. 元宇宙在落地过程中会遭遇哪些困难和挑战？如何解决？[N]. 长江日报，2022-02-10.

[78] Microsoft HoloLens 2 工业版. 将混合现实引入到受监管的工业环境中 [OL]. https://www.microsoftstore.com.cn/vr-and-mr/microsoft-hololens-2-industrial-edition.

[79] 人民日报海外版. 全球"灯塔工厂"中，超 1/3 位于中国——制造业加速迈向数字化 [EB/OL].https://news.sina.cn/2022-03-20/detail-imcwipih9584440.d.html，2022-03-15.

致　　谢

　　《元宇宙技术与产业：人类数字迁徙之路》一书从2021年6月开始创作，到今年2月全部定稿，又经过清华大学出版社同仁们半年多的编辑、校对、质检等工序，终于要面市了。

　　本书共12章，对元宇宙近年来的发展变化进行了归纳；展现了各种科技设备带入元宇宙后，人们体验到的沉浸感、现实感以及感知反馈；分析了元宇宙如何凝聚虚拟现实、游戏引擎、社交网络、云计算、大数据、人工智能、区块链、3D打印等新技术，成为当今的创新集合，同时让人们认识元宇宙建立的过程、技术发展、应用场景、创新机会以及未来人类文明发展等，畅想生命的未来发展趋势——人类数字迁徙之路。元宇宙涵盖范围广，突破了习惯的思维方式，能与不同传统行业结合，创造新的经济模式，推动数字经济发展，为经济全球化开辟新路径。

　　本书在创作过程中得到了很多的支持和帮助。首先感谢清华大学教授、中国工程院郑纬民院士对本书的认可，他在百忙中为本书作序。感谢为本书提供指导意见的专家以及为之写好评的领导和朋友们，他们是买天让先生（国家地理中文网总裁），陈运清先生（中国电信研究院副院长，北京通信学会理事），江凌女士（音乐制作人），卢增祥先生（亿信科技发展有限公司创始人），王冰女士（中国高科技产业化研究会科普教育展览中心副主任）。同时还要感谢以下同仁的大力支持：李万鹏先生（成都标识符教育科技有限公司创始人），为本书提供了与Roblox合作打造的"教育+创作"案例；王君毅先生（北京太空上新文化传播有限公司创始人），为本书提供案例材料；汪林川先生及其团队［莫塞（MOSSAI）元宇宙创始人］，与我们合作打造了数字迁徙之路元宇宙博物馆，成为读者学习元宇宙的实践基地；沈方俊、杨章怀先生（阿里巴巴淘宝公关负责人），将"淘宝2021年度十大商品"在数字迁徙之路元宇宙博物馆中展出，让以后的元宇宙居民能够回溯这代人的烟火气。本书在创作过程还得到了关皓博士［诺基亚通信投资（中国）有限公司］的大力支持，针对本书的通信网络科技部分，关博士进行了认真的审阅，纠正了多处纰漏，特此深表感谢！受篇幅所限，为本书提供支持、帮助的朋友，在此不一一列举，一并表示诚挚的感谢！

  本书采用时下流行的轻松诙谐语言，易于阅读。适合各行业的干部、企业家们学习，也适合愿意在科技迅猛发展中寻找新赛道的人们参考。

  元宇宙还处在初级发展阶段，变化很快，本书难免存在不当之处，请读者批评指正！也欢迎各界朋友诚挚交流，共同参与和见证元宇宙的发展！

作者

2022年9月16日